事故物件怪談

恐い間取り2

事故物件住みます芸人
松原タニシ

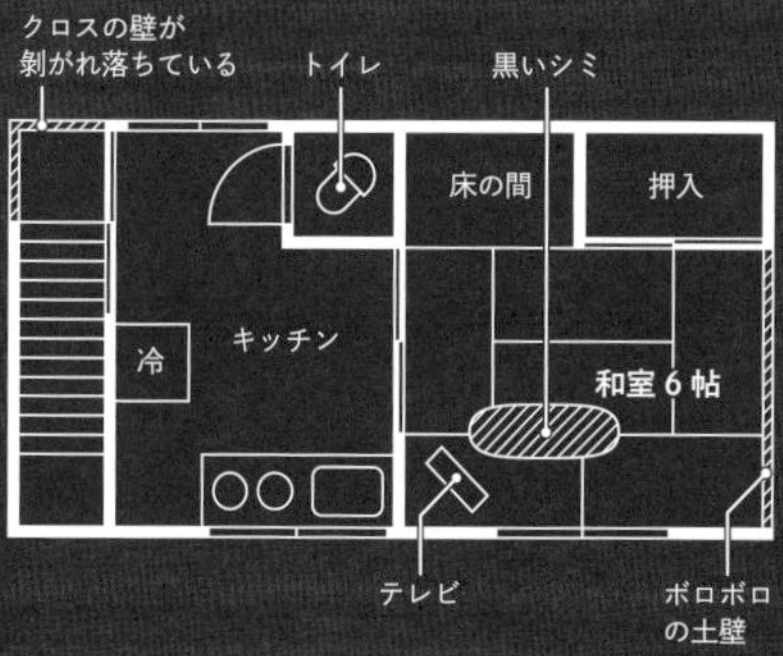

二見書房

はじめに

事故物件ばかり住むようになって七年が経ちます。

前作『事故物件怪談 恐い間取り』を執筆していた二年前の時点では僕が住んだ事故物件は五軒でした。それが今では十軒になっています。

テレビ番組「北野誠のおまえら行くな。」の企画から住み始めた事故物件。

事故物件とは自殺、他殺、孤独死など何らかの理由でそこで人が亡くなった物件のこと。いつの間にか現れ、いつの間にか定着したこの言葉は、当たり前のように怪談の舞台として使われていきました。しかし、実際に〝今〟事故物件に住んでいる本人の話というのはほとんど語られていない不思議。これまでの事故物件怪談は何故か過去の体験談、あるいは知り合いの体験談が多かったのです。ここに、安全圏からでないと語れない事故物件の恐ろしさが垣間見えます。

だからなのでしょうか。事故物件に住み続けている自分が書いた前作『恐い間取り』は思っていたよりもたくさんの人に読んでもらいました。僕にとっては世の中の人達がこんなにも事故物件に興味を持っていることが驚きでした。

何故、興味を持つのか。
それは関わりたくないから。
何故、関わりたくないのか。
できるだけ避けたいから。
でも避けているだけでは実態がわからない。
わからないから余計に怖い。
怖いからこそ、知りたい。

知りたいけどもちろん自分は住みたくない。

こういった人達の心理が『恐い間取り』を自然と手に取らせたのかもしれません。


人々が事故物件を避けたがる理由は〝怖い〟からでしょう。

事故物件――人が死んだ場所。幽霊が出るんじゃないか。呪われたりするんじゃないか。不幸になってしまうんじゃないか。最悪、自分も死んでしまうんじゃないか……。

怖さとは何か。

人間が最も恐れることは自身の死。自分が死ぬのが一番怖い。だから死を連想するのが怖いのです。その距離が近ければ近いほど、その恐怖は増していく。

人は日常に〝死〟をできるだけ持ち込まないように生きている。

だからこそ、何でもない間取りに〝そこで誰かが死んだ〟という事実が加わるだけで恐ろしく見えてしまうのかもしれません。故に事故物件の間取りは、恐い間取りなのです。

ただ、本書に収録されている話は、事故物件だけではありません。僕自身の経験上、人が死んだからといって怖いわけでもなく、人が死んでないからといって怖くないわけでもないんです。

どうぞ、あなたが今お住まいの安全な間取りのお部屋からこの本を読んでください。僕は、みなさんが住んでいる間取りとさほど違いのない部屋で起きた出来事をただ淡々と綴り、特に特徴的でもない間取りで体験した人の話をそのまま載せているだけです。本を手に持ちながら、あなたの部屋のその間取りが〝恐ろしく〟なってきたら、本当の恐い間取りの完成です。

目次

第二章 誰かの事故物件 111

第三章 事故物件の旅 225

第一章

僕と事故物件

事故物件六軒目

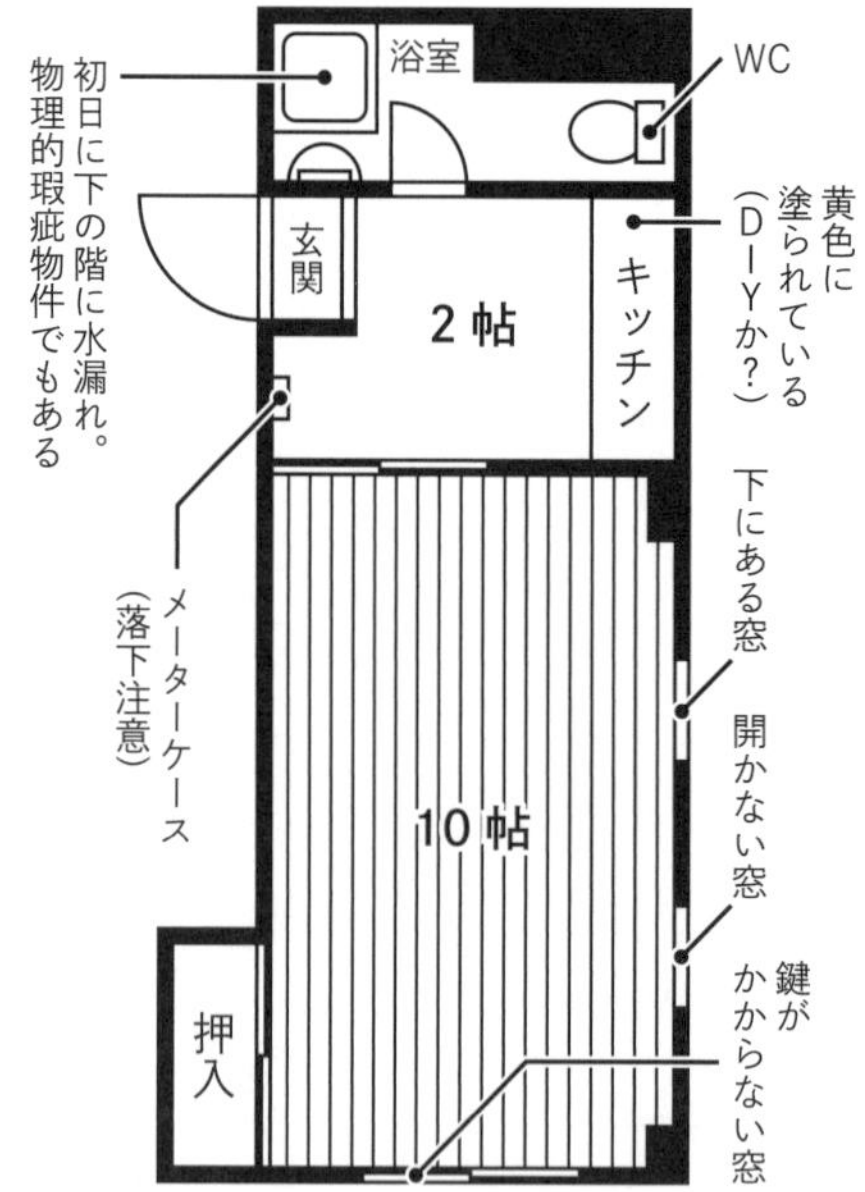
浴室
WC
初日に下の階に水漏れ。物理的瑕疵物件でもある
玄関
2帖
キッチン
黄色に塗られている（DIYか？）
メーターケース（落下注意）
下にある窓
開かない窓
10帖
押入
鍵がかからない窓

事故物件六軒目

二〇一八年、東京に部屋を借りる。

東京の山手線内の都心、駅から徒歩三分の好条件にもかかわらず破格の安さだ。

1K十帖、家賃六万円、敷金・礼金なし。

ここでは五十代の男性が首吊りで亡くなっている。死んだ場所は不明だ。

通常家賃は八万円で、相場より二万円安い。

奇妙なのは部屋の塗装で、窓の枠が真っ赤に塗られていて、キッチンは黄色、換気扇は青、ヒューズボックスは緑に塗られていた。襖《ふすま》には大きなキリンやゾウの写真やアート写真が貼られており、内見時は風呂場にキリンの絵のスタンプがびっしりと押されていた（入居時にはスタンプはペンキで塗り潰されていた）。

ちなみに内見時には不動産屋が「よかったら使ってください」と大量の塩を持ってきた。

「大丈夫です」と断ったが、結局、不動産屋の事務所まで戻った時に、不動産屋社長に「ちょっとあなた達まだ店に入らないで」と入口で待たされ、大量の塩をぶっかけられた。

二〇一二年から事故物件に住み始めて、それまでに大阪に四軒、千葉に一軒の事故物件を借りてきた。この時期は関西に五軒目の事故物件を借りていて、この物件で六軒目になる。

僕は大阪と東京を行き来する生活をしていて、ここはセカンド事故物件扱いになるのだが、同じ芸能事務所の漫才コンビ三日月マンハッタンの仲嶺《なかみね》さんとルームシェアをしているので、普段は仲嶺さんが毎日生活している。

「タニシさん、昨日帰ってきました？」

ある日の明け方、東京の部屋に帰ってきたら、目を覚ました仲嶺さんに質問された。僕はその週は久しぶりに東京へ来たので「帰ってない」と答える。

「あれ、不思議だなぁ。この五日間、明け方に玄関のドアが開く音がして、キッチンの方からゴソゴソ聞こえてくるから、タニシさん帰ってきたんだなと思いながらまた寝るんですけど、起きたらもういないんですよね。あ、もう出かけたんだと思ってたんだけど。じゃあ、あの明け方ゴソゴソするの誰なんですかね」

　知らない。それは僕ではない。


　入居後しばらくは、風呂場の排水口がよく詰まっていた。シャワーを流すと水はけが悪く、浴槽にお湯を溜めた後に栓を抜くと浴室から水が溢《あふ》れ出す。このせいでどうやら水漏れが起きているらしく、真下の部屋の住人からたびたびクレームが入った。

　管理会社に問い合わせ、業者に原因を調べてもらうと、浴槽の下からガレキが出てきた。どうやら業者が水道管を工事する時に壊した壁のカケラや屑を処理せずに、浴槽の下に押し込めていたらしい。そのせいで排水口が詰まり、水が溢れ、下の階まで水が漏れていたのである。

　この部屋は事故物件なので心理的瑕疵《かし》物件であるのだが、どうやら同時に物理的瑕疵物件でもあるようである。

部屋にある三つの窓も様子が変だ。窓枠が真っ赤なのは最初に書いたが、まず一つ目の窓が床スレスレの位置にある。体育館みたいだ。すぐ隣の高い位置にある窓は、鉄柵があって押しても引いてもまったく開かない。はめ殺しの窓だ。そして部屋の奥にあるメインの窓は大きいのだが、途中までしか閉まらない。だから鍵を閉めることもできない。どうやら窓枠か部屋自体が歪んでいる。

いったい前住人はどこで首を吊ったのだろう。痕跡として考えられるのは、押入の中にある物干し竿のような棒が壊れていたのと、部屋に入ってすぐの壁にある梁《はり》のような部分がズレていたことくらいだろうか。しかしどちらにしても紐を引っ掛けるには不安定である。

一度取材で部屋を訪れた、ある霊能者が言っていた。

「ここの住人、殺されてるわね」

自殺したのではなく、自殺にされていたのではないかと推測した。

また、ある雑誌の記者は、部屋の壁や天井に付いた青白いシミを見て言った。

「これ、ルミノール試験の跡かもしれませんね」

ルミノール試験とは血痕の鑑識に用いられるもので、警察の科学捜査で現場から血痕を探す場合などに利用される。斑点にルミノールの塩基性溶液と過酸化水素水との混液を塗る、または噴霧して暗いところで見ると、斑点が血痕であれば青白い光を発するというものだ。

この記者はある殺人現場の部屋を取材した時に、同じようなシミを見たという。つまり、これは血が飛び散った痕ということなのだろうか。

そういえば僕はこの部屋にいる時に何度も、

〝ビビビビッ〟

という電磁波のような音を聞いた。ちょうど自分が座っている位置の少し上あたりからで、その真上に青白いシミがある。はじめて聞こえた時はビックリして、仲嶺さんに「この音、何ですか？」と聞いた。

「いつものことですよ」

そう返された。何の音かはわからないが、仲嶺さんも定期的に聞いているらしい。

ある人に指摘されたのだが、このビビビの音、電磁波ではなくて違う音だとして聞いたらどうだろう。

〝ビビビビッ〟

もしこの音が、首を掻《か》っ切り、血飛沫《ちしぶき》が飛び散る音だったとしたら。

この部屋で何があったのか、未だによくわかっていない。

事故物件六軒目

浴室につけられたキリンのスタンプ。

赤い枠の不自然な窓。

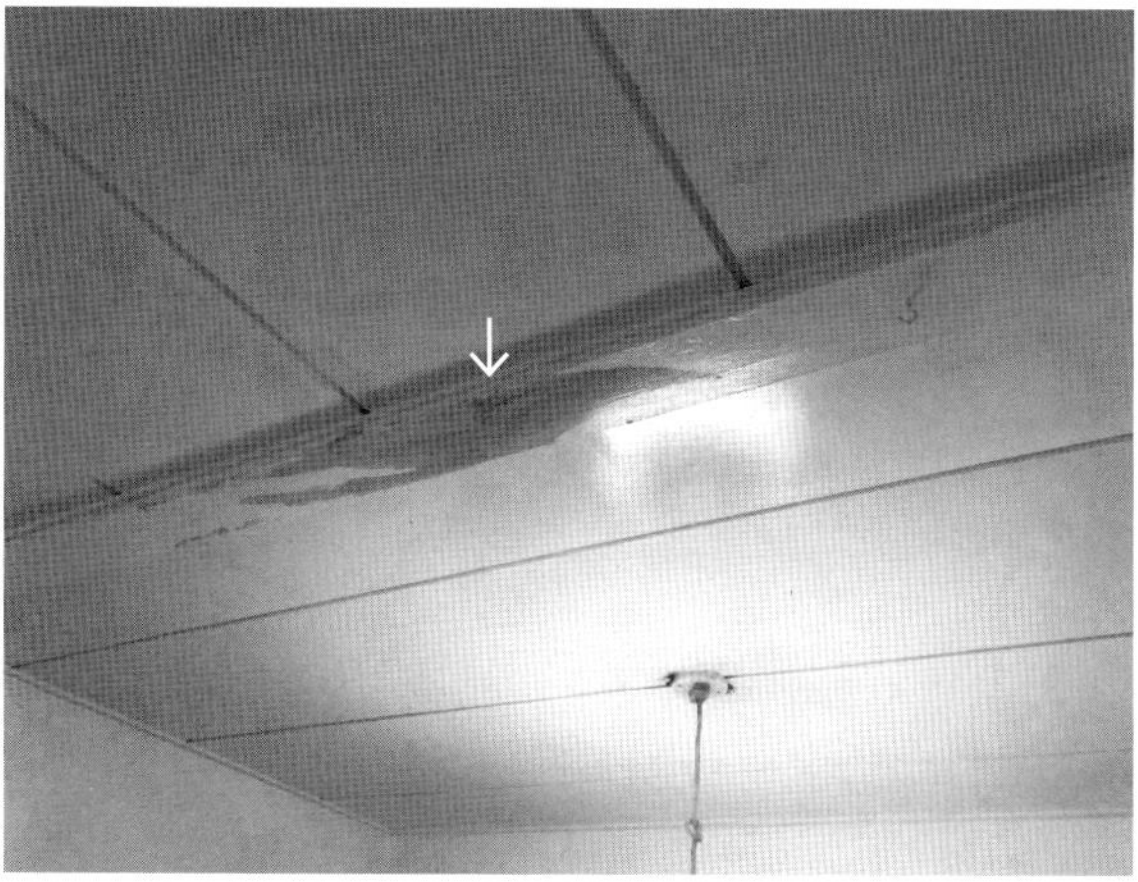

天井の青いシミ。ルミノール試験によるものか。
血が飛び散った痕？

事故物件七軒目

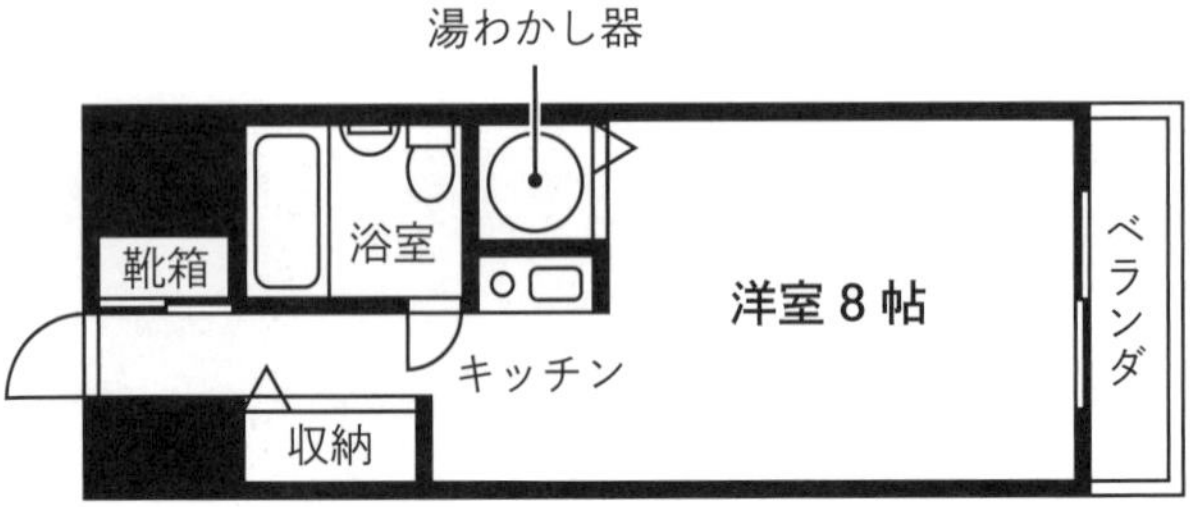

二〇一八年九月、関西の五軒目の事故物件が一年限定の契約だったので、新しい事故物件を探すことになった。

五軒目の事故物件というのはファミリーマンションで、前住人が仏壇で首を吊っている。

３ＤＫ、家賃三万円。

マンション住民に気付かれないように告知事項を消すため、僕が破格の条件で借りた部屋である。

期限が迫る頃、僕は不動産屋の西門《にしかど》さんに連絡し、お手頃な事故物件を探してもらった。

西門さんは五軒目の物件を紹介してくれた人である。

西門さんが用意してくれたのは三つの物件だ。

・南大阪　２Ｋ　和室三帖と六帖　家賃二万円「孤独死」

・新大阪　１Ｋ　洋室八帖　家賃三万円「四十代男性自然死」

・京都　１Ｒ　洋室六帖　分譲五百五十万円賃貸可「火事」「年配女性がベランダで死亡」

南大阪と京都は遠い。東京にも物件を借りたので新大阪だとありがたい。

僕は新大阪の物件を契約した。

この物件も最初の一年間は家賃三万円だが、二年目以降は家賃五万円になる。

引っ越しを済ませ、新たな生活を始めたが、特に何も起きなかった。クローゼットだと思っていた扉が巨大湯わかし器だったことにビックリしたくらいだ。

唯一不思議だったことは、インターネットの配信番組で引っ越し祝い中継をこの部屋でやった時、配信機材を扱う技術スタッフが部屋に入った瞬間から配線を抜いては挿し抜いては挿しを繰り返し、まったく準備が捗《はかど》らず、結局、配信開始時間が三十分遅れたことだ。

「何か意味のある作業なのかと思っていました」

横にいた新人の女性スタッフがそう証言するほど、無我夢中でその行動を繰り返していたという。

この技術スタッフに後から聞いてみた。

「マンションに入った時から何か嫌な感じはあったのですが、部屋に入った瞬間に何も考えられなくなってしまいました。だから配線を挿した後に〝あれ？　挿してよかったのかな〟と思って抜き、抜いた後に〝あ、挿さなきゃ〟と思ってまた挿してました」

そのスタッフは四十代の男性である。

それにしても「四十代男性　自然死」というのはどういうことなのか。

自然死とは病気や怪我ではなく、老衰によって死亡すること。

四十代の老衰とはいったい……。

クローゼットだと思って扉を開けると……。

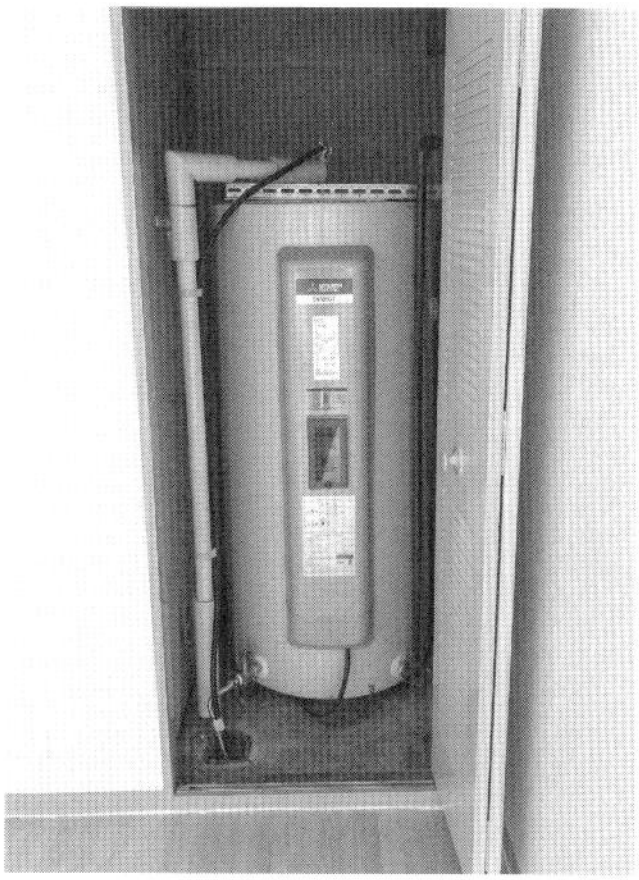

巨大な湯わかし器だった。

西成の長屋

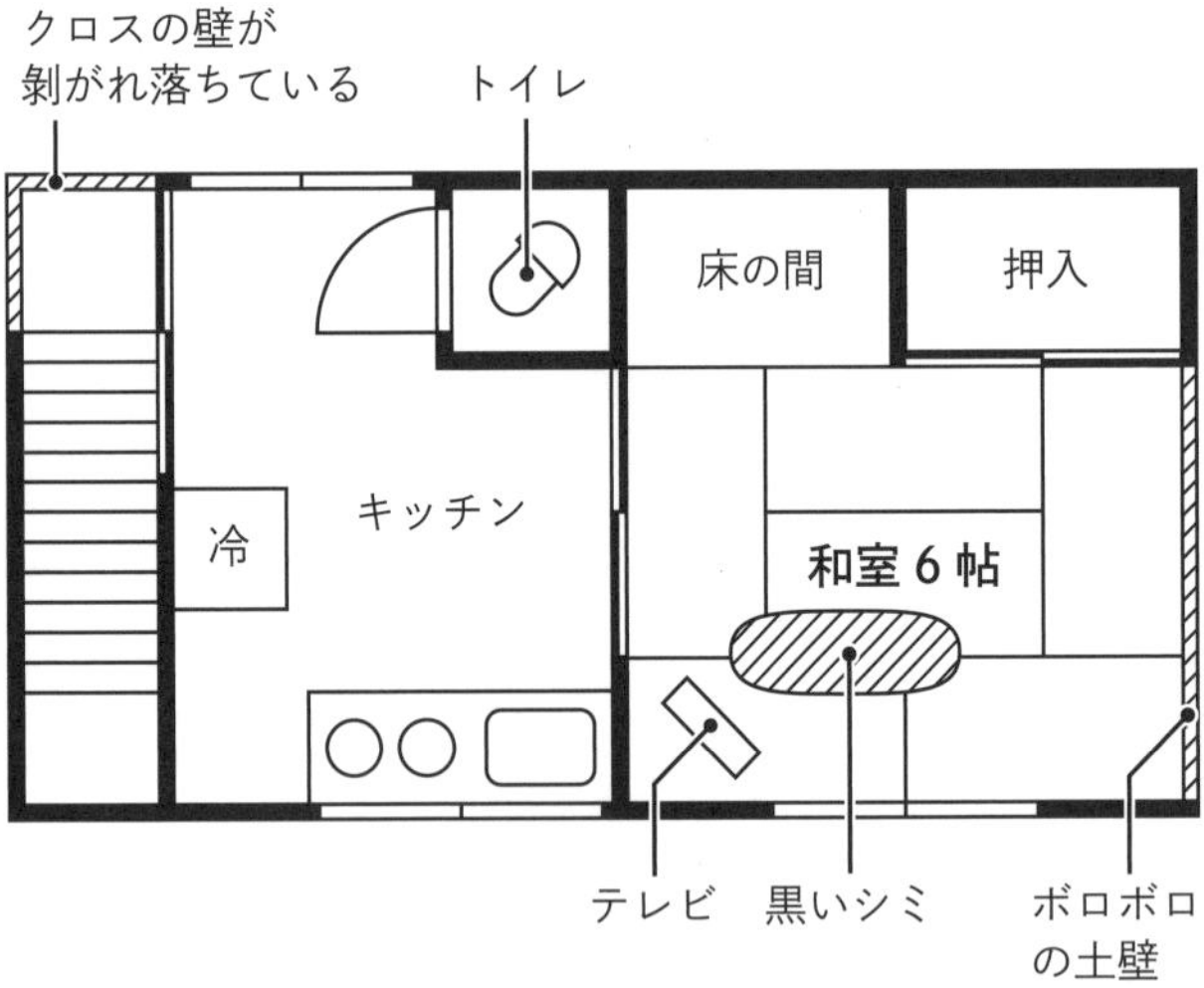

西成の長屋

大阪に借りている七軒目の物件が一年経つと家賃が上がる。そうなる前に新しい物件を探さないといけないので、事故物件に住む前からの知人である不動産屋の陣内さんに新しい事故物件を探してもらった。

陣内さんが案内してくれたのは、西成《にしなり》区の商店街のそばにある一軒長屋の二階。

1K六帖、家賃三万円、風呂なし。

築年数は不詳。階段を上ると裸電球がぶら下がり、天井の高さは二メートルもなく、クロスの壁は大部分が剝《は》げ落ちている。押入と床の間があってキッチンには古い冷蔵庫が置きっ放し。和式のトイレは真っ黒。和室はボロボロの土壁で、畳は日で焼けて黄緑色になっており、真ん中の畳には何かが染み込んだ黒いシミがある。ここは高齢の女性が孤独死した物件である。

物件を管理している業者が現場を見た時は死後数日経過している状況だった。夏だったため腐敗も進んでいたという。前入居者のおばあさんは、おそらく病気で動くことに制限があり、部屋の掃除もできない生活だったと思われる。

また、長屋の横のアパートは火事で廃墟になっており、ブルーシートに覆われていた。

僕はこの物件が気に入った。トイレはきれいに取り替えてもらうとして、風呂がないのは相当不便だ。しかし銭湯さえ見つければ生活できないことはない。何より近くに商店街があるのが魅力的である。この町なら商店街の飲み屋などに一人で入り、地元の方にこの長屋に住んでいたおばあさんの話や、隣の焼け落ちたアパートの話を気軽に聞けそうな気がした。
　僕は陣内さんに「ここに決めます」と意志を伝えた。

　後日、陣内さんから連絡があった。
　はじめは貸すと言っていた大家だが、急に態度を変えて「貸さない」と言い出した。
　理由は「長屋ごと建て替えるから」だそうだ。
　未だにその長屋が建て替えられた様子はない。

西成の長屋

剥げた壁。汚れた床。

何かが染み込んでいる。

張さんの団地

張さんの団地

西成の長屋を借りられなくなった僕に、不動産屋の陣内さんの仕事仲間である張さんがいい情報をくれた。

「私が住んでる団地、事故物件ありますよー」

張さんは三歳の女の子と団地の十三階で暮らしている。

数ヶ月前、同じフロアのエレベーターホールの横の部屋から酷い異臭騒ぎがあり、警察と消防隊が駆けつけた。その部屋に住む一人暮らしのおばあさんが孤独死していた。

それから数日が経ち、孤独死の部屋の向かいに住む女の人が警察を呼ぶ騒ぎがあった。女性によると、廊下側にある流しの窓から誰かが覗いていたというのだ。結局犯人は見つからず、まことしやかに〝向かいの部屋のおばあさんが覗いていたのでは〟とささやかれた。

それから一ヶ月が経った頃、ベランダに出た張さんの子供が、二つ向こうのベランダを指差して言った。

「おばあちゃんとおじいちゃんが泣いてるよー」

その部屋は孤独死の部屋のベランダで、もちろんまだ次の入居者は住んでいない。おじいちゃんに関してはいったい誰なのかはわからないが、もしかするとその部屋は元々夫婦で住んでいて、先に亡くなった旦那さんが迎えに来たのかもしれない、などと張さんは想像した。

「この部屋がもし空いてたら、タニシさんが住めば、おばあさんに会えるかもですねー」

張さんは家に帰って空き部屋を調べてくれたが、残念ながらこの部屋は特別募集住宅として紹介され、すでに入居者が決まっていた。

事故物件八軒目

事故物件八軒目

２ＤＫ、家賃三万一千円、死因不明。

ここは現在僕が住んでいる大阪の物件である。


七軒目の次の物件を不動産屋の陣内さんと張さんに探してもらったが結局決まらず、張さんの住む団地の系列で探そうということになり、見つけたのがこの物件だ。

築五十年以上の古い団地。

この物件はそもそも死因を教えてもらえなかった。

「内見をされてから、ご契約を確約されるなら場所のみをお教えします」

物件管理の担当者にはそう言われた。冷やかしを回避するためなのかもしれない。

僕は内見をした後に契約する意思を伝えると、

「亡くなられた場所はトイレです」

とだけ教えてもらった。担当者は死因を上司から教えてもらえてなかったようで、本当に知らなかった。

> 私は、上記住宅が特別募集住宅（不明）であることを承知し、
> 以下の入居予定者全員の同意を得られたことを認めます。

これは二〇一四年に二軒目の事故物件に住む時に書いた入居同意書と同じである。ただカ

ッコの中が（殺人）ではなく、今回は（不明）と記入することになった。

内装は完璧なほどにきれいにされており、見た目は何も気になる箇所がない。

ただ一つだけ、トイレからは異臭がする。

それは下水の臭いとは明らかに異なる臭い。そしてどこか見覚えのあるというか、嗅ぎ覚えのある臭い……おばあちゃんの臭いだ。

トイレは便器も壁もクリーニングされていて汚れなど一切ない。いったいどこからこの臭いが放たれているのだろうか。唯一考えられるのは、床下。きれいに塗装されたトイレの床のその下である。トイレで亡くなったのは管理担当者から聞いている。ということは、死後発見されるのに時間がかかり、腐敗した遺体の体液が床下まで染み込んで、クリーニングだけでは臭いまでは取れなかったということではないだろうか。

おそらくこれは、孤独死だ。

この場合、前入居者が若者であれば自殺の可能性もあるが、今この空間に漂う香りは、間違いなく高齢者のそれである。高齢者であれば、排便の時に力み過ぎると、血圧を上昇させ心臓に負担をかけ、突然死する可能性が高い。ちなみに厚生労働省の調査では、突然死の約五％を高齢者のトイレでの脳卒中や心筋梗塞が占めている。さらに心疾患による突然死の約八％が、トイレでの排便中に起きているという。

トイレや浴室で起きる孤独死は、発見が遅れてしまうことが多い。何故なら家という遮断

された空間の中の、さらに内側から鍵がかけられる密閉空間であるため、遺体の腐敗が相当に進行していないと異臭が家の外まで拡散されないからだ。よって外の人間が中の異変に気付いた時には、死後経過時間がかなり経っている状態で発見されることになる。そのせいで死亡現場の臭いの染み付き具合はさらに酷くなるであろう。

死因が不明なのは、遺体が腐敗してしまうと病院で死亡原因を究明できないからである。

完璧にクリーニングされていた室内。

おばあちゃんの臭いのするトイレ。

事故物件九軒目

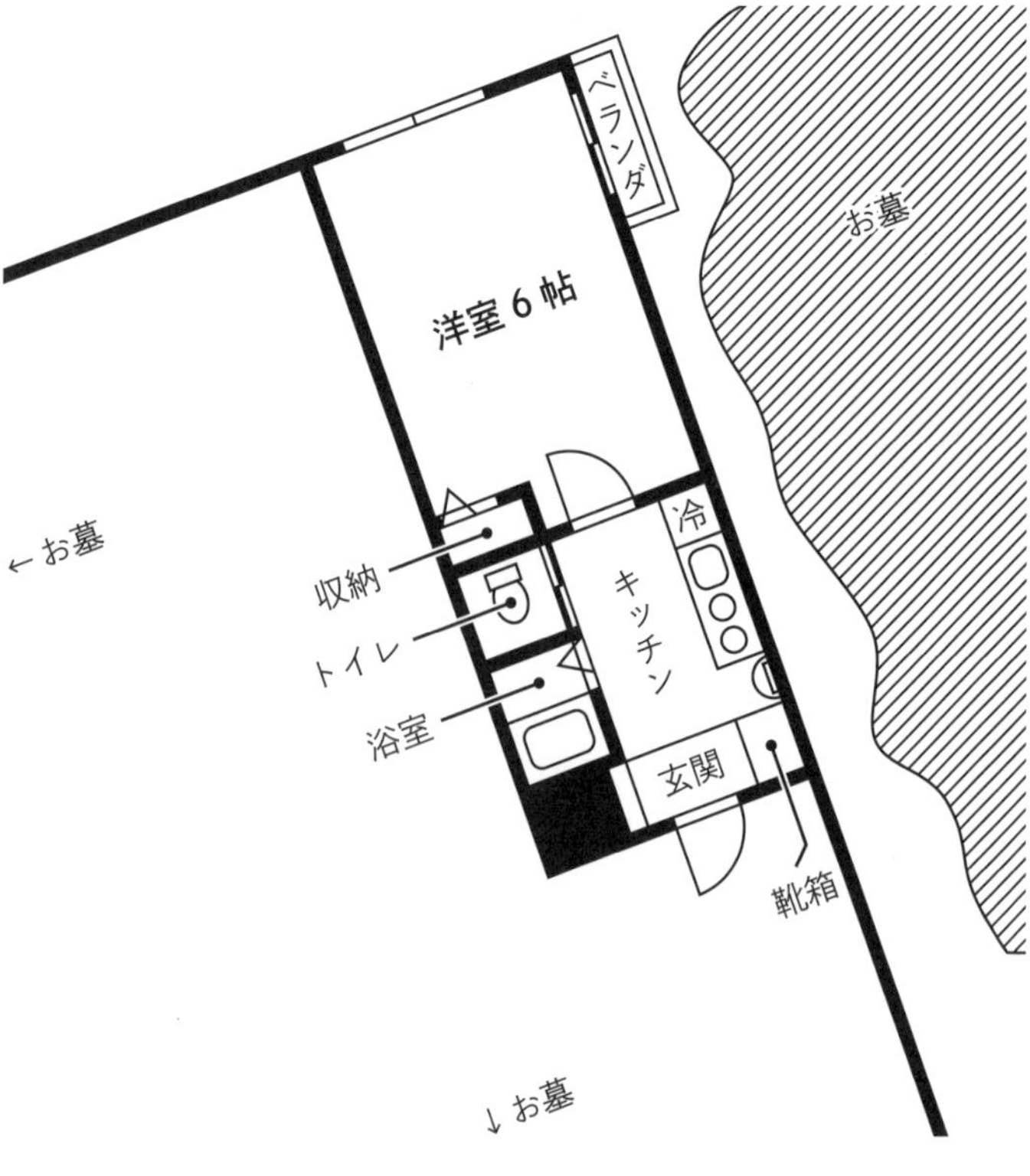

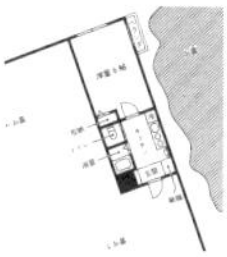

事故物件九軒目

二〇一九年十月、出版記念イベントで沖縄に行った。

前日から沖縄に入り、取材も兼ねてマネージャーの営業回りについていく。沖縄の人達はサービス精神が旺盛で、心霊スポットや事故物件の情報を逐一僕に教えてくれた。

〝沖縄に部屋を借りよう〟

そう思い立ったのはそんな人柄の良さに触れたのと、本土とは違う独特の文化に興味が湧いたからだった。

沖縄と本土の違い。一番は〝霊的なもの〟を当たり前に認めた上に、日常があることだ。沖縄に「サーダカー」という言葉がある。「霊感のある家系」という意味だが、日常会話で「あなたサーダカーさー（あなた霊感あるよね）」なんてやり取りが普通に見られる。

そして〝ユタ〟の存在も大きい。ユタとは沖縄特有の霊媒師（シャーマン）で主に先祖供養をしたり故人の言葉を伝えたり、霊に関わる相談を受けたりする職業を指す。その他に運勢を占ったり除霊したりするユタもいて、個人によって役割は異なる。

「おばあちゃんがユタです」と教えてくれた人に、この数日間で三人も出会った。それだけユタは身近にいて、沖縄に住む人々と密接な関係にある。

興味深かったのは、ユタはなろうと思ってなれるものではないことだ。ユタになる人は生まれた時から決まっている場合が多く、ある日突然〝カミダーリ〟と呼ばれる幻覚症状に見舞われ、神のような存在からユタになるように言われる。この時、ユタになる道を選ばなければカミダーリの幻覚症状から逃れられなくなるので、その後に現役のユタを訪ね、自らもユタになるべく修行を積むのである。ユタへの道はとても険しく、厳しい修行に耐え続けなければならない。そして晴れてユタとして人々を救う立場になると、今度は様々な業や厄災と立ち向かい続けなければならない。大変な職業である。

サーダカー（霊感が強い）な人は、ユタの素質がある子供の脳天から天に伸びる一筋の光の線が見えるという。子供が将来ユタになって苦労する人生を歩むことを心配する親は、カミダーリに遭う前にその線を切ってしまうこともあるという。見えることもすごいが、切れることもすごい。こんな会話が日常的になされる沖縄は、やはり魅力的なのである。

出版記念イベントの翌日、夕方の便で大阪へ戻るまでに不動産屋を回った。すでに物件候補は決まっていて、「沖縄一飛び降りるマンション」と「沖縄一オバケの出るマンション」の情報を複数の方々から教えてもらっていた。

まずは二年に一回、必ず飛び降り自殺があるという「沖縄一飛び降りるマンション」をあたる。ここは海のすぐそばにあるオーシャンビューの高層マンションで、わざわざ県外から飛び降りにくる人もいるという。

何故このマンションは飛び降り自殺が多いのだろう。まるで海に向かって身を投げるように錯覚させるこの場所が、沖縄特有の概念である、海の彼方に存在するといわれる異世界〝ニライカナイ〟を連想させるのだろうか？

マンション入口の貼り紙に管理会社の連絡先が書いてあったので、問い合わせてみる。

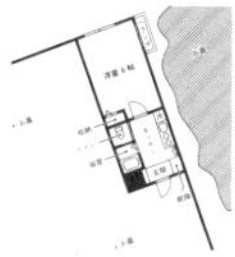

「残念ながら県外の方にはお貸しできません」

頑なに断られた。何故、県外の人間には貸せないのだろう。理由も教えてもらえなかった。飛行機に乗るまでの時間は限られている。「沖縄一オバケの出るマンション」は空港からは遠いので、地元の不動産屋で掘り出し物の事故物件を飛び込みであたることにする。

「事故物件で募集しているところはありませんか？」

「事故物件ですか……インターネットに不動産サイトがありますので、そちらへお問い合わせください」

まさかの、店に来ているのにネット情報を見ろと言われてしまう始末。何故、取り合ってもくれないのか、理由を聞いてみた。

「最近、県外の方が事故物件を借りようと訪ねてくることがよくあるんです。だいたいが民泊に利用されてしまうので、今は県外の方への案内は控えているんです」

なるほど。どうやら民泊業者と疑われたようだ。最初に電話で断られた飛び降りマンションでの対応も、そういうことだったのかもしれない。

沖縄はインバウンドの増加で土地の値段が年々上がり続けている。そこで本土から利益を求めて、安い事故物件を借りて民泊利用しようとしている業者が増えているようだ。ただ、この流れで〝事故物件住みます芸人〟のことを説明しても、さらに変な空気になりそうだったので、諦めて店を出る。

次に全国にチェーン店を持つ不動産屋へ聞きに行った。その際、正直に素性を明かし、事故物件住みます芸人として借りたいということを素直に説明すると、これまでの不動産屋での対応から一転、事故物件を進んで探してくれた。

「すみません、探したんですが現在募集している事故物件が当店では見つからなくて……。その代わりと言ってはなんですが、お墓に囲まれたマンションだったら案内できます」

１Ｋ六帖、家賃五万五千円。

那覇《なは》市の中心地で、繁華街まで徒歩三分の好立地。ほぼ新築で内装もピカピカ。ユニットバス、トイレはウォシュレット付き。乾燥機、Ｗｉ-Ｆｉ、玄関モニター完備。条件は申し分のないマンションだが、この部屋で誰かが死んでいるわけではない。周囲をお墓でコの字型に囲まれている、というマンションである。

時間を考えると、今日のうちに契約するなら、これがラストチャンスだった。この機を逃すとしばらく沖縄へ来ることはないだろう。せっかくの沖縄、また訪れるための理由として、何でもいいからネタになるなら住んでしまえと、僕は契約に踏み切った。

マンションを囲む墓は沖縄特有の破風墓《はふばか》で、さらにその周りは小さな森のようになっている。沖縄の墓は丘や傾斜地を利用して掘り込み、先祖から受け継いでいくものが多く、内部には多数の遺骨が納められている。墓の前には広い前庭があって、旧盆や清明祭《シーミー》では家族が揃ってそこで宴会が開かれる。そのため一つ一つの墓が大きい。

僕はマンションを囲む墓の周辺を探索してみたが、思っていたよりも墓の数は多く、すでに誰も管理していない空き墓が森の奥にも多数放置されていた。

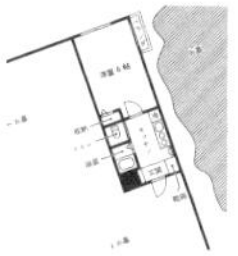

さらに古地図を見てみると、百年前からこの場所は墓地で、二〇〇八年頃まではこのマンションが建っている場所も墓地だったことがわかった。

つまり墓に囲まれているのではなく、墓を潰して建てられたマンションというわけだ。

現地の人は言う。

「沖縄には絶対に触れちゃいけない土地ってのがあるんだけど、本土の人が沖縄の土地を買い占めて、そういう場所にマンションとか建てたりするんだよね。みんな〝あーあ〟って思うんだけど、だいたい住んでいる人みんなおかしくなっちゃって誰も住まなくなるよね」

＊

それから二ヶ月後、東京での怪談イベントで、沖縄の奇談を収集している作家の小原猛《こはらたけし》さんと一緒になった。

「そうだ、タニシくんに伝えないといけないことがあって」

小原さんはある日、お世話になっている沖縄のユタさんから電話がかかってきたという。

「あんた、松原タニシとかいう人と会うさーねー。伝えてほしいことがある。あの人は那覇市内にマンションかなんかを借りたと。あそこはね昔、御嶽《うたき》だったんだよ。今、私はその場所を霊視で見ただけだからよくわからないけど、下からすっごい邪悪なものが出てるから、それに当たるから。その人、引っ越さないと、病気になるか事故に遭うか、人気なくなるよ」

このユタさんとは僕はもちろん会ったこともない。僕が沖縄に部屋を借りたことはほとんどの人が知らないはずなので、何故この方が知っているのか意味がわからない。そもそも小原さんともこの時点では、以前に一度番組で共演し、挨拶をした程度の関係性だ。それなのにどうしても僕に伝えたかった理由とはいったい……。

御嶽とは、琉球神話の神が存在または来訪する場所で、祖先神を祀る場所でもある。沖縄では御嶽は地域を守護する聖域とされ、決して侵してはいけない場所だ。小原さんは言う。

「僕が知ってる話だとね、昔、浦添で開発のために山だったところを削ったんですよ。そしたら〝ボコボコボコ〟と穴が空いていて中から骨がたくさん出てきたんだよね。そこは墓地であり拝所《はいじょ》、すなわち御嶽だったんですよ。そしてその真ん中あたりから神様の依代になる〝ビジュル〟といわれる〝霊石〟が出てきた。本来ならば古い御嶽を壊す時は神様を天に還す〝ヌジファ〟という抜魂《ばっこん》の儀式をしないといけなかったんだけど、担当した業者はそれをしなかった。お墓も同じく移動させる時は抜魂をしないといけないんだけど、数が多過ぎてしなかった。ただ、そのビジュルだけは捨てられないから建設業者の社長が預かってた。そしたら夜な夜なビジュルから声がするから、その社長、弟が管理している空いた土地に放置したんだよね。実はその土地も御嶽だった場所で、そこに別の御嶽のビジュルを置いたもんだから、三日後その弟さんの家が出火して家族が亡くなってしまった。だから沖縄の人は御嶽を壊したような場所には誰も住まないし近寄らない。タニシくんが借りたのは、そういう場所なんだよね」

僕は事故物件よりも恐ろしい土地に部屋を借りてしまったのかもしれない。

事故物件九軒目

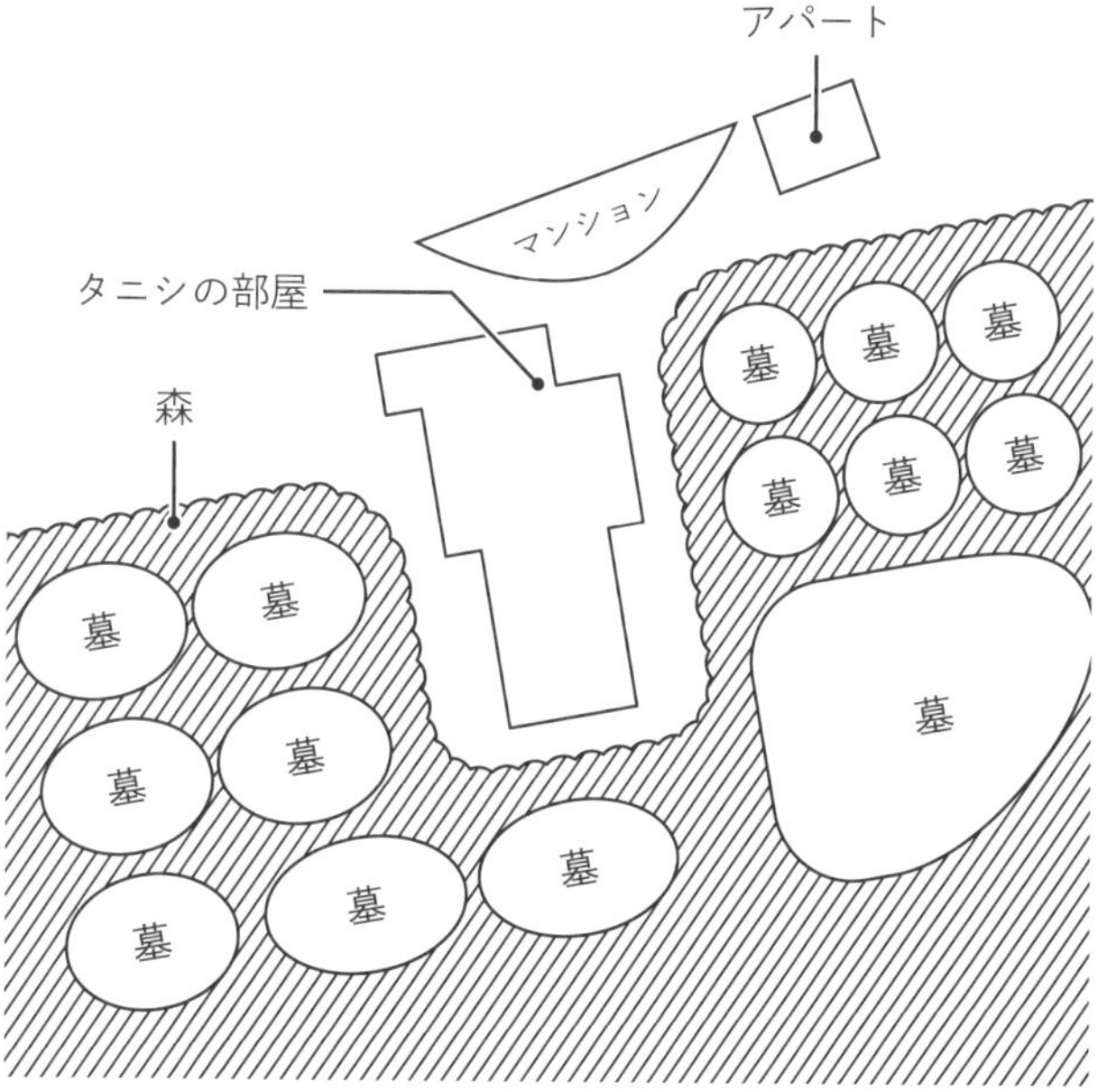

ベランダから見える破風墓。

二度死ぬ部屋

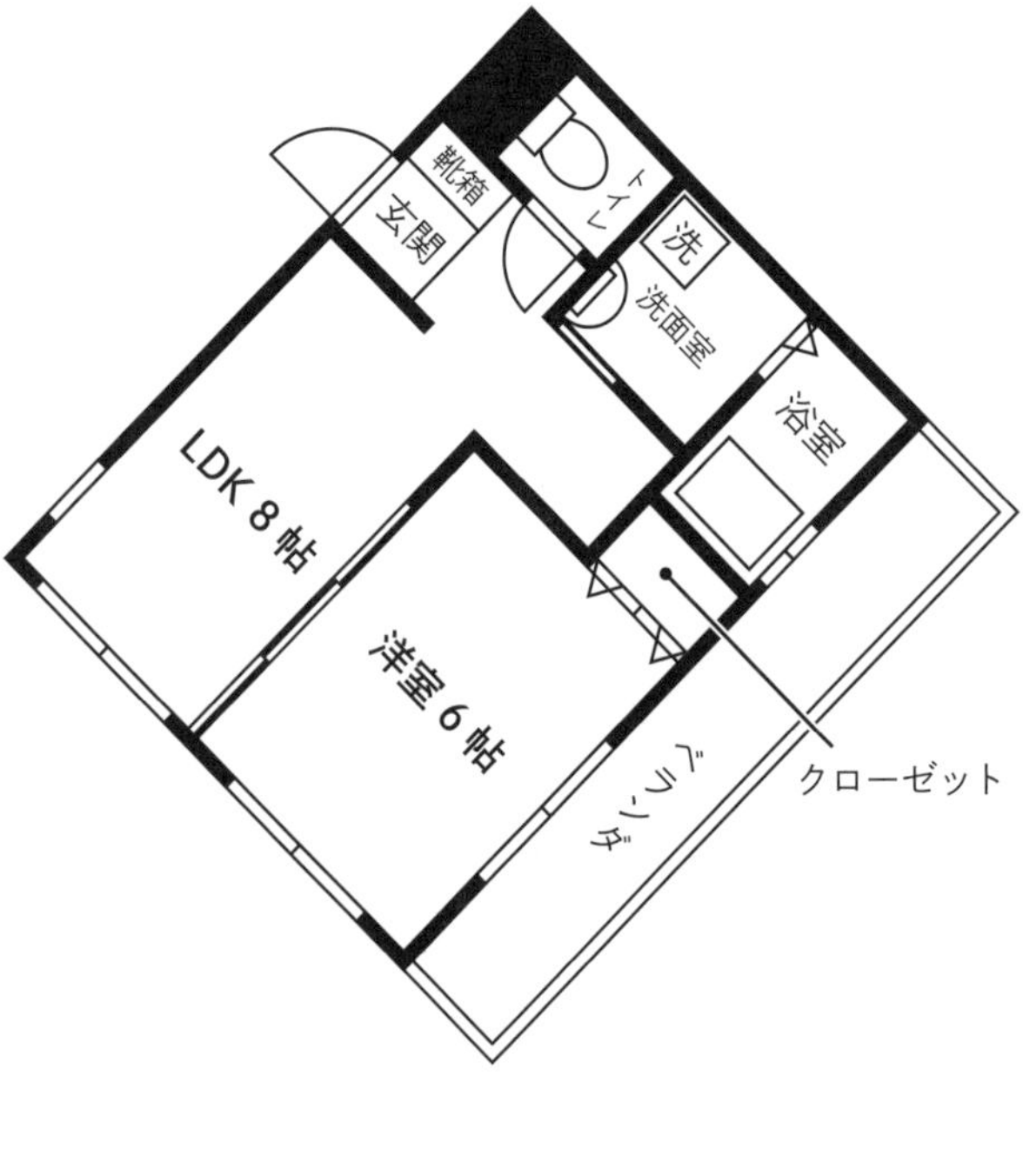

沖縄に物件を借りてから、月一回沖縄に行くようにしている。まだまだ他に良い物件が見つかれば借りるつもりでいたのだ。

以前イベントでお世話になった書店の店長さんが、また新たに情報をくれた。

「事故物件の情報を聞きました。よく行くバーの向かいです」

沖縄で出会ったお笑い芸人・ぴろんぴろん下里《しもざと》さんも情報をくれた。

「僕がお世話になっているお店の隣のマンションが相当ヤバいです」

奇しくもこの二人が教えてくれた事故物件は、同じ部屋を指していた。

メゾンＸ、二階角部屋、１ＬＤＫ。

アルコール中毒の女性が二階から飛び降りて死なず、その後、孤独死。

飛び降りて死なず、孤独死とは？

僕は店長さんと情報をくれたバーへ行き、そこへ下里さんも呼んでさらに情報を集めた。

どうやら亡くなったマンションの住人は、この界隈で有名なお騒がせ人物だったようだ。

「最初は普通だったんだけどね。最終的にはどの店にも嫌がられてたよ」

バーのお姉さんはそう語った。

亡くなった女性は当初、旦那のような男性と例のマンションで同棲をしており、特に目立った様子はなかった。しかししばらくすると、女性は昼間でも缶チューハイを片手に持って付近を犬と一緒に散歩するようになった。やがて近くの飲み屋に出没するようになり、奇声を上げ始めて各飲み屋から出禁を食らう。

その後、この界隈の店のドアノブや、他の客の自転車のハンドルに犬の糞を塗られる事件が発生。さらにサドルの盗難も相次いだ。

そのあたりから旦那の姿は見かけなくなり、女性はいつの間にか一人暮らしになっている。

店の人々は犬の糞のイタズラの証拠を掴みたくて防犯カメラを設置。犯人は片手に缶チューハイを持って犬の散歩をしている女性だった。

そんな騒動の中の、ある日の夜——

〝ドカーン！〟

突然、爆発音のようなものが近隣に鳴り響いた。近隣住民達は何があったのかと一斉に外へ飛び出した。そこにはいくつものサドルが道路に散乱していた。それは盗んだサドルをまとめて女性が二階のベランダから落とした音のようだった。

この一件以降、女性は近隣の住民からひたすら避けられるようになった。しばらくすると、女性は目も虚ろで、ほぼ歩けない状態で目撃される。マンションの前ではバイクの整備をしていた男性が「この道に出してくれないですか？」と女性に声をかけられた。女性はマンションの敷地内から出られないほど弱っていた。

それから少しして階段で血を吐いている姿も目撃され、やがて救急車で運ばれていく。

女性が入院している間は彼女の母親が代わりに犬の面倒を見ていた。

退院後、女性はマンションに戻ってきたが、またある日の夜——

〝ドカーン！〟

再び爆音が鳴り響く。「またかよ」と思いながら近隣住民が外に出ると、落ちていたのは女性自身だった。二階からの飛び降り自殺。しかし二階からなので、自殺は失敗に終わる。再び病院へ運ばれてから、女性の姿を目撃する人はいなかったが、その後、彼女は部屋の中で腐敗した姿で見つかった。再びマンションに戻ってきてからは、誰にも知られず、誰にも気付かれず、ひっそりと息絶えていたのだ。

「タニシさん、マンションの隣の店のマスターなら、この女性の前にその部屋に住んでいた住人のことも知ってるみたいですよ」

下里さんはさらにマンションの歴史を知るマスターの元へ、僕を連れていってくれた。

「あそこはまだできて十年も経ってないからね」

マスターの店は隣にマンションが建つ前から営業している。

女性が亡くなった二階の角部屋は、新築当初、ミュージシャンの男性とその彼女が同棲していた。しかし半年も経たずにすぐに出ていった。男性はマスターの店にも顔を出していたのでよく覚えているという。

「あの部屋はよくない」

男性はマスターにそうこぼしていた。

その次に住んだのはスケーターのカップルだ。はじめは特に目立った様子もなかったが、しばらくして彼女の方がアルコール中毒になってしまい、昼間から奇声を発するようになる。

そして横のアパートの住人と揉めて、彼女が腹いせにその住人の家の植木を盗み、盗まれた住人はマンションの大家にクレームを入れ、スケーターカップルは強制退去となる。

　その後に住んだのが、飛び降りてから孤独死した例の女性であるという。

「あの部屋に住むとおかしくなっちゃうんだろうね」

　前住人の女性も酒浸りになり大声を出して騒動を起こしていた。この偶然はいったい何なんだろう。

「たぶん、土地が悪いんだろうね」

　マスターが言うには、このマンションがある坂一帯は神様の通り道とされていたそうだ。昔からこの地は丘陵で、墓が点在しており、戦時中には大規模な防空壕も掘られていた。さらに近くの公園には〝絶対に入ってはいけない〟と言われる壕があり、過去に何人かの酔っ払いが吸い込まれるように落下して命を落としているという。そのため現在は入れないように鉄格子で覆われている。

　マンションが建つ前は長い間、ある組織の倉庫だった。住居として土地を使わなかったのには何か理由があったのだろう。

　現在、その二階角部屋は誰も住んでいる気配がないのに何故かトイレの電気が常に点いている。孤独死が発見されたのは三ヶ月前なので、そんなにすぐに入居者が決まるとも思えない。

管理会社に直接問い合わせてみた。

「その部屋はもう次の入居者様が入られてますので空いてません」

悔しいのでもう一度現地まで行って様子を見てみた。ベランダは何も置かれておらず、カーテンもかかっていないので、やはりどう考えても住んでいる気配はない。ただ、トイレの電気は点いているので、もしかしたら住んでいることにしているだけなのかもしれない。


翌月、下里さんが新たな情報をくれた。

「タニシさん、最近この辺の飲み屋にややこしいお客さんが来るそうなんですが、例の事故物件に住んでいると本人は言うんですよ。ただ、帰る時は全然違う方向へ自転車で帰っていくんですよね。もしかしたらこの人、家は別にあるんだけど、ここに住んでることにされてるんじゃないですかね」

もし別に家があるのなら、マンション側から告知事項を消すために頼まれて〝住んでいる〟ことになっている人かもしれない。しかしこの人が酔いどれて奇声を発しだしたなら……確かに住んでいるのだろう。

告知事項が消えるのを待つか、現入居者が新たな事故物件を作るのか。いずれにしても僕がこの物件をもし借りるとするならば、もう少し先になりそうだ。

事故物件十軒目

事故物件十軒目

二〇一九年十二月、沖縄に九軒目の物件を契約してから二ヶ月が経った。その間に僕は沖縄に来てすぐに情報を得た「沖縄一オバケの出るマンション」の場所を突き止めていた。

通称、おばけマンション。

そのフレーズを聞けば沖縄の人間ならたいてい「ああ、あそこね」と言う。

この物件、インターネットでの書き込みを見ると様々な噂が飛び交っていた。

「四階から上は全部の電気が消えている」

「ここは四階から上が危険。霊感がある人は夜中に確実に遭遇します。雨の日は特に注意」

「何故か二階だけ閉鎖されている謎のマンション。なんで閉鎖されてんの？」

「マンションを建てる前に防空壕があったみたいよ」

「戦時中このマンションの横にある丘に、軍事病院があった。戦争ですべて壊れたけど、その病院跡の丘に戦死した方々を埋葬した」

「このマンションを建設する時に、丘の一部を削り壊した。建設中に建設事故で死亡者が出た。それからこのマンションに幽霊が出るとの噂が流れた」

「二階がスーパーで、洋服を見ていると服の間から幽霊が。二階は倉庫だったが霊の目撃情報が絶えなかった」

「噂に聞いたけど、エレベーターとエレベーターホールに〝出る〟らしいよ」

「未だに顔に包帯を巻いた医者の霊が歩いていています……」

「兵隊ならよく歩いてるよ」

「兵隊は横の川の浅瀬にたくさん座ってますね……」

「マンションの建設時、ガマ（防空壕）を壊してる途中にユンボが倒れて運転手が死亡」

よくもまあこんなにも噂が立つものだ。情報も錯綜して、四階から上の電気が消えていたり二階が閉鎖されていたり、一階がスーパーだったり。どれが本当なのかわからない。

ただ、古地図を現在の地図と見比べてみると、この地には丘があってそれを削って道路を通した場所であることがわかる。マンションのすぐ横の川沿いに墓群が並んでいるのだが、大正時代の地図ではすぐ横の道沿いまで墓があるので、現在マンションが建っている場所も墓の跡地だったことがわかる。ということは噂が事実なら、墓地だった場所に軍事病院と防空壕を作り、さらに戦死者を埋葬し、そして丘を崩してマンションを建てたことになる。確かにこれだけの条件が揃っていれば幽霊が出ない方が不思議かもしれない。〝おばけマンション〟の名に恥じないと言える。

しかし気になるのは、実際住んでいる人の証言がほとんどないことだ。逆にそれが不気味ではある。


深夜、沖縄の心霊スポット巡りをする道中、そのおばけマンションが近くにあることがわかったので様子を見に行った。

ゆるやかな坂道を下る途中にそびえ立つ巨大マンション。闇夜に現れた孤城は、圧倒的に妖しい存在感を放っていた。

事故物件十軒目

これがおばけマンション……。

あからさまな違和感は、一階から三階までの電気が点いていないせいだ。というよりも、三階まではせり出していて別の建物のようにも見える。四階から上が普通のマンションなのだ。だから一見すると廃墟の上に建つマンションのようである。ちなみにネットの噂に書いてあったように「四階から上の電気が消えている」のではなく、「四階より下の電気が消えている」のが正しいようだ。

マンションに近付いてみると、一階と思っていた部分が駐車場であることがわかった。坂の斜面に建っているので、エントランスが二階にある。

マンションの側面に回ると、井戸があった。水資源に恵まれない沖縄では湧き水や井戸のことを「カー」や「ガー」と言い、人々の生活を支える存在として、または神様のいる場所として大切に扱っている。このマンションの霊的な要素に井戸も関係があるかもしれない。

マンションの壁には入居者募集の貼り紙があった。僕は電話番号を控え、翌朝に連絡した。

「現在、入居待ちの方が三組おられまして、順番が回ってきてからの連絡になりますが……」

誰もが知るおばけマンションがそんなに人気あるのかと少々驚きつつ、三組も入居待ちがあるなら住むのは無理だろうなと半分諦めた。

ところが年明け、大阪の事故物件（八軒目）で過ごしている時におばけマンションの管理会社から連絡があり、突然、先約の三組がキャンセルし、こちらに順番が回ってきたことを告げられた。僕は急遽《きゅうきょ》スケジュールを変更して、内見のために沖縄へ向かった。

「ここは昔、おばけマンションって言われてたんですけど、今はきれいに内装されてますのでみなさんご満足されてますよ」

３ＬＤＫ、家賃五万三千円。

空いていたのは四階より上の部屋で、黒と茶色を基調としたシックなデザイン。全部屋にエアコン完備。ダイニングキッチンにはシャンデリアのような照明もある。

管理会社の担当者は明るい好青年で、とても丁寧に案内してくれた。おばけマンションのことは、こちらから聞いたわけではないのに自分から言っていた。

「入居者の中で幽霊を見たって人はいないですね、僕が知る限りでは」

特に後ろめたさを隠している様子もない。本当にそうなんだろう。

ならば仕方がない。僕は自分の目で真相を確かめるべく、その場で契約を結んだ。こうして大阪・東京に事故物件を借りながら、沖縄に同時に二つの物件を借りることになったのである。

「そういえば駐車場に拝みにくる人はたまに見かけますね」

担当者は駐車場の端っこにある拝所を案内してくれた。僕が以前、井戸を見つけた位置のちょうど真上あたりにあった。確か沖縄では井戸と拝所がだいたいセットになっているのだが、この井戸の場合はマンションの敷地内と敷地外に分離されている。定期的に住人以外の

誰かが拝みにきて、きれいに掃除をして帰るらしい。

ところで四階より上が居住スペースとなっているみたいだが、一階は駐車場だとして、夜にまったく電気が点いていなかった二階と三階はどうなっているのだろう。聞いてみた。

「二階と三階はうちの管理じゃないんですよね」

どうやら二階は外国人向けのゲストハウス、三階は外国人向けのカルチャースクールが入っているようで、マンション内から二階と三階へ行く扉がすべて封鎖されていた。

この二階と三階こそ、最も幽霊の噂が多く、〝おばけマンション〟と呼ばれるようになった発端だと言っても過言ではないだろう。

噂では二階は以前スーパーが入っていたが撤退し、夜になると女の霊が徘徊するという。さらに以前には教会だったという噂もある。そして三階は殺人事件があって規制テープが張られていたという話だ。ただ、実際に事件があったかどうかは調べてもわからなかった。

一ヶ月後、晴れて入居が決まり、部屋の鍵をもらった僕は自分の部屋ではなく、二階のゲストハウスに宿泊した。

まずはじめにこのマンションの最も謎めいた部分をどうしても解き明かしたかったのだ。

僕はマンションの住人になっても入ることができないこの空間に、宿泊客として潜入を試みた。

「コンバンワ」

受付のお兄さんは外国の方だ。やはり外国人向けなのだろう。確かに外国人専用のゲストハウスなら、この建物にどんないわくがあろうが気にされることはないだろう。逆に日本人は断っているのかなと多少不安だったが、すんなりと宿泊できた。しかも一泊千五百円とかなり安かった。値段はその日によって変わるらしい。

その中は天井が高く、二段ベッドが所狭しと並べられていた。広い空間だったであろうスペースに、無理やりベッドを並べて隙間を通路にしているようだ。確かにここは昔はスーパーの商品売り場だったのかもしれない。

さらに奥に行くとトイレやシャワー室があって、その向こうには三階へと続く階段が……途中で不自然な壁により分断されていた。まるで壁に階段が吸い込まれているような奇妙な状態である。この壁の向こう側は、三階を使用している外国人向けのカルチャースクールだ。

その日、僕は幽霊を見ることはなかったが、内部の不自然な構造に違和感しか覚えず、ますますこの建物がどうなっているのかわからなくなってしまった。

次の日、僕は沖縄のラジオ番組に出演した時に知り合ったレポーターの比嘉《ひが》やすあきさんとマンションの近くの居酒屋で飲んだ。比嘉さんはこのあたりが地元なので、さらなるマンションの情報を聞き出した。

「押入を開けるとおばあさんが座っていた話や、屋上から飛び降り自殺をする霊が現れるという噂は聞いたことがありましたね。ただ、ここにかつて住んでいた友人もいたのですが、

彼は特に何も体験していないそうです」

やはり住人からの体験談はない。

「でもその友人、だんだんと別人のようになってしまいました」

部屋を借りて一ヶ月。テレビ番組「北野誠のぼくらは心霊探偵団」で、この物件の定点撮影が行われた。それまで僕は大阪や東京に戻ったりしていたため、この部屋に来たのは二回目で、まだここでは寝ていない。はじめての夜をカメラと共に迎えた。

その日の夜、僕は霊を見ることも悪夢を見ることもなく、平和に一夜を過ごした。

しかし録画された映像には、思ってもみない様子が記録されていた。

まず深夜二時、ムクリと起き上がった僕は、

「なんやねん……」

そう言って再び眠りに入る。

そして深夜三時。隣の家からなのか、壁を〝ドンッ〟と叩く音がした。その直後、

〝カタカタカタカタカタカタカタカタ〟

睡眠中の僕の頭が振り子のように痙攣《けいれん》しだした。約一分ほど揺れた後、再び静かな眠りに入り、静寂が訪れた。

その様子は、〝ドンッ〟という合図と同時に、まるで僕の中に何かが入り込んでしまったようだった。

僕はその映像を観てあることに気が付いた。それは、このマンションに住むと自分自身がマンションに、あるいはマンションの中の〝何か〟に取り込まれてしまうのではないか、ということだ。

本人は〝見る〟のではなく、〝なる〟。

このマンションの住人から〝幽霊を見た〟という報告が少ない理由は、そういうことなのかもしれない。

あまりにもきれいな内装の室内。

突然の壁により分断された
ゲストハウスの階段。

同居人

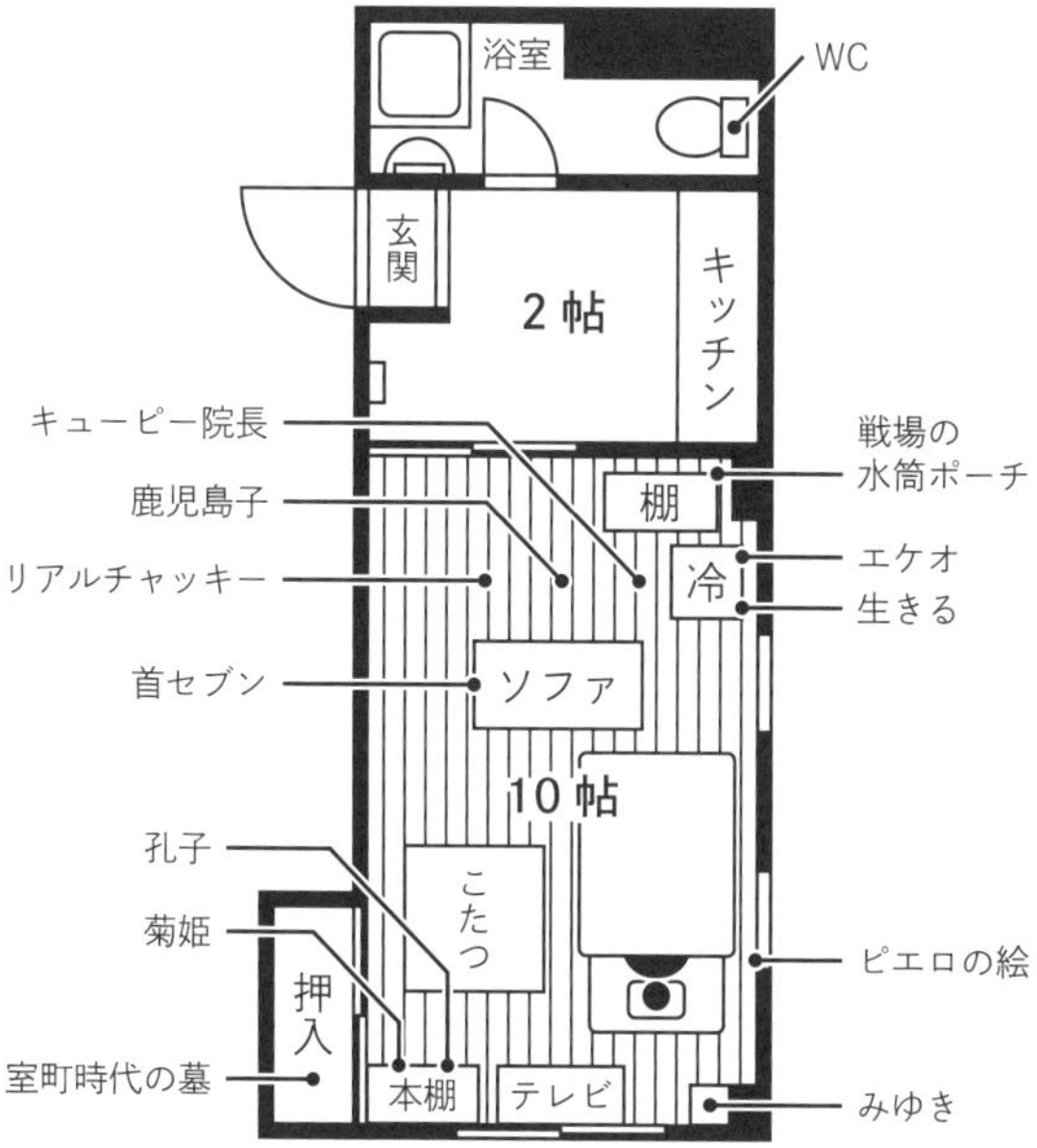
浴室
WC
玄関
2帖
キッチン
キューピー院長
鹿児島子
リアルチャッキー
戦場の
水筒ポーチ
棚
冷
エケオ
生きる
首セブン
ソファ
10帖
孔子
菊姫
こたつ
ピエロの絵
押入
室町時代の墓
本棚
テレビ
みゆき

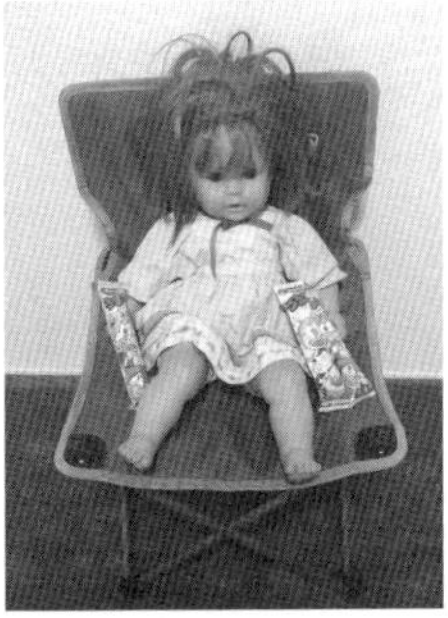

みゆき

1軒目の事故物件からいる赤ちゃん人形。松竹芸能養成所の小道具だった。表情が変わる。僕に好意を抱く人に対して嫉妬する。嫉妬されると部屋にみゆきがやってきて夜中に高速で飛び交う。

室町時代の墓

the band apartの原昌和さんが川で拾った室町時代のものと思われる板碑。

首セブン

3軒目の事故物件の近くに落ちていた七つのマネキンの首。

同居人

菊姫

上半身と下半身が真二つに割れた市松人形。その隙間に別の市松人形の首が収納されていた。古物商の倉庫に置いているとガラスの割れる音を鳴らす。部屋に持って帰ったその日に僕は子供視点の夢を見て、朝、目が覚めた時にお漏らしをしてしまう。

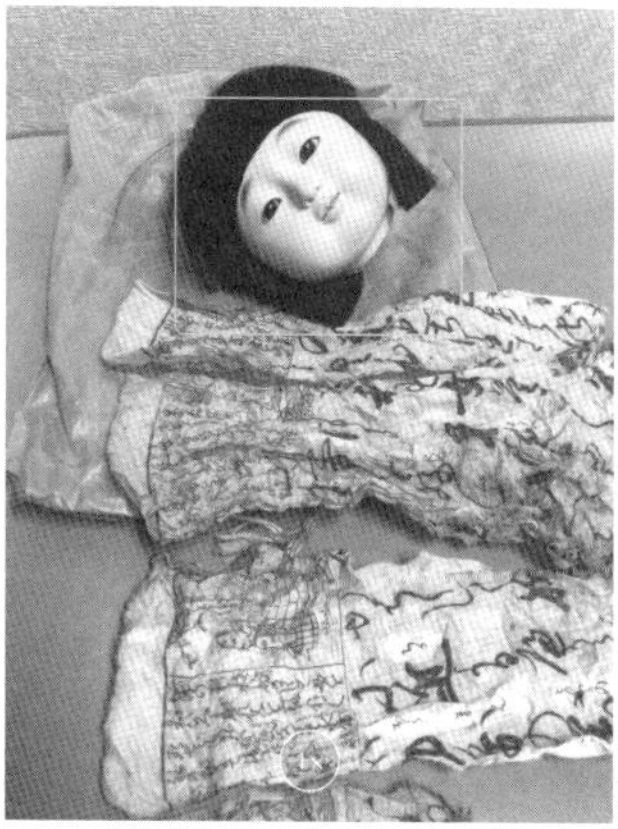

孔子

菊姫の上半身と下半身の間に収納されていた市松人形の首。鞄の中に入れてラジオ局に行こうとしたら、受付で「もう1人の方の名前も書いてください」と守衛のおじさんに言われる。首の裏側に「東光」という文字が小さく書かれていて、調べると松乾斎東光という市松人形作家の作品であることがわかり、実際に孔子の首を持って会いにいって胴体部分を作ってもらった。完成した時、喜びのあまり胴体から着脱可能の首が目の前でぴょんと飛んだ。

ピエロの絵

石野桜子さんから預かったピエロの絵。捨てても捨てても戻ってくる（128ページ「恐い絵」参照）。

リアルチャッキー

名古屋市在住のラジオリスナーからもらった、映画『チャイルドプレイ』のチャッキーの人形。この人形を部屋に置いていたら家に足音が鳴り響く、らしい。

キューピー院長

ある女性から預けられたキューピー人形。長年ある病院の院長室に飾られていたもので、看護師の間では手の形や目の色が少しずつ変化していると言われていた。手編みのフードのような服を着ているが、これは持ち主だった院長先生とよく似た恰好らしい。院長先生が亡くなってから、その女性が引き取った。

生きる

岐阜駅の駅前でロボットダンスの路上パフォーマーの男性からもらった女の子の人形。お母さんが30年間大事にしてきた形見で、パーマで巻かれた髪の毛が伸び続けて足よりも長くなった。

エケオ

大阪のある神社に1週間で9体のエケコ人形が、「勝手に動く」ということで別々の人から人形供養として集まってきた。どうやらすべて近くに新しくできた雑貨屋で仕入れたボリビアのエケコ人形で、ある人がその店で買った別のエケコ人形を僕がもらった。

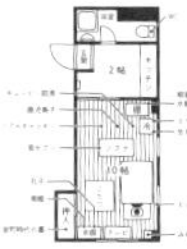

鹿児島子

芸人のDNA池上くんが鹿児島県の城山の土産売場で買った、30年間売れなかったとされる人形。寄席に来た客にプレゼントしたら、帰り道にその客の車が壊れる。最初は喜んでいたもらい主の子供達が、だんだん人形を怖がりだしたので、押入の奥に眠らせていた。人形から出てくる妙な匂いもきついから人形供養に出そうとしたが、その前に僕が1度見てみたいということで預かっている。

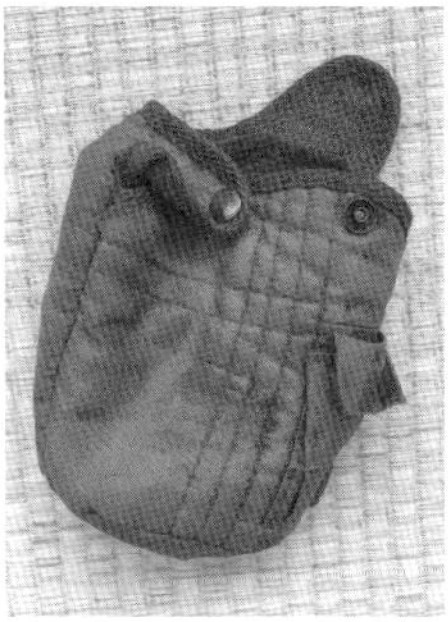

戦場の水筒ポーチ

ミリタリーマニアのヌガザカさんがミリタリーショップで手に入れたロシア軍の水筒のポーチ。それを所持しただけで悪寒が走り、まるで水分を含んでいるかのように異常に重い。

同居人と戯れるタニシ。

事故物件一軒目

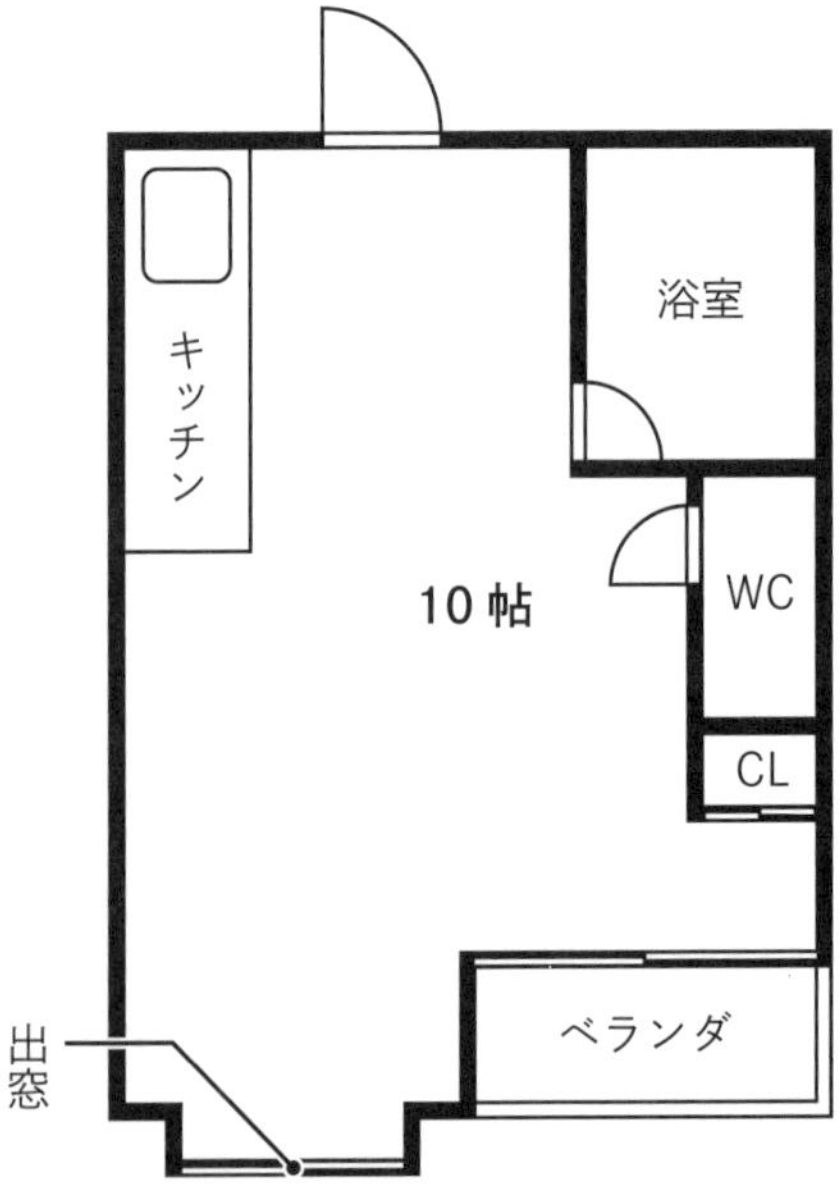

事故物件一軒目

すべてはここから始まった。

二〇一二年にテレビ番組「北野誠のおまえら行くな。」の企画で住み始め、部屋を毎日定点撮影し、事故物件住みます芸人としてスタートを切った一軒目の事故物件。記録した映像には連日、光の球が映り込み、ラップ音が鳴り響き、マンションの前では交通事故にも遭った。その後、僕はいくつもの事故物件を渡り住むことになるのだが、この物件を超える怪物件とはまだ出会えていない。

そもそも何故このマンションが選ばれたかというと、番組のメイン出演者であり事務所の先輩でもある北野誠さんが、

大阪　殺人　事故物件

と検索して一番はじめに出てきたマンションだからである。

〝事故物件で幽霊が撮影できたらギャラがもらえる〟というこの企画で、実際に事故物件に住む若手芸人として抜擢《ばってき》された僕は、言われるがままに不動産屋へこの物件の契約をしに行った。

不動産屋は頑なにこの物件の紹介を嫌がった。

「私がもし友人に部屋を紹介するなら、十人中十人にここじゃない別の物件を紹介しますよ」

そう言って、もっと良い物件を勧めようとしてくれた。

しかしそれでは困る。目的は幽霊の出る物件に住むことなのだから。

「ここじゃないと先輩に怒られるんです」

僕はあながち間違ってはいない言い分で不動産屋の善意を断ち切った。

「……わかりました」

少し不機嫌そうに奥の部屋へ引っ込んだ不動産屋は、物件の資料を持って戻ってきた。

「これは本来言わなくてもいいことなのですが、このマンションは殺人事件があったんです」

そう説明した彼の手は震えていて、資料が少しグチャッとなっていた。


このマンションは大阪の不動産界隈では〝幽霊マンション〟として有名で、数々のいわくがあった。殺人事件、飛び降り自殺、女の霊の目撃例、違法建築、さらには暴力団のタコ部屋があった疑惑もあるマンションだった。

違法建築に関しては問題が発覚してから、建て増しされた八階から十階までが閉鎖され、廃墟となっている。にもかかわらず、エレベーターは止まるはずのない八階から降りてくる。七階までのボタンしかないのに、八階のランプが光るのだ。

また一階フロアはすべてぶち抜かれ、片面の壁一面が鏡張りの駐輪場となっている。しかし薄気味悪さもあってか、誰一人として自転車をここに停めてはいない。

そして僕が住むのは六階の奥にある、あまりにもきれいにクリーニングされた真っ白な部

事故物件一軒目

屋だった。

1R、十帖、家賃四万五千円。

正確には前住人がその部屋で亡くなっているわけではないので〝事故物件〟には当てはまらないのだが、マンション自体が事故物件扱いされているためか全部屋が相場より安い。案内してくれた不動産屋は内見の際に最後までこの部屋には一歩も入らなかった。

事故物件生活の初日。

僕は部屋のフローリングの真ん中に布団を敷き、何故か一向に暖かくならないエアコンに不信感を抱きつつ、それよりも一人でいるこの部屋にいつ訪れるかわからない怪奇現象に少なからず怯《おび》えていた。定点カメラを回しながらも部屋は暗闇に包まれ、無音の空間だ。なかなか眠れない状態が続く中、突然枕元に置いていた携帯電話が鳴る。知人からだった。

すぐに電話に出たのだが、何故か相手の声がほとんど聞こえない。たまに声が耳に入るのだが、すぐにプツプツ切れる。電波が悪いわけではない。

「カ…オケ……おるんか……女の声…聞こ…る……」

カラオケ？　女の声？

「声が聞こえる……ですか？」

どうやら相手にはカラオケボックスに女の子と来ていると勘違いされているようだ。その後も通信状況は悪く、会話にならないので電話を切った。

次の日、この知人に会って話をすると、この時の電話で僕の声の後ろから女の歌声が何重にも聞こえていたという。

そして録画した定点カメラの映像を確認すると、ちょうど電話をしていて僕が「声が聞こえる……ですか？」と言ったタイミングで、画面右側に白い光の球が縦にスッと現れてすぐ消えた。これが、はじめての記録された怪奇現象だった。

その後、毎日撮影を続けていると初日に映った白い光の球、いわゆる〝オーブ〟は日に日に数が増えていった。オーブは肉眼では見えない。当初は「埃《ほこり》かもしれない」とも思ったが、定点カメラの赤外線で撮った映像にのみ、オーブは姿を現す。そして一週間後にはまるで一《いっ》反木綿《たんもめん》かのような白い布状の物体が僕の目の前を通り過ぎる映像が撮れた。もうこれは確実に〝何か〟である。その後、僕はマンションの前でひき逃げに遭った。幸い無傷で済んだ。

それからは肩がどうにも重くなっていった。ストレスや肩凝りが原因だろうと思っていたが、いよいよ耐えきれなくなって整骨院に行って診てもらった。何も悪いところはないと言われた。気休めの湿布だけを渡された。

その頃、毎週土曜日にラジオ出演のために京都まで行っていたのだが、早く着いたので少し休もうと、たまたま見つけた喫茶店に立ち寄った。扉を開けると、店の奥から声がした。

「入らないで！」

すぐに女性の店員が僕に駆け寄り、こう言った。

「あなたの肩に女がしがみついてるの。その女に入られると困るから、出ていって！」

はじめて行った店で、初対面の店員に、入店拒否をくらわされた。なかなかのありえない状況だが、「肩が重い原因はこれか」と妙に納得してしまった。


このあたりからだろうか、僕は事故物件に対する恐怖心がだんだんと薄れていった。

むしろ順応していったように思う。肩の重みも気にならなくなっていった。

わずか数ヶ月ばかりの短期間に、今までの自分の中の常識を覆す出来事に立て続けに見舞われ、僕は感覚が麻痺《まひ》してしまったのかもしれない。

それは〝慣れ〟なのか、〝諦め〟なのか、この時点ではまだわからない。


家鳴り、いわゆる〝ラップ音〟も最初は怖かった。しかし当たり前のように鳴り続ける日常に、いつの間にか気にも留めなくなっていた。

ある日、帰宅して玄関のドアを開けると
〝パン、パン、パン、パン〟

ラップ音が四回鳴った。

「おかえり」と言ってくれてるのかな。そんな風に捉えるようになってしまった。

またある時、浴室でシャワーを浴びていたら、曇った鏡から文字が浮かび上がることがあった。鏡にはまずカタカナの「シ」の文字が浮かぶ。次に「ネ」が浮かんだら「シネ」ということか……と思っていたら、次に浮かんだのは「ャ」、小さい「ャ」だった。あれ、思っていたのと違うぞと戸惑っていると、まだ文字は続いた。

シャンプー

鏡に浮かんだ単語は「シャンプー」だった。僕はさすがに動揺し、思わずシャンプーのポンプを押してしまった。すると〝スコスコスコ〟と音がして、中身が空っぽになっていた。

「そうか、替え時を教えてくれたのか」

僕は次第に〝彼女〟に愛着のようなものが湧いてきた。


オーブの数も増え続けていた。住み始めて四ヶ月が過ぎた頃、アルバイトに出かける前にカメラと繋《つな》げている部屋のモニターを確認した。そこには吹雪のように右から左へモニター画面上を横切る何十匹ものオーブが映っていた。僕は感動して思わず声をかけた。

「オーブのみなさん、いってきます」

すると、まるで僕の声に反応するかのようにオーブの動きはピタッと止まり、今度は下から上へとゆらゆらと動き出したのだ。まるで「いってらっしゃーい」と手を振っているかの

ように。その様はまさにオーブとコミュニケーションを取れているかのようだった。

この翌日、北野誠さんと番組スタッフらが部屋を訪れた。僕は前日に撮れたオーブの映像の話や、これまで起きた怪奇体験の数々を嬉々《きき》として報告した。その間にも部屋の上からハイヒールで歩くような音が聞こえたり、マンションの外の公園のブランコが誰も乗っていないのに五分以上揺れ続けたり、不思議な現象は起こっていた。また、僕は気付いていなかったが、僕が入浴している間に部屋の中に謎の靄《もや》が現れ、その靄が竜巻になるという映像が数日前に撮れていたことも発覚した。僕は誠さんや番組の人達に喜んでもらえるんだろうなと思っていたが、反応は意外なものだった。

「一旦、この企画は終わらせた方がええな。タニシ、ご苦労さん」

こうして唐突に番組の事故物件企画は終了した。

事故物件一軒目　その後

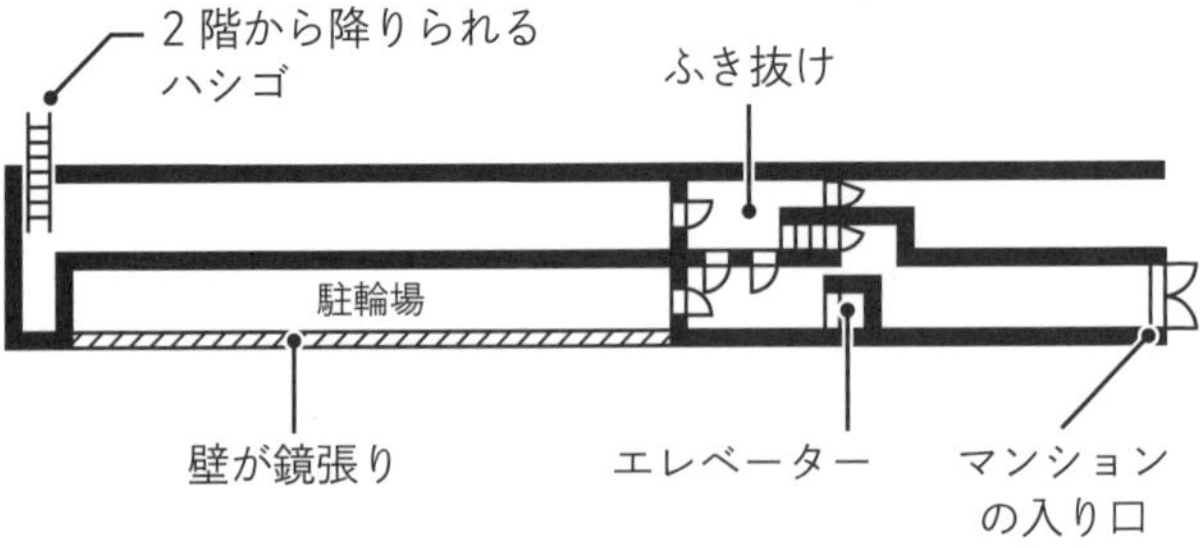

テレビ番組「北野誠のおまえら行くな。」での撮影は半年経たずに終了した。これはあまりにも心霊の世界に寄り過ぎてしまった僕を見た北野誠さんからの「撮れ高《だか》は充分だから、もうタニシを元の生活に戻してあげよう」という計らいだった。

しかし僕はこの物件に住み続けることを選んだ。撮影は終わってもこの部屋でこの先に何が起きるのか、追い続けたかったのだ。

友人のＦくんはスピリチュアルカウンセラーの見習いをしていて、簡単な除霊ならできるのだという。僕はＦくんに頼んだ。

「事故物件を除霊するところを撮影させてもらえないかな」

Ｆくんは快くＯＫしてくれた。

しかし、部屋にＦくんを入れた途端、彼の様子がおかしくなる。

「僕、除霊できるなんて言ってないですよ」

おかしい。話が違う。

「それより一度、部屋を出ませんか？」

Ｆくんはやたらと部屋から出たがっていたので、仕方なく廊下に出た。

「タニシさん、この部屋は僕の力では除霊は無理です。それにあの場で除霊する意志を出すとこっちがやられてしまいます。浄化ならできるかもですが……」

除霊はできないが、浄化ならできる。

　僕にはその違いがよくわからないが、とにかく浄化をしてもらうことにした。

　彼は鞄から乾燥させた真っ白い葉っぱを取り出し、それを灰皿の上に載せ、ライターで火をつける。

「この葉っぱはホワイトセージといって、ネイティブアメリカンが神聖な儀式を行う時に、邪気を祓《はら》うために使われている浄化用ハーブです。この葉っぱを燃やし、煙で場を浄化させます」

　火のついた葉っぱからは白い煙がモクモクと立ち、殺虫剤のバルサンのように部屋に充満した。しかし……。

「あれ？　あれ？」

　煙は確かに充満している。だが、何故かモーゼの十戒のごとく、煙は僕を避けるように真っ二つに割れた。Ｆくんが溜息をつく。

「やっぱり無駄な努力でした。ホワイトセージも意味がありません。……タニシさん、本当は除霊なんかして欲しくなかったんじゃないですか？」

　核心をついてきた。

　確かに、僕は除霊をすることで何が起きるのか映像に撮りたかっただけで、本当に除霊して欲しいとは思っていなかったかもしれない。

「タニシさん、その時点でもう半分乗っ取られていますよ」

　彼はそう言い残し、その場を去っていった。

こんなこともあった。

道頓堀《どうとんぼり》角座《かどざ》での怪談イベントでゲストにタロット占い師の濱口善幸《はまぐちよしゆき》さんを呼び、出演者全員を占ってもらった。その中で最も占い結果が良くなかった人をエンディングで発表する、という流れだった。

「占いの結果、一番良くなかった人は……松原タニシさんです！」

やっぱりか、と思いながらも一応「マジですか？」とリアクションをとる。すると唐突に質問された。

「タニシさん、最近怒ったり泣いたりするようなことってありますか？」

正直、事故物件に住んでから恐怖に対する耐性が身についてしまったのか、たいていの出来事に何も思わなくなっていた。しかしここは舞台上。なんて返そうかなと少し考える間を空けてしまっていると、濱口さんは僕の返答を待たずに言った。

「たぶん、無感動になっていると思うんです」

当たっている。

「これはね、タニシさんの体がもう半分人間じゃなくなってしまっているからなんです」

ここでちょうど終演の時間。詳細を聞くことなく無情にも幕は下りた。

そして二〇一三年、夏。僕は関西ローカルで毎年夏に放送しているテレビ番組「稲川淳二の怪談グランプリ」のオーディションに行った。

「じゃあタニシくん、そのカメラに向かって、怪談を喋ってください」

プロデューサーが言う。緊張しながらも僕はスタッフが持つカメラに向かって、まず自己紹介をした。

「松竹芸能、松原タニシです。僕は現在、事故物件に住んでいるのですが……」

〝ブチ！〟

その瞬間、カメラを持っていたスタッフの数珠《じゅず》が弾け飛んだ。

「うわぁぁ！」

悲鳴を上げるプロデューサー。

「タニシくん、もうこれ以上喋らないで。君がホンモノやってことはわかったから。もうオーディション合格でいいから、これ以上喋らんといて。これ以上なんか起こったら怖いから！」

まさかの、自己紹介しただけでオーディションを合格してしまった。

そして本番当日。

結果は三位だった。

番組の収録が終わってから、収録前に会場をお祓いしていた霊媒師が僕に近寄ってきた。

「松原さん、残念でしたね。今回出演されたみなさんはそれぞれ後ろに凄《すご》いものを連れてきていました。タクシー運転手さん、遺品整理業の方、ご住職……。その中でも松原さん、あなたに憑《つ》いてるものはチャンピオンですよ」

まさかの裏チャンピオンの称号をいただいてしまった。

事故物件に住んでこのように周りから色々と言われてしまうようになっていたが、相変わらず何も思わなかった。それでも唯一〝怖い〟と感じた出来事があった。

僕は定期的に一階の駐輪場を覗きに行っていた。片面が鏡張りで誰も自転車を停めない駐輪場。この場所が何なのか、まだ謎が解けていなかったからだ。

駐輪場入口の扉に貼ってある「警戒区域一覧表」には一階から十階までのマンション全体の見取図が記されているのだが、これを見ると一階の駐輪場が昔は住居フロアだったことがわかる。また、閉鎖されているはずの八階から十階にも部屋が存在していた。日付は十数年前のものだ。

元々あった部屋をぶち抜いて、何故、駐輪場にしたのか。

僕はある日、この駐輪場で散乱した髪の毛を目にする。そして同時に獣のような臭いが鼻を突く。もしかするとホームレスが中に入って鏡の前で散髪したのかもしれない。しかしこのマンションはオートロックだ、簡単には外の人間は中に入れないはず。

〝じゃあ何だ?〟

このマンションは全体が細長い長方形で、各階の廊下はエレベーターから一直線に伸びている。一番奥の部屋の扉には「避難器具設置室」と書かれた紙が貼られ、扉を開けると床と天井に穴が開けられて上下階とハシゴで繋がっている。何故この部屋が避難器具設置室なのかはわからないが、このハシゴから実は一階の駐輪場の裏側に行けることがわかっている。
僕はこの日、駐輪場と髪の毛の謎を解くべく、懐中電灯を持って駐輪場の裏側への探検を試みた。二階の避難器具設置室からハシゴを使い、真っ暗闇の一階駐輪場裏へ降り立つ。この奥に何かヒントはあるのか。恐る恐る歩みを進めると、強烈な異臭が漂う。駐輪場で嗅いだ臭いの、より激しいそれだ。僕は鼻を押さえつつ、臭いのする方向へ懐中電灯を照らした。そこには、ズダ袋があった。

その瞬間……

〝ぺたぺたぺたぺたぺたぺたぺた〟

僕は足首から脛《すね》のあたりまでを無数の手のようなものに触られた。あまりにも感触がはっきりし過ぎていたので、声も出せず、一目散に逃げ出した。

次の日、駐輪場の髪の毛は消えていた。あれは何だったのか、今でもよくわからない。

結局、このマンションには丸一年住んだ。退去の日には、撮影のためにフローリングにビニールテープで貼っていた魔法陣を最後に剝がした。その瞬間、大量のオーブが蚊柱のように上から下へ降り注いだ。もちろんモニターの中でだが。それはなんだかお別れの挨拶のように思えて寂しかった。

僕はその後、番組の企画とは関係なく、事故物件を自ら探すことになる。

＊

二〇二〇年、お世話になっている不動産屋の西門さんに頼んで、七年ぶりに一軒目の内見をした。

七年前と違うのは、駐輪場に入れなくなっていたことだった。特別に鍵を開けてもらい中を見てみると、そこには所狭しと粗大ゴミが積まれていた。西門さんによると「民泊の残置物ではないでしょうか」ということだった。近頃の民泊利用者は、家具をそのまま置いて出て行くことが多いという。その残置物を駐輪場にまとめて置いている可能性があると、西門さんは指摘した。

そして自分が住んでいた六階を見る。七年前とは変わらないが今になって気付いたことがあった。それは「三号室がない」ということだ。

六〇一、六〇二、六〇四、六〇五……

六〇三号室がない。これは六階だけではない。各階に三号室がないのだ。

違法建築がバレてから、このマンションはかなりの居住スペースを削らないといけなかったのであろう。おそらく規定の容積から倍近くオーバーしている、と西門さんは言う。

居住スペースでなかったら容積率はセーフなので、各フロアの三号室を削り、八階から十階を削り、一階を削ったのだろう。

そしてエレベーターだが、建築基準法をクリアできるよう八階まで作ってから九階十階を建て増しした可能性があるため、八階までのランプしかなく、ボタンは後から潰したのだと推測する。ただし、ボタンが存在しないのに八階のランプが点くことに関しては説明がつかない。

マンションの構造が異質なのは、そもそも違法建築であったことが原因であることは、これでよくわかった。

そして改めて周辺を見渡すと、マンションの前の公園にお地蔵さんが祀られている。古地図を見るとこの場所は戦後まで川であったことがわかった。つまり川を埋め立てた土地なのだ。それがこの土地にいわくを生む理由になるかは定かではない。

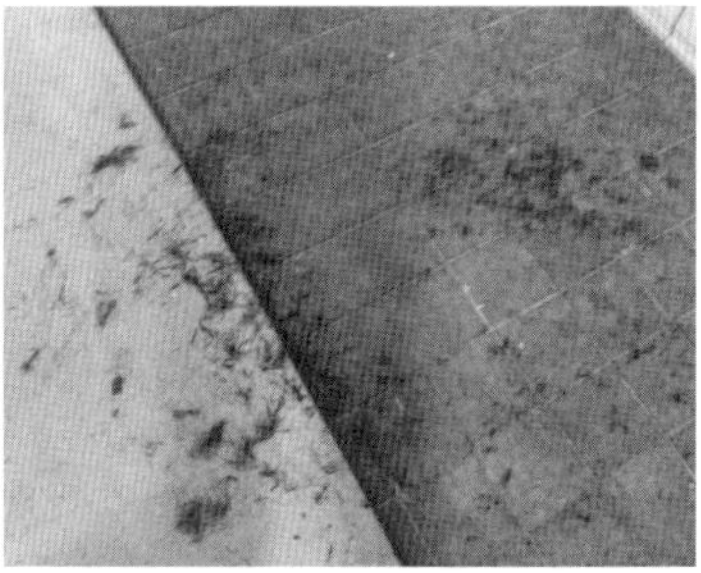

駐輪場に落ちていた謎の髪の毛。

エレベーターのボタンは8階までしかなく、
しかも8階は閉鎖されている。

事故物件二軒目
その後

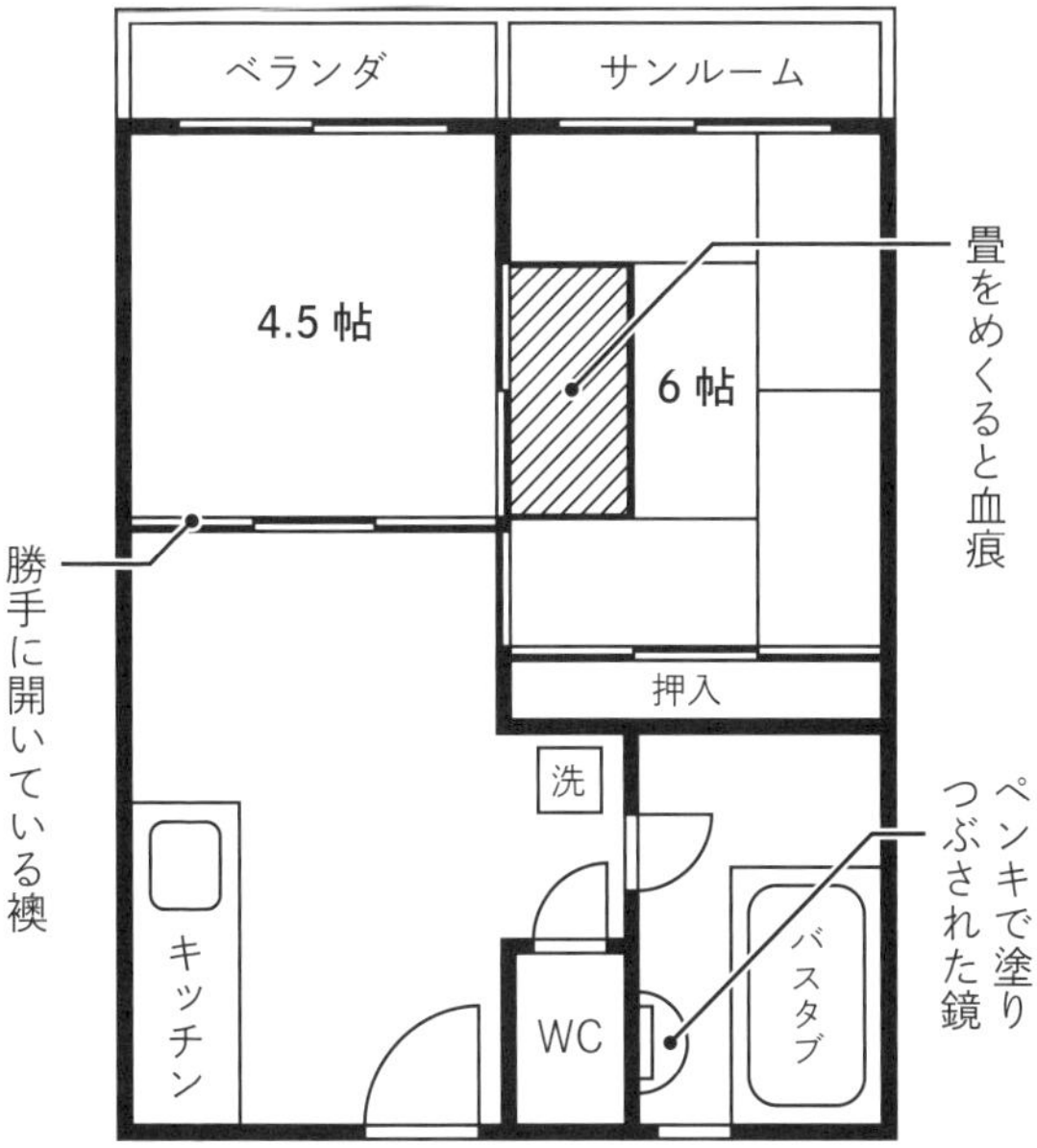
ベランダ
サンルーム
4.5 帖
6 帖
畳をめくると血痕
勝手に開いている襖
押入
洗
キッチン
WC
バスタブ
ペンキで塗りつぶされた鏡

二〇一四年、後輩芸人のゆんぼだんぷ・カシューナッツと一緒に住んだ二軒目の事故物件は、息子が母親を殺害した部屋だった。

畳をめくると血痕があり、風呂場の鏡がペンキで塗りたくられ、排水口から髪の毛がゴソッと取れた。その髪の毛をビデオカメラで撮影しようとするとカメラが壊れた。

僕の携帯電話の留守電には〝ゴボゴボ〟という謎の音が入り、かけてもいない相手から「タニシくん、留守電にゴボゴボ変な音入れるのやめてくれないかな」と言われる。

近所の定食屋の大将に「あの部屋の母親は浴槽に顔を沈められて殺されたんやで」と教えてもらい、留守電の〝ゴボゴボ〟という音と母親の亡くなり方が関係あるかもしれないと気付く。

大まかにここであった出来事を羅列するとそんな感じだ。

そして、玄関のドアノブをガチャガチャされ、郵便受けの配送物がなくなるという現象が起きる。

さらに退去後、近辺で男が道行く高齢の女性をハンマーで殴る通り魔事件のニュースを目にする。その犯人の男は、僕の部屋で母親を殺した息子と同一人物だった。

報道によると、犯人は母親を殺害後に逮捕されたが、精神疾患があるとして不起訴となり、事件当時までグループホームで生活していた。しかしそこから逃げ出し、今回の殺人未遂事件に繋がった。犯人は「誰でもいいから人を殺して死刑になりたかった」と供述している。

家のドアをガチャガチャしたり、郵便受けを荒らしたりしたのは、誰なのか？　もしもあの時ドアを開けていたら、「誰でもいいから人を殺したかった」犯人と遭遇していたかもしれない、と恐怖を感じた。

＊

あれから数年が経ち、ＳＮＳでメッセージが届いた。それは通り魔事件の被害者に近しい人物からだった。

「二〇一六年某日、私がお世話になっているＭ先生から電話があり、その週末に誘っていた名古屋での稽古会は急遽行けなくなったと言われました。理由は、奥さんが精神に障害のある男に金槌《かなづち》で頭を殴られ入院したからと。以下、先生から直接お伺いした話を許可を得てまとめました。何かの参考になれば幸いです。

――その日、自宅近くの路上を歩いていたＭ先生の奥さんは、正面からすれ違った若い男にいきなり背後から襲われ、頭を金槌で殴られた。

奥さんは必死で逃げようとするが男は上着のフードを掴み、金槌で殴り続けながら追いすがってきた。しかし奥さんが客待ちタクシーの前でくるりとＵターンしたはずみに上着も脱げ男は転倒した。その隙にその場から逃げ出し、近所の知人のところへ逃げ込み、自宅にいる夫のＭ先生に携帯電話で連絡した（その様子は二箇所の防犯カメラに映っている）。襲撃の時にその場にうずくまっていたら確実にとどめを刺されていた。

奥さんは頭蓋骨が陥没して穴が開き、その出血が脳を圧迫して救急車が来た時には意識がなくなった。病院に運ばれ、なんとか一命はとりとめたが「発見が遅く、搬送が二十分遅れていたら確実に死んでいた」と執刀医が後日言っている。運が良かったのは、凶器となった金槌の根元が腐っていて、殴った時に柄と本体が分離したことでとどめには至らなかったことだ。

犯人は奥さんに振り払われて転倒した後、さらに追撃しようとしたが、客待ちのタクシー運転手が間に入る。そこへ奥さんからの連絡を受け、自宅から駆けつけたM先生が現場にいた男を取り押さえ、後から到着した警官が殺人未遂の疑いで現行犯逮捕した。

先生が現場に到着した時、セーターが血で染まった奥さんのそばに、坊主頭の男が一点をボーッと見つめて立っていた。抵抗したら殴って押さえるつもりだったが、無抵抗だったので警察にそのまま引き渡した。

男は「誰でもいいから人を殺して死刑になりたかった」と供述。彼は精神疾患の治療薬を持っていた。

男は二〇一三年に自宅で母親を殺害したとして殺人容疑で逮捕されたが、当時から精神疾患があり、不起訴となっていた。二年半の「医療観察法による入院」（裁判官、精神科医二名の合議制による審判。社会復帰を促すための入院措置により退院まで拘束される。自由な外出はできない）を経て、精神状態の安定が認められ退院。その後、二～三週間ほどグループホームで生活していたが、無断で抜け出し、ある日父親のいる自宅を訪問した。その時に父親に「一緒に暮らしたい」と告白するが断られる。深く失望した男は、父親宅にあった金槌を持ち出し、路上でM先生の奥さんを襲撃したとのこと。

　男の父親は、いずれ自宅に息子が来ることを予期していたのか、凶器となりそうな刃物はわからない場所に隠していた。刃物が見当たらないので金槌を持ち出したらしい。

　裁判では、男の責任能力が当然問われたわけだが、M先生は「社会復帰を支える風潮には賛成だが、それに伴って社会的責任も負わなければならない」と厳罰を要求。「人をあやめてからわずか二年半後に、再び人を殺そうとする事件が起きる現状はおかしい」と訴えて、その要求が加味されて実刑七年の判決が下った――

　男は捕まった時に『誰でもいいから人を殺して、死刑になりたかった』と言っていたと報道されていましたが、実際は『誰でもいい』わけではなく、逮捕されたいので人通りのある場所で真っ昼間に簡単に殺せそうな小柄な女性を物色していた、反撃されそうな男性は意識的に避けていた、とのことです。

　そして裁判で『罪を償いたいか、それとも病院に入りたいか』と質問されると、無表情でぼそりと『病院がいいです』と答えたそうです。M先生はその時の男の顔を見て『人を殺して、死刑になりたかった奴が今さら何を言い出すんや！』と強い憤りを感じ、今でも鮮明に覚えていると言います。私にその話をされた時、表情が一変したのがとても印象的でした」

　僕の家のドアノブがガチャガチャ回されたり、郵便受けが荒らされたりしたのは、犯人が

「医療法による入院」で拘束されていた時期と重なることがM先生の話でわかった。ではいったい誰が？　謎は結局残されたままだ。

事故物件とは主にその部屋に住んでいた人が亡くなった場所だ。前住人はもうこの世にはいない。だが殺人事件の場合は、その人の命を奪った人間がどこかで生きている可能性がある。

二〇二三年、母親の命を奪い、見ず知らずの女性の命を奪おうとした男が実刑を終え、戻ってくる。

最後に、通り魔事件の被害者の夫であるM先生から直接もらったメッセージを、許可をいただき掲載する。

「私の主な主張は、精神的な障害のある方々の社会参加は必要ですが、加害行為には応分な措置は必要ではないか、犯罪行為の免責は絶対にあってはならないということです。

幾らか症状の落ち着きを待ち、少なくとも裁判を行い（症状の程度にもよりますが）、その場に立たされるという事実によって、〝社会的に悪いことをした責任を問われているんだな〟という当事者性を、〝反省の機会（裁判と云う場）〟を持っていただく必要があるのではないか。また、ノーマライゼーション（障害を持つ人と持たない人が平等に生活する社会を実現させる考え方）に立脚する時に、様々なトラブルや犯罪の問題は避けられないと思います。

それらの犯罪結果に対しての国家としての責任の取り方、保障体制を作る必要がある。

ドイツ、フランスなどのように、加害者に経済的な支払い能力がない場合、代わりに国家が被害者やその家族に損害を賠償し、社会秩序の維持回復のために行われる刑事裁判にも被害者が参加するとともに、『犯罪被害者補償基金』などを整備することが必要だということです。

国民の一人がしでかしたことに国家が責任を取らない、国民に対する犯罪を防止できなかった国家責任をなかったことにするような日本の裁判制度は、わずかに改善されていますが、抜本的に改革される必要を感じています」

事故物件三軒目 その後

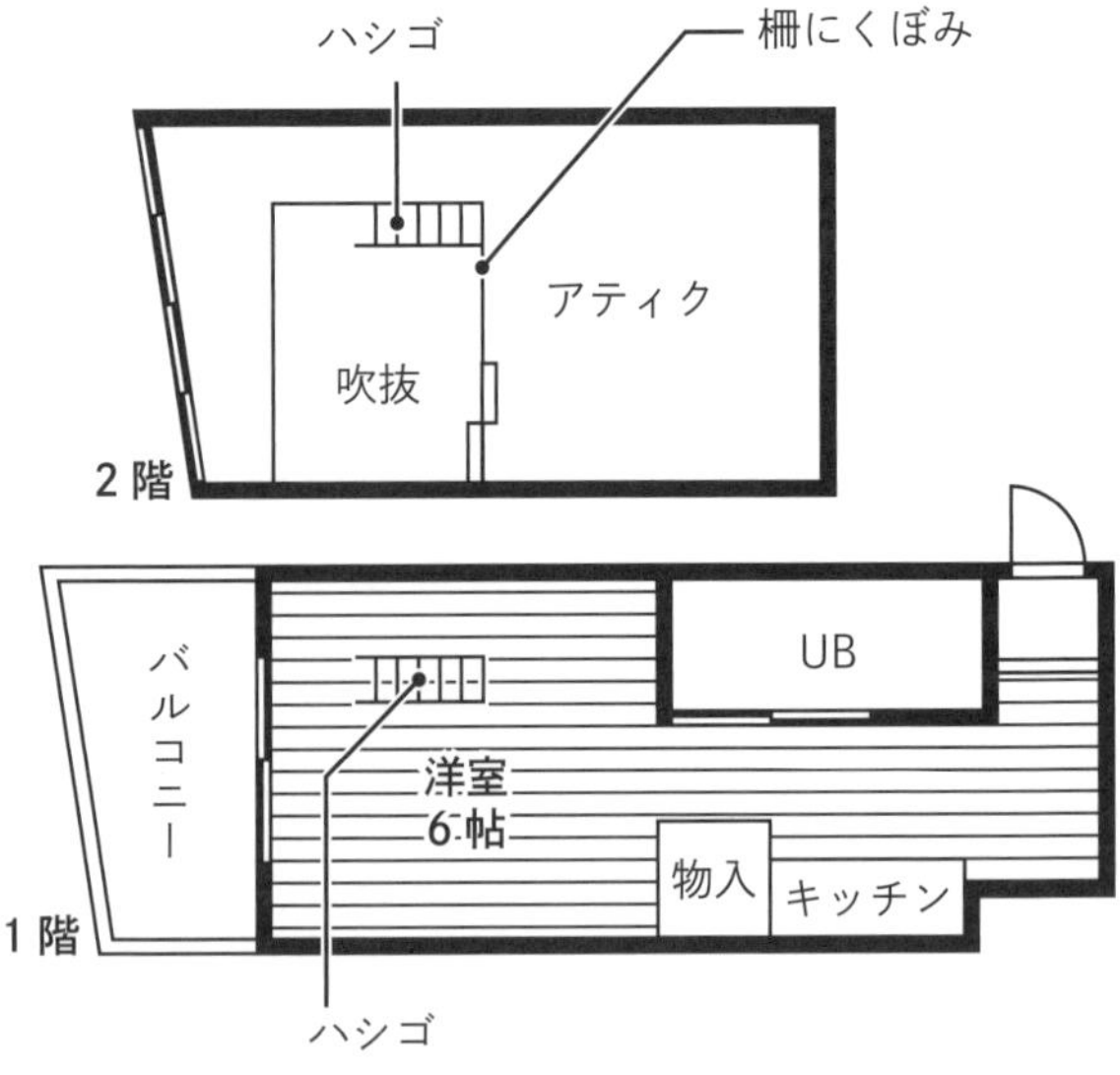

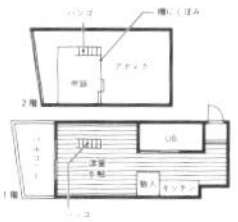

三軒目に住んだ事故物件はマンション最上階である七階の部屋。

1K六帖ロフト付き、家賃三万五千円。

そこでは三十代の女性が恋人と喧嘩《けんか》の末、突発的に玄関のドアノブで首を吊っている。さらにその三～五年前にはロフトで首吊りもあった。二人亡くなっている事故物件だ。

あるドキュメンタリー番組で、かつて僕が住んだ事故物件にもう一度行ってみようという企画があった。番組側が用意できた物件は三軒目の物件……の真下の部屋だった。そこへ霊能者のパトラ美月さんと、祖父がイタコだというグラビアアイドルの篠原冴美さんと僕の三人で訪れる。ちなみにパトラさんは宜保愛子さんの弟子のような存在で、縦方向なら霊視ができると言う。だから真下の部屋からでも霊視は可能であるらしい。

約三年ぶりに見たマンションの外観は懐かしく、思わず「懐かしいなぁ」と口からこぼれ出た。すると突然パトラさんが不思議なことを言った。

「あ、今タニシさんから白いのが抜けて上の方へ行っちゃったわ」

この時はまだそれがどういう意味なのか理解できなかった。

部屋に入る前にまずは七階まで上がり、かつて僕が住んだ部屋の玄関の前まで行く。パトラさんと篠原さんは、同時に頭痛を訴えた。

「これは相当強いわね」

パトラさんが呟いた。

確かにここは頭が痛くなる部屋なのだ。僕も住んでいた頃は慢性的な頭痛に悩まされた。敏感な人にはより辛いのかもしれない。

現在この部屋は男性の入居者がいる様子だった。

六階に行き、番組が用意した三軒目の真下の部屋へ入る。当たり前だが間取りは一緒だ。だがロフトがない分、圧迫感を覚える。

パトラさんは真っ先にトイレを疑った。

「ごめんなさいね」

トイレのドアを開けると、天井に向かってそう言った。

「この真上に若い女性と中年の男性が柵に手をかけてこっちを見下ろしてるわ」

確かにパトラさんの言うその位置にはロフトの柵がある。これがパトラさんの〝縦は見える〟能力なのか。

「篠原さん、パトラさんが言うトイレの天井、写真を撮ってもらっていいですか」

スタッフがアイドルの篠原さんにスマホを渡す。彼女が撮影すると、かなりの高確率で心霊写真が撮れるというのだ。

篠原さんはスマホを構え、シャッターボタンを押そうとした。しかし……

「あれ、なんか押せないです。すごい圧を感じて……」

押せない。何度試みてもシャッターを押せない。

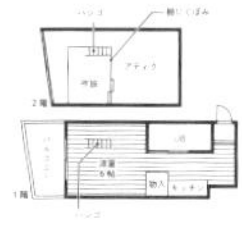

これは異常事態だ。僕はチャンスだと思った。この写真に僕も写り込めば、何かより奇怪なものが撮れるような気がした。僕はトイレの中に移動し、篠原さんに「もう一度シャッターを押してみてください」と言おうとした、その時……

「ダメ――――!!!」

突然、篠原さんが泣き出した。目から怒濤《どとう》のように涙が溢れ出した。

「篠原さん！　タニシさんから離れて！」

パトラさんが叫ぶ。すぐに篠原さんの肩を掴み、僕との距離を空けた。そして篠原さんを抱きしめて落ち着かせた後、背中をパンパンと叩く。

「スタッフさん、この子を廊下に避難させて！」

そう言って篠原さんを外に出させた。

「アンディ、お鈴《りん》を持ってきなさい！」

弟子のアンディさんにお祓いグッズを用意させ、突然、儀式が始まった。

「タニシさん、これはあなたに憑いてるものを祓うわけじゃないから。安心して。この場を鎮めるだけだから」

そう言ってトイレの天井に向かってお経を唱えた。

「南無妙法蓮華経南無妙法蓮華経南無妙法蓮華経南無妙法蓮華経……」

お経を唱えること五分、パトラさんは静かに語り出した。

「タニシさん、あなた罪な男ね。上にいる女性の霊は、あなたと上の部屋で過ごした思い出が忘れられないの。あなたが外で〝懐かしい〟とこぼした時、この子も懐かしさに耐えきれず元の部屋に戻ったのね。でも私や篠原さんが来たものだから、〝私とタニシさんを邪魔しないで！〟と怒っていたのよ」

　とりあえず応急処置が終わり、僕らは部屋を出た。廊下にはさっきまで号泣していた篠原さんがケロッとしていた。スタッフが篠原さんにいったい何が起こっていたのかを尋ねると、彼女はこう言った。

「タニシさんがスマホの画面に入った時に、何かがスッと降りてきて私の中に入った気がしたんです。そしたら急にタニシさんのことが好きで好きでどうしようもなくなってしまって、抱きしめたくて仕方なくなったんです。でも私タニシさんと今日お会いして、まったく好みではなかったから、どうすればいいかわからなくなって涙が溢れ出たんです」

　告白もしていないのにフラれた気分だ。

　そういえばロフトの柵にいたもう一人の中年男性とは何者なんだろうか。

「あのおじさんは無ね。何も感じない。ただそこにいるだけの霊。ここで亡くなったのかもしれないわね」

　パトラさんにはあの部屋でどんな人がどうやって亡くなったかはまったく伝えていない。篠原さんに入り込んだ女性の霊と中年男性の霊。この二人は、ドアノブで首を吊った女性と、ロフトで首を吊った男性だろうか。

　それにしてもこの三軒目の女性の霊が、僕にこんなに好意を持ってくれていたとは知らな

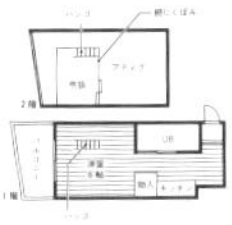

かった。彼女は一軒目で関わった女性の霊とはまた別人なのだろうか。見えない僕には本当のことはわからない。

＊

さらにその後。

この話をある怪談イベントでした時には、会場に謎の光が何回も現れた。

また、ラジオで話すと謎のノイズが何回も電波を妨害した。

そして、また別のイベントで本番前に楽屋で話した時には、〝トントン〟とドアをノックされ、「どうぞー」と言うとドアが勝手に開いたのだが、そこには誰もいなかった。

まだ彼女は近くにいるのかもしれない。

このロフトから
女性は僕を見ていたのか……。

事故物件四軒目 その後

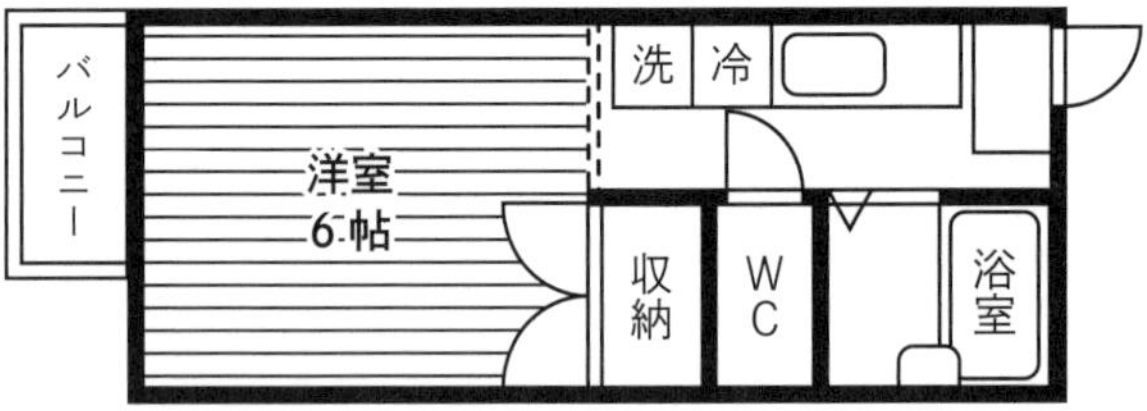

「先月ハイツ◯◯を退去された松原様でお間違えないでしょうか」

二〇一九年十月、千葉県の不動産会社から電話があった。

ハイツ◯◯は僕が四軒目に住んだ千葉の事故物件だ。しかしこの物件を退去したのは二〇一八年の話である。どういうことだろう。少し様子を伺う。

「はい、松原です」

名前だけ答えてみた。

「ありがとうございます松原様。あのですね、退去理由に〝センサーの音がうるさくて眠れない〟というのと〝玄関のドアに謎の液体をぶちまけられた痕があって腐っている〟と書かれていたのですが、もしよろしければ詳しく聞かせていただけないかと思いまして……」

これはどうやら僕が退去した後にこの物件に住んだ入居者が、先月退去したということだろう。そして退去理由として上記の二つを挙げたのだ。

「すみません、僕は去年退去したのでおそらくその次に住んだ人と勘違いされてるのではないかと思いますが、センサーの音とドアにかけられた液体っていうのはどういうことなんでしょう？」

「あ！　失礼しました！」

不動産屋は、バツが悪そうに会話を終わらせて電話を切った。

二〇一七年五月、僕は大阪に事故物件を借りたまま、関東のセカンドハウスとしてこの千葉の物件を借りた。

１Ｋ六帖、家賃二万七千円。

薬の過剰摂取により女性が亡くなった部屋だ。

僕は初日に部屋に入っただけで意識を失い、その後も強烈な倦怠感と向かいの家の防犯センサーの音に悩まされ、ほとんど家に帰ることなく一年後に退去した。

特に向かいの家のセンサーの数は明らかに異常だった。家を囲む柵という柵にセンサーは張り巡らされていた。少しでも近付くとその音は近隣に鳴り響く。

前住人は何故亡くなってしまったのかを考えた時、このアラームに悩まされノイローゼになり、それでも眠るためにオーバードーズしてしまった可能性も考えられないだろうか。

それからしばらくして、近所に住む方からＳＮＳのメッセージで、部屋の最新情報を教えてもらった。彼の話によると、僕が退去した後しばらくは、ドアノブに御守りのようなものがぶら下げられていたという。その後、数ヶ月経って新しい住人が入居したそうだが、三週間ほどで退去したという。

そして、不動産屋からの電話である。

＊

事故物件四軒目その後

二〇一九年十二月、僕は四軒目を一年半ぶりに訪れた。

久しぶりに見た〝住むことができなかった物件〟は、ほとんどが空き部屋になっていた。

僕はかつて借りていた自室のドアの前に立った。当時ならこの時点でセンサーの音が鳴っていたのだが、反応はしなかった。あれから向かいの一軒家の住人に何か変化があったのだろうか。

ドアの郵便受けは「広告等を入れないでください」と書かれたシールでふさがれていた。誰も住んでいない。ドアの下に目をやる。鋼鉄の扉がヨレヨレに波打っている。その下のコンクリートには赤茶色のシミが消えずに残っていた。これは確かに謎の液体か何かをぶちまけられ溶かされたようではある。いったい何故そうなったのか。誰の仕業なのだろうか。そもそも僕が退去した後に何があったのだろうか。

ところでこのアパートは正面が例の防犯センサーの一軒家なのだが、西側にも一軒家が隣接している。どちらも古い家屋ではあるのだが、西側の家も事故物件であることが判明した。事故物件公示サイト「大島てる」で見たところ次のように表示されている。

平成29年　事故物件

どうやって亡くなったかは定かではないが、その年は僕の住んだアパートの前住人が亡くなった年と同じ年である。つまり、夜中に鳴り響くセンサーの音を、二つの事故物件の元住人は生前聞いていたことだろう。

この地域は道路を挟んで南側が一九七〇年代に広大な浅瀬を埋め立てて作られた新興住宅地になっており、北側が元々海岸沿いにあった住宅地だ。僕が住んでいた四軒目のアパートは道路を挟んで北側にある。

アパートから少し歩いたＹ字路の交差地点には祠《ほこら》があり、その隣には不自然に切られた切り株があった。

〝切ると祟られる御神木〟というのを各地域でたまに見かけるが、この切り株は切ってしまった御神木の可能性がある。

祠の正面には地蔵が建てられ、その奥には古い墓地が続く。墓地は藪《やぶ》で囲まれており、奥に行けば行くほど、いつの時代のものかもわからない忘れ去られた墓石が鎮座していた。

部屋を借りている時には気にも留めなかった土地の歴史。事故物件と結びつけることは強引かもしれないが、関係がまったくないとも限らない。

かつてアルバイト先で奈良県出身の同僚から聞いた話によると、彼が住んでいた集落は陰《おん》陽《みょう》師《じ》の設計で作られた史跡の鬼門に位置し、彼が実家を出るまでの間、住民が次々と原因不明の発狂を繰り返していたという。

僕が住んでいた地域にもそういう何かがあったりするのだろうか。

久しぶりの再訪で僕は新たな真相の可能性に気付いた。そして、余計わからなくなった。

向かいの一軒家に設置された防犯センサー。

何者かによって溶かされたドアの下部。

事故物件五軒目 その後

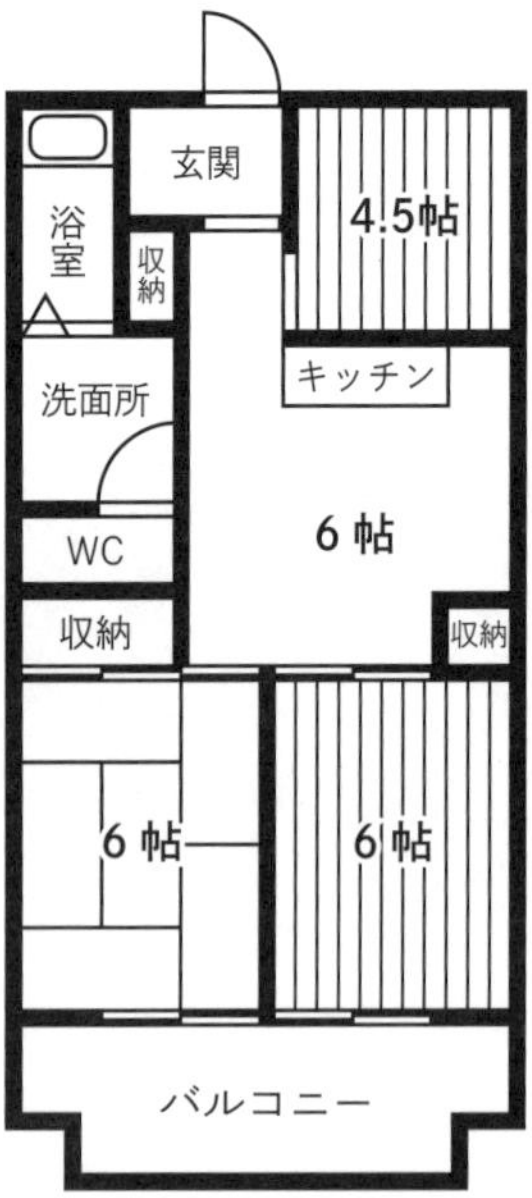

事故物件五軒目その後

千葉に四軒目の事故物件を借りていた頃、僕は関西で五軒目の事故物件を借りた。ここは不動産屋の西門さんが紹介してくれた。

３ＤＫ、家賃三万円。

前住人が仏壇に紐をくくりつけて首を吊り、亡くなった部屋だ。

この物件には特殊ではないある事情があった。それはマンションのオーナーが「告知事項を消したい」という事情だ。不動産業界には事故物件になった後、次に住む入居者には告知をしないといけないルールがある。しかし入居者を一回挟めば告知義務はなくなる。ただこの基準は明確には決められていないので、最近ではクレーム対策として、亡くなったのが前の前の住人だったとしても告知する大家は増えている。

この部屋が事故物件になった後、オーナーは入居者の募集を三年間しなかった。それは募集することで自分のマンションに事故物件が存在することがインターネットや現入居者に広まり、イメージが悪くなることを恐れたからだ。

そこで西門さんを仲介して、僕が一年間住むことで告知義務を消すことになったのだ。

三年間放置された部屋はタバコのヤニや壁のシミ、台所の油汚れもそのままで、とても人が住めるような状態ではなかった。しかし僕はこの部屋に住むにあたり、お願いをした。

「リフォームをしないで欲しい」

理由はその方が幽霊が出そうだと思ったからだ。オーナーは了承してくれた。ただあまりにも床が汚れていて土足でしか入れないため、結局、自殺現場とは関係ない玄関横の小部屋のみカーペットを張り替え、そこに衣類を置き、寝室とした。

いざ生活を始めてみると、現象らしい現象はほぼ起きなかった。ネット配信の番組で黒い影が一瞬映ったくらいだ。そういえば後輩芸人の華井《はない》二等兵が部屋でドローンを飛ばそうとしたら、壁に激突して壊れたというのもあった。あとは寝ても何故か体力が回復しないというのが不思議というか、辛かった。

この五軒目に住んだあたりから僕自身に起きた変化として〝えずく〟というのがある。はじめはライターの村田らむさんが部屋に泊まりに来た時だった。

朝起きて、らむさんに言われる。

「タニシさん大丈夫ですか？　寝ながらえずいてましたよ」

その後シャワーを浴びていたら、また言われた。

「タニシさん大丈夫ですか？　お風呂場でえずいてましたけど」

いや、これは納得できない。寝ている間のことはわからないが、シャワーを浴びている時は起きている。起きているから自信を持って言えるが、僕はえずいていない。

それからたびたび、この〝えずいていないのにえずいている現象〟は報告されるようになる。生配信番組で心霊スポットに行っていた時も視聴者からリアルタイムでコメントが入る。

「タニシさん、オエオエ聞こえるけど大丈夫？」

しかし僕はえずいていない。

北野誠さんと高知の心霊ロケに行ってホテルで隣合せの部屋に泊まった時も、朝食の席で言われる。

「タニシ、昨日の晩〝オェー！　オェー！〟って言ってたけど大丈夫か？」

僕はえずいていない。

「あと俺の部屋の壁、蹴ってたやろ。〝バンバンバンバンバン〟音してたぞ」

僕が泊まった部屋のベッドは誠さんの部屋とは反対側にある。壁を蹴りようがない。

「あと明け方五時頃に何回も外に出てたやろ。扉が閉まる音が何回もしてたぞ。どこ行ってたんや？」

僕が起きたのは七時だ。部屋から出ていない。

それからしばらく後、京都の天津《あまつ》神社にいる霊能者のさちこさんから誠さんへ連絡が入る。

「タニシくんがもう溢れちゃってるみたいやから神社へ連れてきなさい」

僕は誠さんと天津神社へ行き、さちこさんに会った。〝えずく〟現象のことも報告した。

「キャパシティを超えはったんやわ」

そう言ってさちこさんは僕の背中に手をかざした。すると、背中にまるで別の生き物が棲《す》んでいるかのように、モコモコと何かが動き出した感覚がした。そして、お祓いが始まる。

〝…………〟

あまり覚えていないのだが、終わった後は焦げ臭い匂いが充満していた。

「仕事に差し障りがあるといけないと思って、少しだけ残しておいたから」

さちこさんは害を及ぼすものだけを外に出したという。全部を祓わないお祓いもあることをこの時にはじめて知った。ただ、これは僕が特殊な活動をしているから特別にそうしてくれたみたいである。

それからというものの〝えずき〟はなくなり、それまでほとんど何故か僕はスマホに顔認証されなかったが、徐々に認証されるようになった。

「また溜まってきたら呼ぶから」

僕の中に何が溜まっているのか自分ではわからないが、天津神社には定期的にお世話になっている。

事故物件間取りギャラリー

住むには至らなかったけど、
気になった事故物件の
間取りコレクションの一部を披露します。

人型フローリングの部屋

ルポライターの西谷格（ただす）さんが都内に部屋を借りようとして内見したら、フローリングの真ん中にちょうど人間1人分の人型のシミがあって、三隅に消臭剤が設置されたままだった。家賃は7万円ほど。ちなみに心理的瑕疵の告知はなし。

間違いなく事故物件な部屋

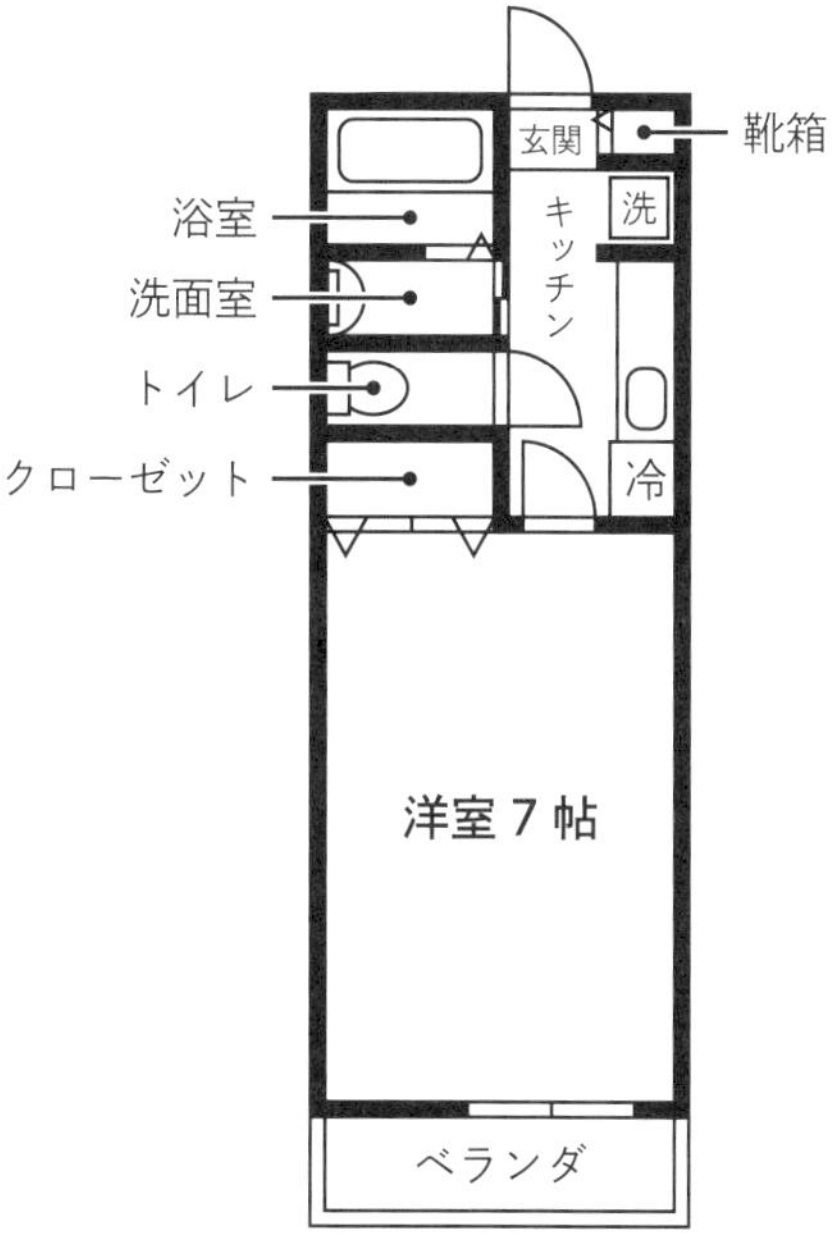

四国のあるアパートが事故物件だというので見に行ったら101と201号室のガスメーターが止まっていた。どちらかが事故物件だろうと、まず101を見ると、ドアに水道のパンフレットが掛けられていたのでこちらかと思ったが、念のため201も見てみると、ドアにバッテンの規制テープが貼られ、鑑識が指紋検出に用いる黒い粉が付着していた。間違いなくこっちの部屋だ。

チャラい部屋

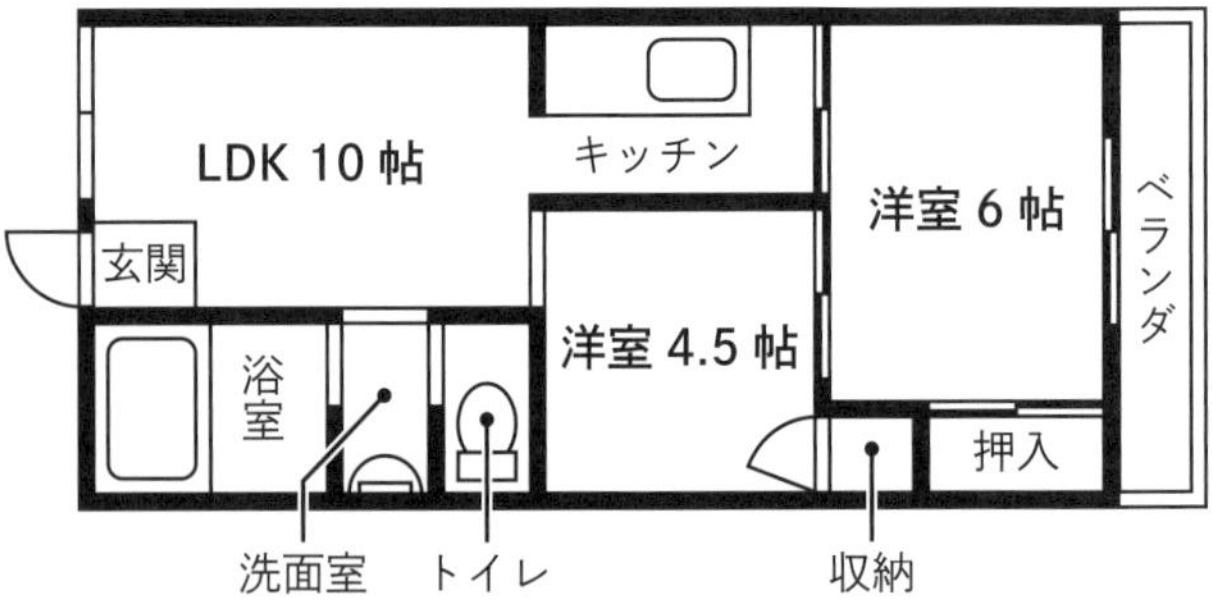

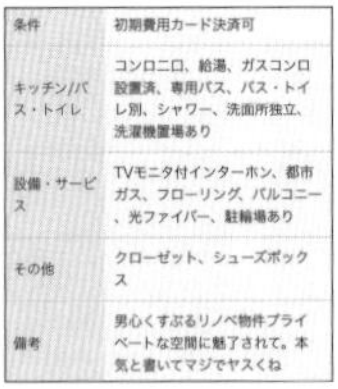

条件	初期費用カード決済可
キッチン/バス・トイレ	コンロ二口、給湯、ガスコンロ設置済、専用バス、バス・トイレ別、シャワー、洗面所独立、洗濯機置場あり
設備・サービス	TVモニタ付インターホン、都市ガス、フローリング、バルコニー、光ファイバー、駐輪場あり
その他	クローゼット、シューズボックス
備考	男心くすぶるリノベ物件プライベートな空間に魅了されて。本気と書いてマジでヤスくね

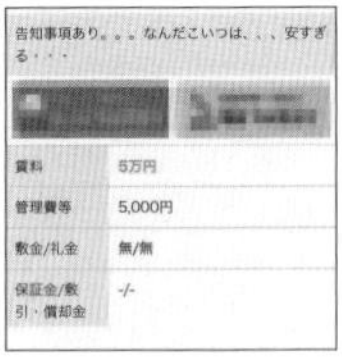

告知事項あり。。。なんだこいつは、、、安すぎる・・・

賃料	5万円
管理費等	5,000円
敷金/礼金	無/無
保証金/敷引・償却金	-/-

「告知事項あり。。。なんだこいつは、、、安すぎる・・・」大阪市旭区、駅から徒歩5分の2LDK、家賃5万円の物件。不動産情報サイトの備考には「男心くすぶるリノベ物件 プライベートな空間に魅了されて。本気と書いてマジでヤスくね」と、だいぶチャラい文言が並ぶ。特徴的なのはフローリングに襖。和室だったが70代男性が孤独死したために無理やり洋室に変えている。

魔除けに囲まれた部屋

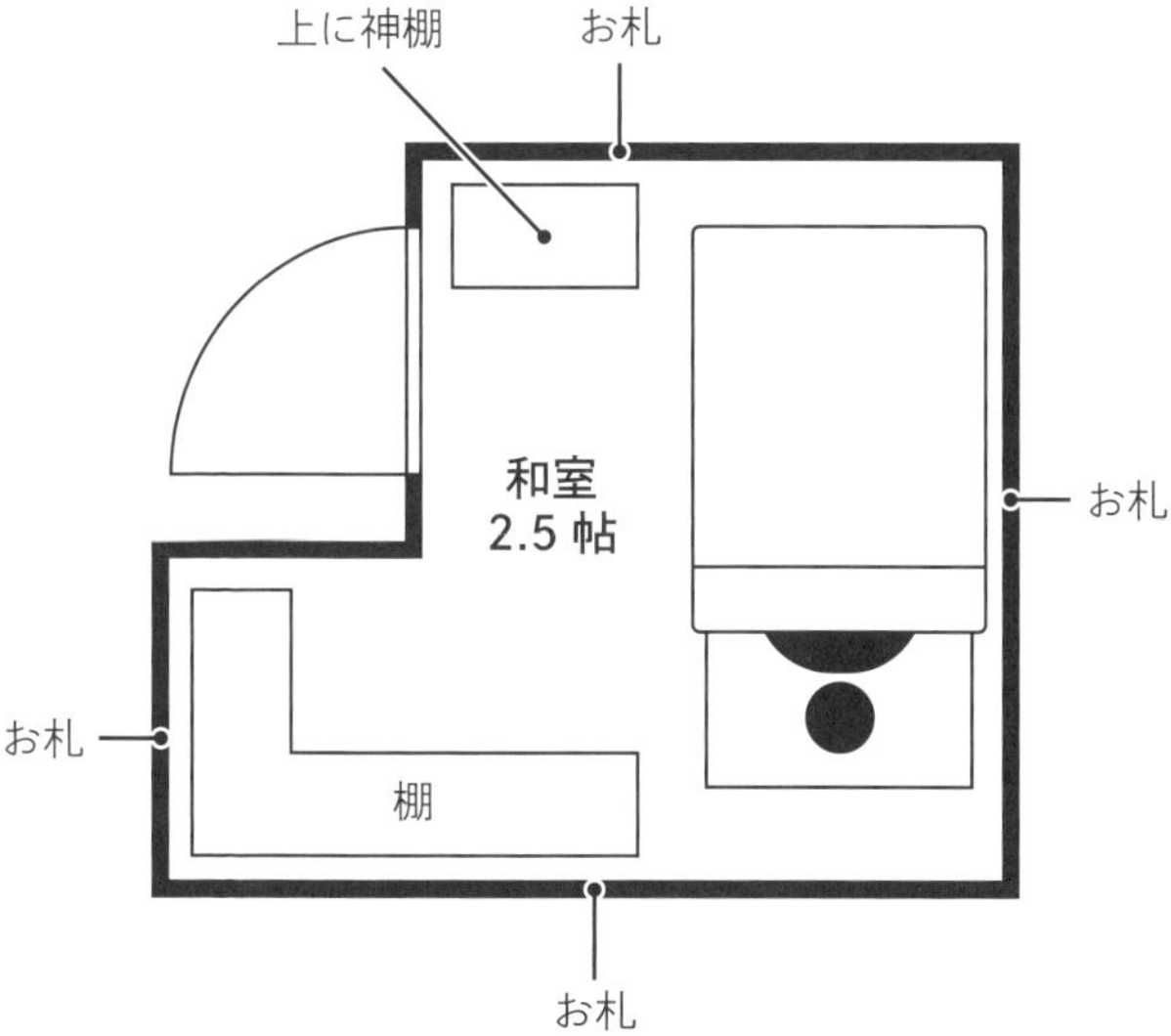

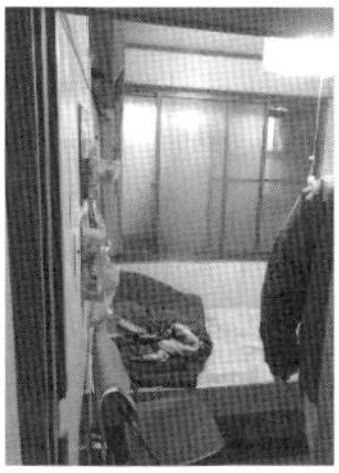

京都の長屋に住むアロハくんの部屋。2帖半で家賃は8千円。前住人の残置物が大量にあり、晴明神社の五芒星のシールとお札が四方の壁に貼られていた。部屋の入口には神棚が設置されていたがクーラーをつけるのに邪魔になるため解体し、職場の銭湯のボイラーで燃やした。

スカトロプレイの部屋

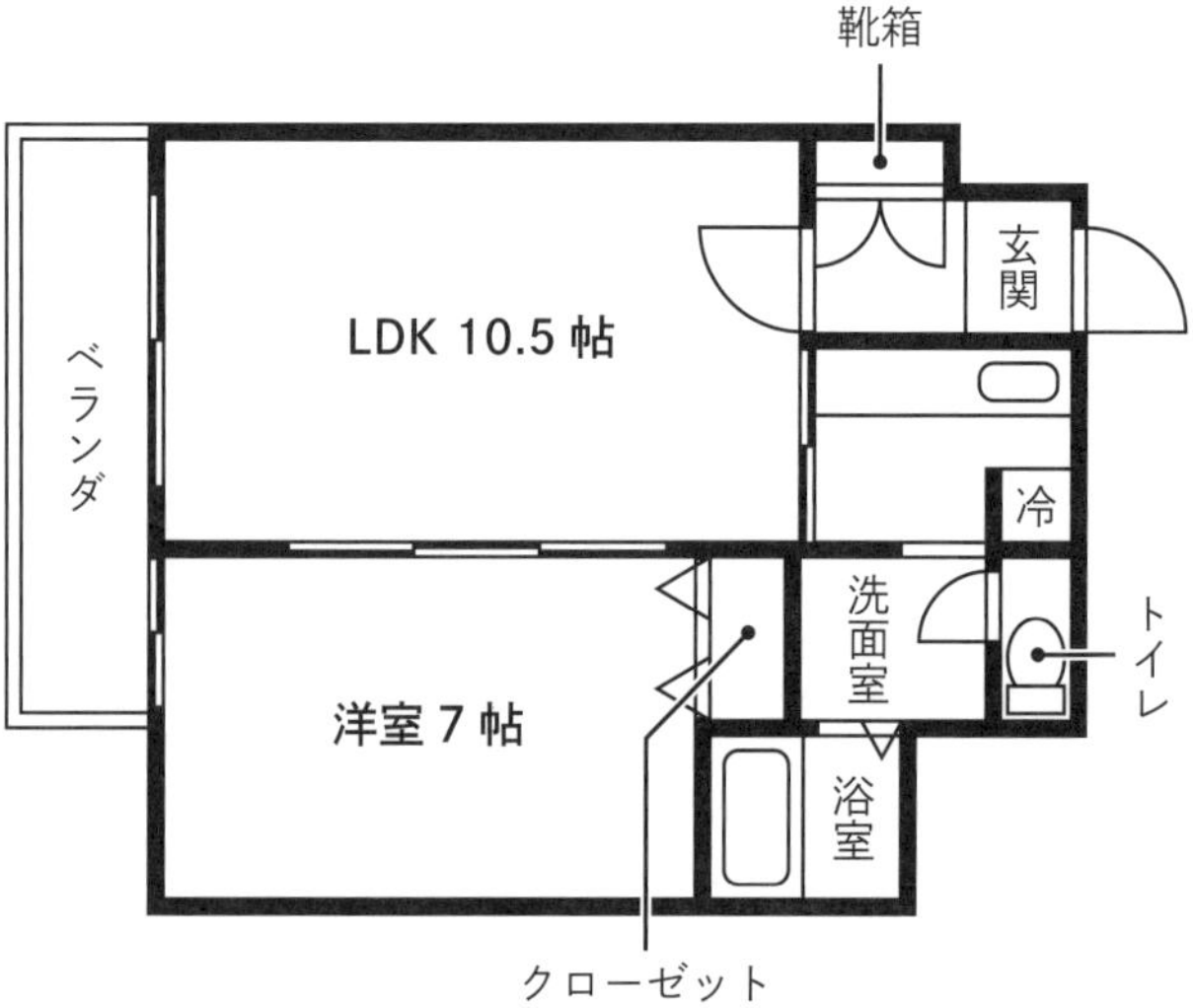

20代女性と40代男性が覚醒剤を大量に摂取したあげく、男性が女性の排泄物を喉に詰まらせて死亡し、それを見た女性が心臓発作を起こし死亡した部屋。札幌の不動産界隈では有名な話であるという。

全入居者服毒自殺の部屋

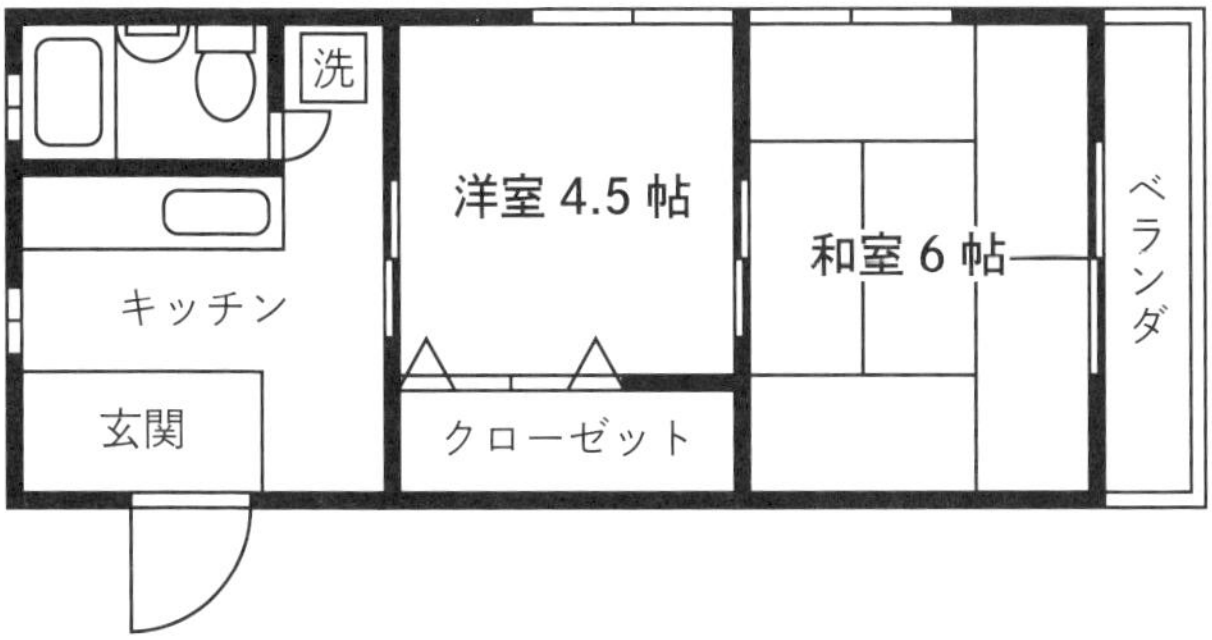

この物件のこだわり/設備・条件

この物件のこだわり	[illegible]　2階以上の物件　[illegible]　駐車場あり　オートロック　エアコン　バス・トイレ別　追い焚き　フローリング　ペット相談可
条件	二人入居可
キッチン/バス・トイレ	給湯、専用バス、専用トイレ、バス・トイレ別、シャワー、室内洗濯機置場
設備・サービス	エアコン、公営水道、都市ガス、下水、フローリング、CATV、光ファイバー、駐輪場あり
その他	クローゼット、即入居可
備考	全入居者室内にて服毒自殺。

数年前にSNS上で話題になった神戸のアパート。2K、家賃2万2千円、敷金・礼金ゼロ物件。備考欄に「全入居者室内にて服毒自殺」と書かれてあり、集団自殺の可能性や、歴代最恐の事故物件と恐れられたが、おそらく「前入居者」の変換ミスだと思われる。

年越しダイブの部屋

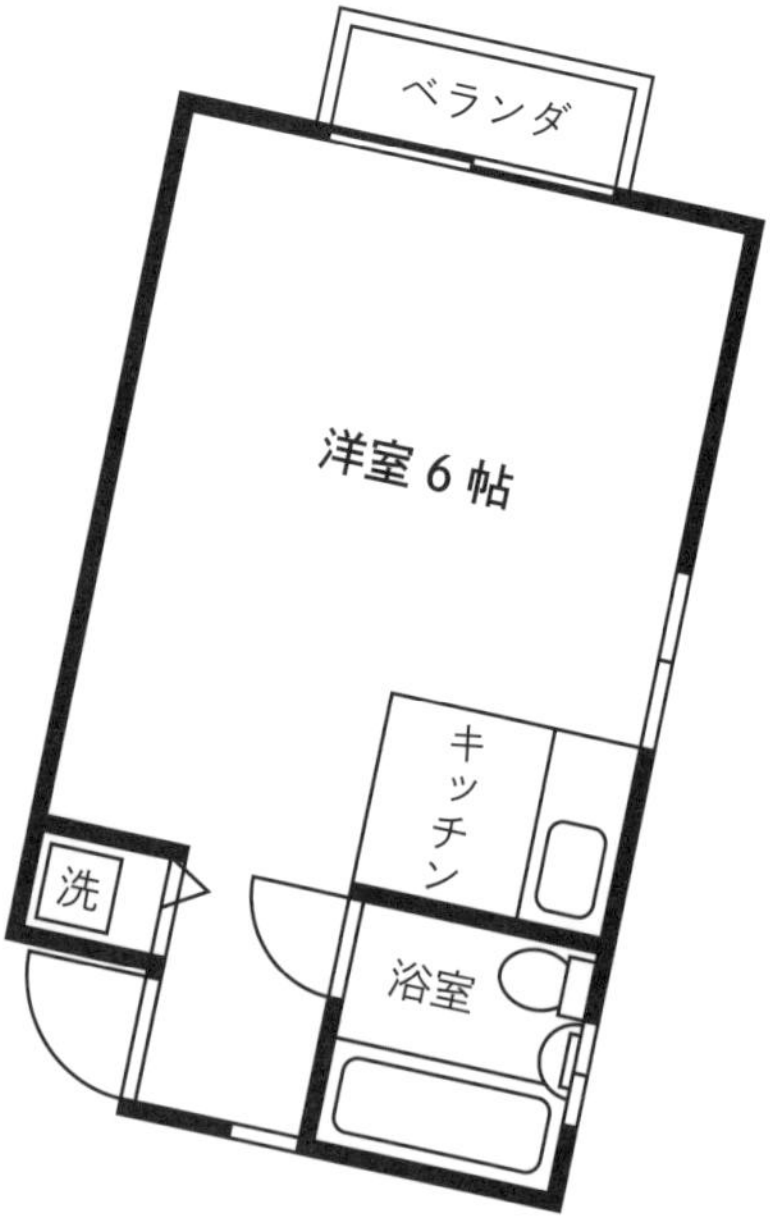

関東の有名私立大学の近くにある４階建てマンションの４階の部屋で1R、家賃6万2千円。前住人は5年前の大晦日に、年越しカウントダウンがゼロになった瞬間ベランダから飛び降りた。

無限増殖の施設

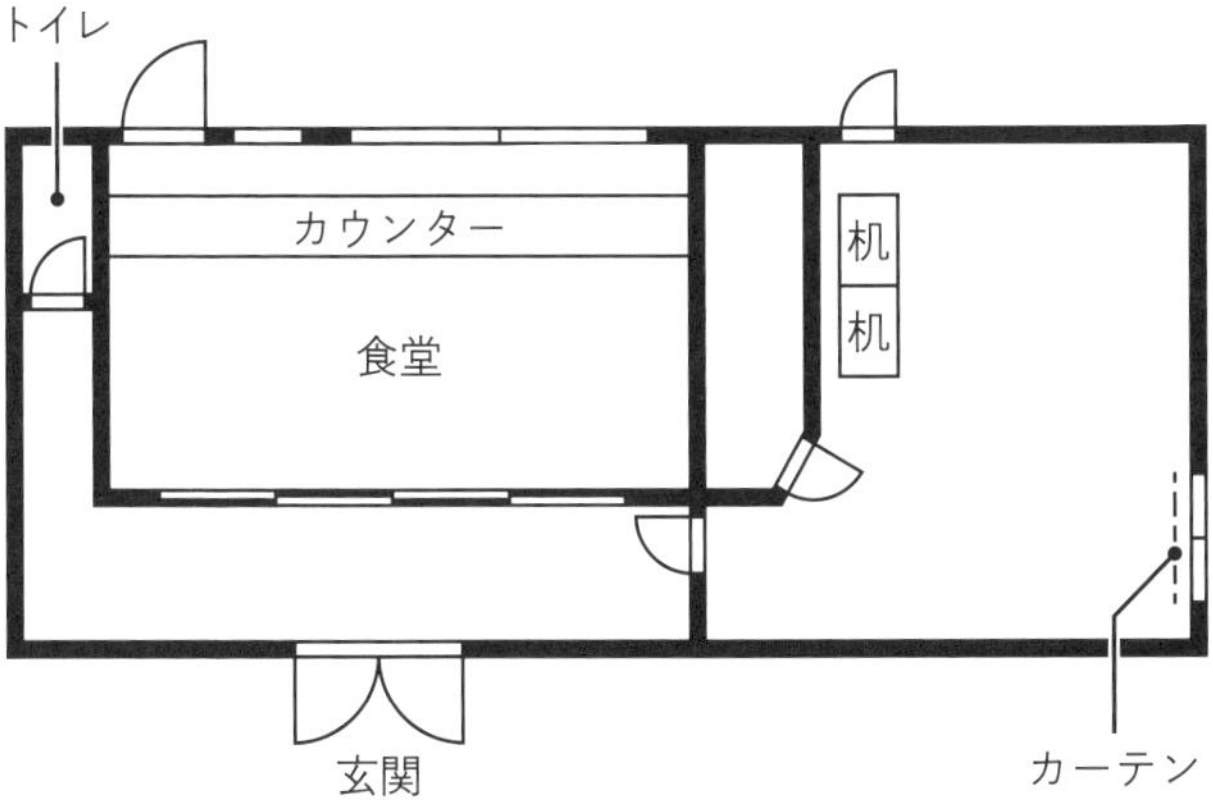

東北のある施設で、トイレに人影がチラチラする、カーテンが週に1回ズレる、裏庭の貯水槽から無限に霊が出てくるなどの報告が相次ぎ、祈禱師を呼んでお祓いするものの一向に改善の兆しが見られないという。

田中俊行の祖母の家

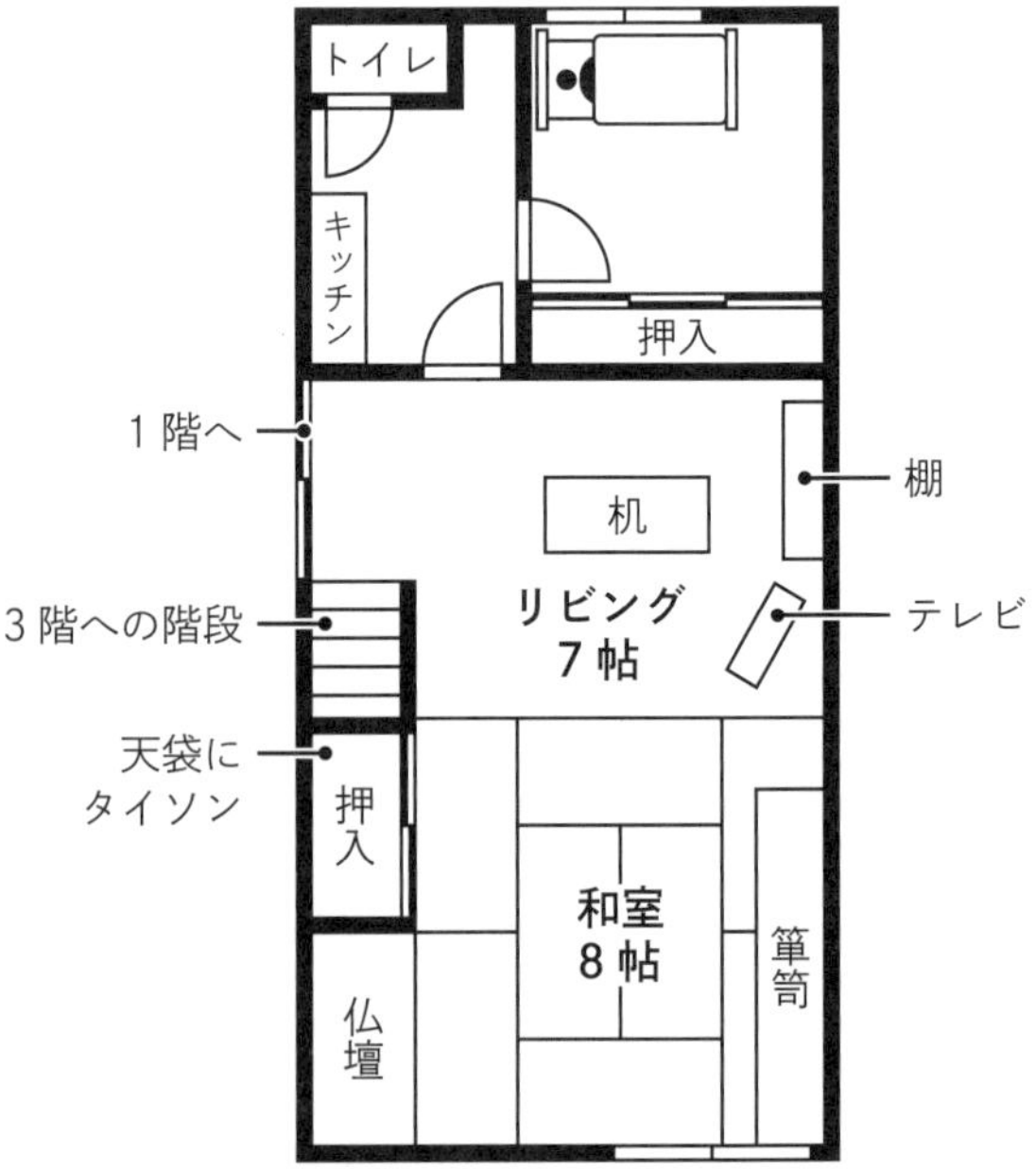

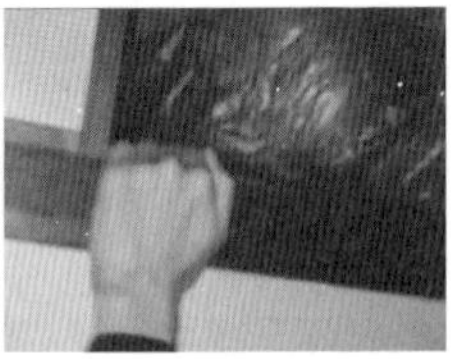

オカルトコレクター・田中俊行さんの祖母が住んでいた家。祖母は他界していて誰もいないはずだが、隣に住む夫婦から「夜中にドンチャン騒ぎするのをやめてくれ」とクレームが入る。仏間に飾られている歴代先祖のどの遺影よりも、犬のタイソンの遺影の方が大きい。押入の天袋に、ビニール袋に包まれた小型犬サイズの生肉のような謎の塊がある。

緑の台形の部屋

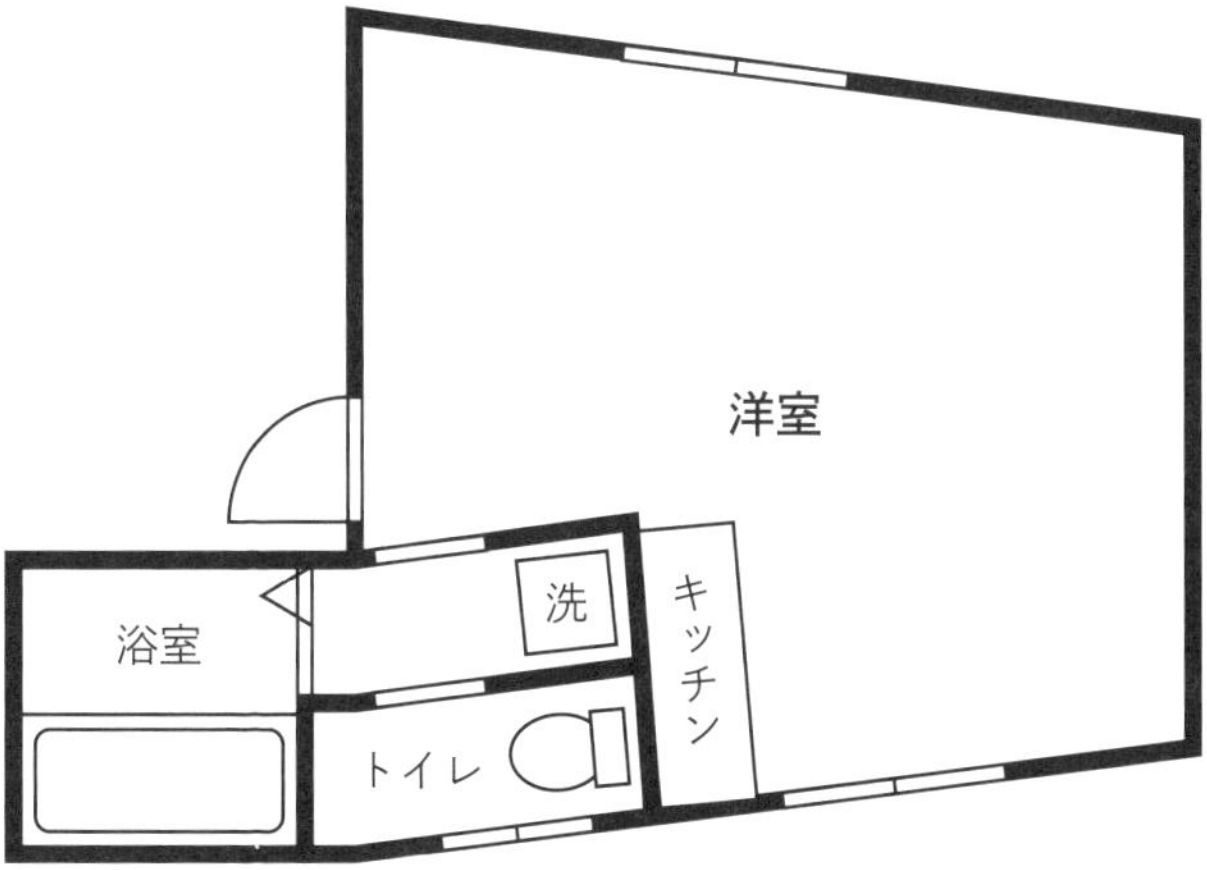

怪談師・夜馬裕（やまゆう）さんが数年前に住んでいた。玄関と室内の床が緑色で、間取りが台形。鍵が勝手に閉まるのは日常茶飯事。風呂場に固定されて動かない謎の白い煙が現れる。夜馬裕さんの部屋は５階で、３、４階と６階は何故か誰も住まない。６階へ上る階段だけ赤カーペットで、誰もいないのに足音だけが聞こえる。全体的に不可解にもほどがあるマンション。

留学生が憑依される？部屋

大分県のある大学の近くにあるハイツ。事故物件公示サイト「大島てる」に投稿された内容は支離滅裂で非常に奇妙である。「心理的瑕疵あり。女性の留学生入居後、現れた憑依される容疑だ。最後に先生を見つけた法師、そしてその学生も換えた住所、ことは終わった」

第二章

誰かの事故物件

花火大会

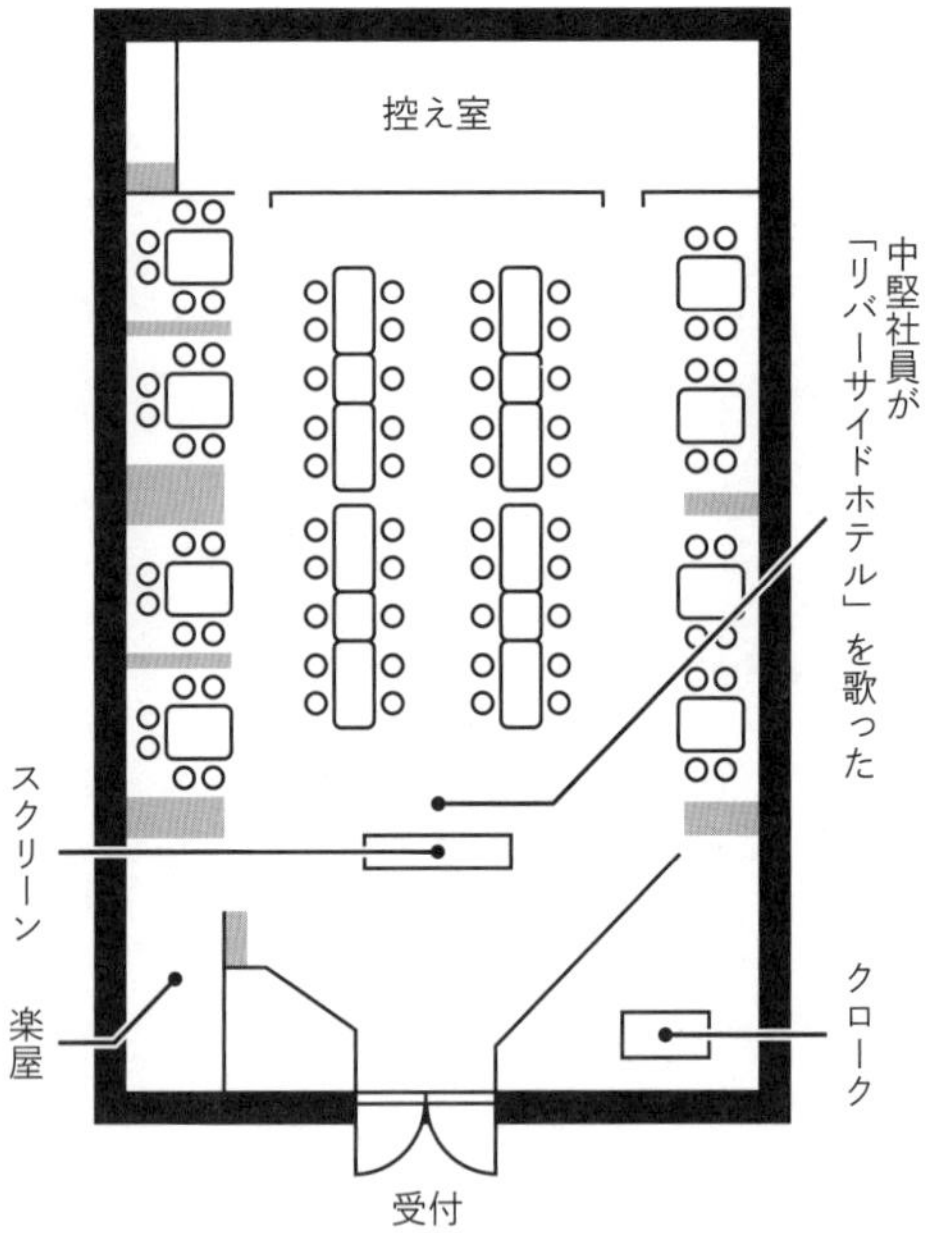

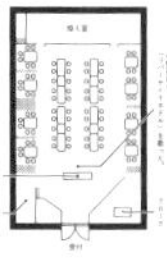

花火大会

名古屋にあるライブシアター金色鮫の店長・梅乃ジンタさんは毎年夏に知人の会社の懇親会に呼んでもらっていた。その会は、毎年開催される犬山の花火会場の近くにあるホテルの宴会場を貸し切って、社員の家族や友人も参加して、和気あいあいと行われる。

懇親会の名物は社員による出し物だ。この日のために練習した和太鼓、得意のカラオケ、さらには手品を披露する社員もいる。その中でもジンタさんが一番楽しみにしていたのは、宴の中盤あたりに登場する井上陽水。扮するのは三十半ばの中堅社員。この方の物真似は、まるで井上陽水本人であるかのようにクオリティが高い。

アフロヘアーのカツラにサングラスをかけてギター片手に「リバーサイドホテル」を熱唱。ホテルは湖畔にあるのでレイクサイドだが、彼の歌声を聴けばリバーサイドホテルへとトリップする。それほどまでに、彼は毎年夏にしっかりと井上陽水を仕上げてくるのだ。

宴会が終わると、みんなでホテルを出て花火大会を観に行く。若い社員が特等席を陣取っているので、最高の景色を堪能できる。ジンタさんはこの花火大会が大好きだった。

二〇一五年、懇親会に呼ばれたのは四回目。この年も社員達の和太鼓、カラオケ、手品を堪能し、花火大会へと移動した。

〝あれ？　井上陽水がいない〟

今年も楽しみにしてたのに、「リバーサイドホテル」をまだ聴いていない。

どうしたんだろうと、知人の社員に聞いてみた。

「彼、夏前から会社に来なくなりましてね、そのまま亡くなったんですよ」

そんな。楽しみにしてたのに。今年も井上陽水を楽しみにしてたのに。

ぽっかりと胸に穴が空いたまま、花火会場へ到着した。

この年も花火は美しかった。なんとか楽しい思い出を残そうと、たくさん写真を撮った。

そのうちの一枚に、奇妙なものが写っていた。

それは、花火の前に浮かび上がった井上陽水の横顔だった。アフロヘアーのカツラとサングラスをかけた彼は、今年も歌いたかったんだろうなと、ジンタさんは思った。

花火の真下あたりに浮かび上がる井上陽水。

濡《ぬ》れる部屋

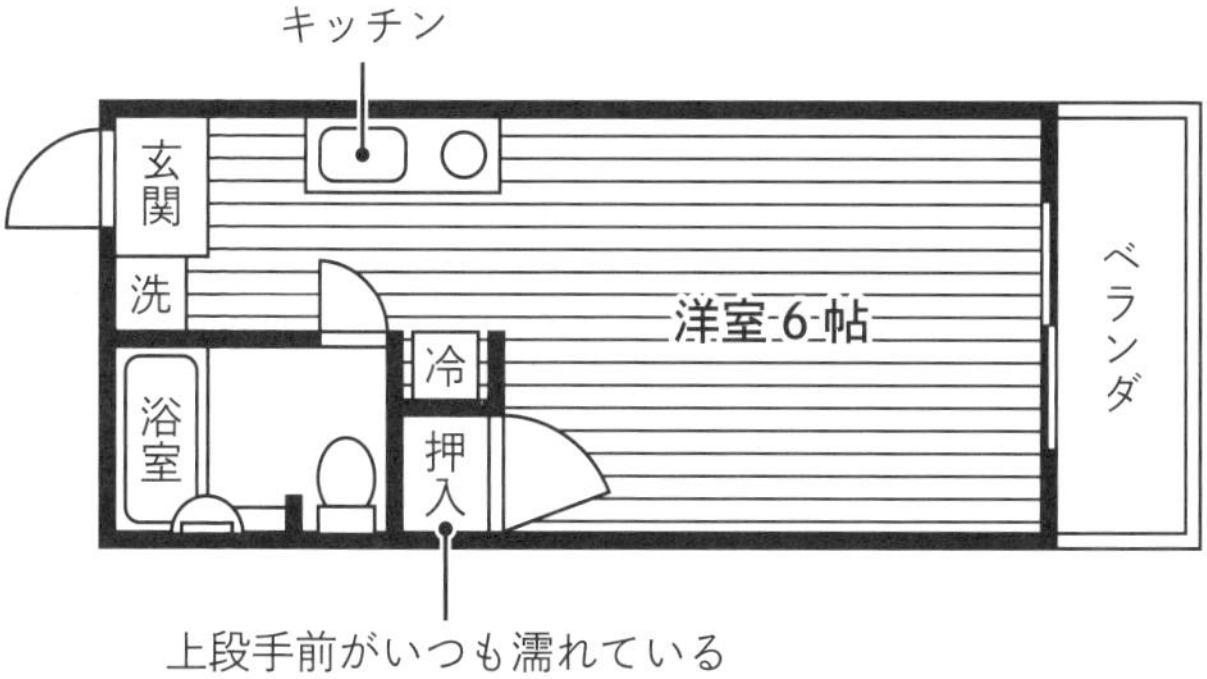

舞さんは大阪の北部に住んでいる。約五年前に、実家から遠くない女性専用アパートで一人暮らしを始めた。部屋はインターネットの賃貸物件検索サイトで探した。

１Ｋ六帖、駅から徒歩五分。築年数は三十年ほどで、オートロック付き。インターネット使用料無料。冷蔵庫、洗濯機、電子レンジがはじめからついている。ベランダも広い。

これで家賃は三万五千円。敷金・礼金なし。

近隣の相場と比べてもなかなかの好条件。窓にはシャッターがあり、各部屋のベランダにダミーかもしれないが防犯カメラも設置されている。女性が一人で暮らすには一応安心だ。近くに大学があるので学生狙いで家賃も安く至れり尽くせりなのかと最初は思っていた。不動産屋に問い合わせると、さすがに人気なのか、もうすでに入居予定者が決まっていた。残念だが諦めて違う部屋を探そうと思った矢先、向こうからすぐに電話がかかってきた。急にキャンセルされたそうだ。

彼女はラッキーと思い、内見を済ませた後、この部屋に住むことになった。

*

引っ越しを済ませ、最初は平穏な日々を過ごしていた。

少し気になるのは、押入の扉の内側に血が飛び散った痕のようなものがあるのと、押入下段の床面に不自然にベニヤ板が貼り付けられていること。

そして押入の上段手前部分が何故か常に濡れている。

最初はその位置に消臭剤を置いていたので漏れているのかなと移動させたが、その後も何故か同じ場所が濡れ続けていた。拭いても拭いても、その次の日には濡れていた。

しばらくして郵便ポストに前住人宛の郵便物が届くようになる。保険会社からだった。

〝もしかして前に住んでた人、亡くなってる？　殺されて押入に押し込められたとか……〟

そんなことがふと頭をよぎったが、日々の生活を続けるうちに違和感は次第に薄らいでいった。

＊

住み始めて二年目あたりで、夜中にトントン音がするようになった。

その音はどうやら押入から聞こえてくるようだった。時間も決まっていて、深夜一時を回ったあたりから毎日鳴り出した。

最初は〝雨漏りかも〟と思った。押入が濡れているのもそれで合点がいく。

しかし押入の天井はどこも濡れてはおらず、水漏れを疑って水道管の定期点検に来る業者に聞いてみても、何も問題は見つからなかった。

その後も異音がやむことはなかった。さらには日に日にその音量は大きくなっていった。

ある日、音のせいでどうしても眠れなくなり、アピールしてみようと決意した。

「うるさいぞ！」

勢いよく押入の扉を開けた。すると、音は止まった。

しかしその翌日からも深夜の異音は申し訳なさそうな程度に続き、音が大きく鳴り始めたあたりで扉を開けたら音がやむ、というのが繰り返された。

相変わらず押入は濡れたままだった。

＊

舞さんは去年、職場が変わったのを機に引っ越しをすることにした。いつの間にかこのアパートには五年住んでいた。

引っ越し作業をしている最中に、ふと自分が住んでいた部屋の情報が気になった。次に住む物件と条件を比べてみる目的もあり、ネットで検索してみた。

すると自分が住んでいる部屋がもうすでに成約済みになっていた。自分はまだ退去はしていないので、次の入居者は内見もできないはず――。

しかもトイレ・バスがユニットなのに、サイト上では何故かセパレートになっており、家賃も三万八千円と、三千円値上がりしている。

掲載内容と実際の部屋は異なるのに、内見させずに契約は進められるものなのだろうか。

急に疑心暗鬼に陥った。

そういえば、ずっと引っかかっていたことを思い出した。

「男性は入居できないようになってて安心ですよー」

この物件の内見の時、不動産屋とそんな話をした。さらにこう言っていたのだ。

「お隣の方も若い学生さんでオシャレにしてはりますよ」

なんで部屋の中がオシャレであることを知っているのだろう……。

もしかしてベランダの防犯カメラ？　ちなみに案内をした不動産屋は男性である。

疑い出すとキリがないが、舞さんはもうこの部屋と関わることはないと思って、それ以上は考えずに退去した。

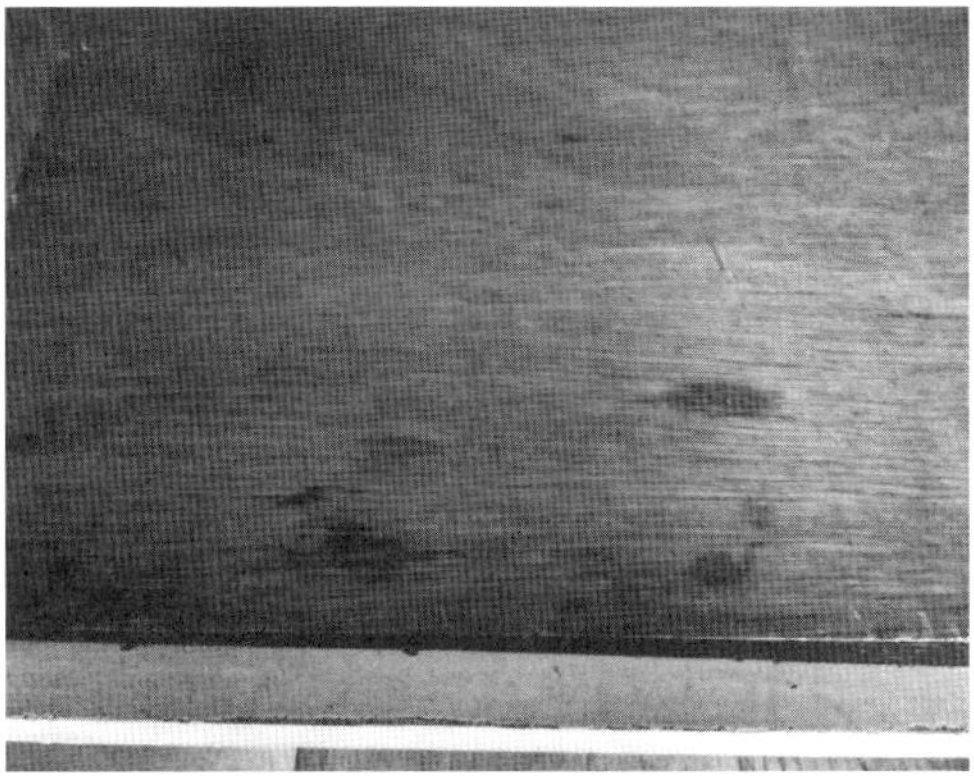

拭いても拭いても翌日には濡れている押入。

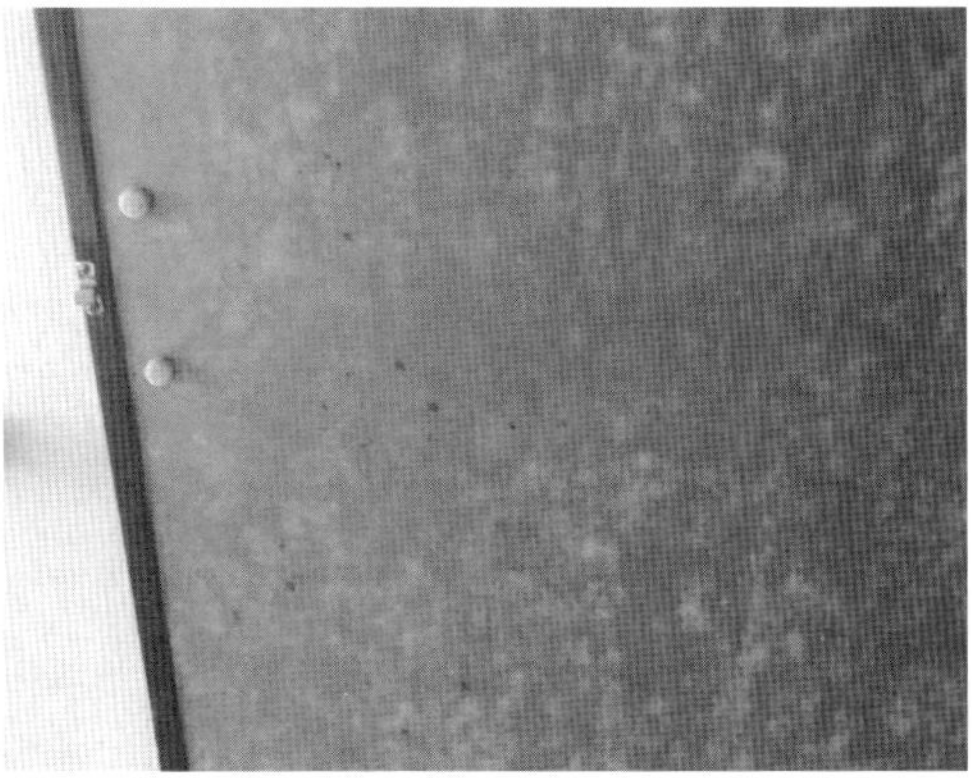

血が飛び散った痕のようなものがある押入の扉。

安い部屋

安い部屋

濡れる部屋を引っ越すことになった舞さんは、次に住む物件を探した。

大阪市内で安い部屋。できれば三万円台だとありがたい。

ある賃貸物件検索サイトで探すと、良い感じの三万円台の物件が二軒見つかった。

一つは十階建てマンション「Ｆレジデンス」の一部屋で、１Ｋ八帖、家賃三万二千五百円、敷金・礼金なし。もう一つは十四階建てマンション「Ｏハイツ」の一部屋で、１Ｒ十一帖、家賃三万五千円、敷金・礼金なし。

安い。

この二つの物件の内見を、問い合わせフォームから申し込んだ。

しかしそれにしても安い。きっと理由があるのだろう。

その理由はおおよそ見当がついていた。

彼女は事故物件公示サイト「大島てる」のページを開くと、二つの住所を入力し検索した。

・Ｆレジデンス　孤独死。亡くなってから三ヶ月後に発見
・Ｏハイツ　四階の浴室にて男性が自殺

内見する部屋がその部屋であるかどうかはわからないが、二軒とも事故物件の部屋があるマンションだった。別に事故物件でも安ければいいかと思っていたけれど、実際ヒットした時の絶望感はなかなかのものだった。

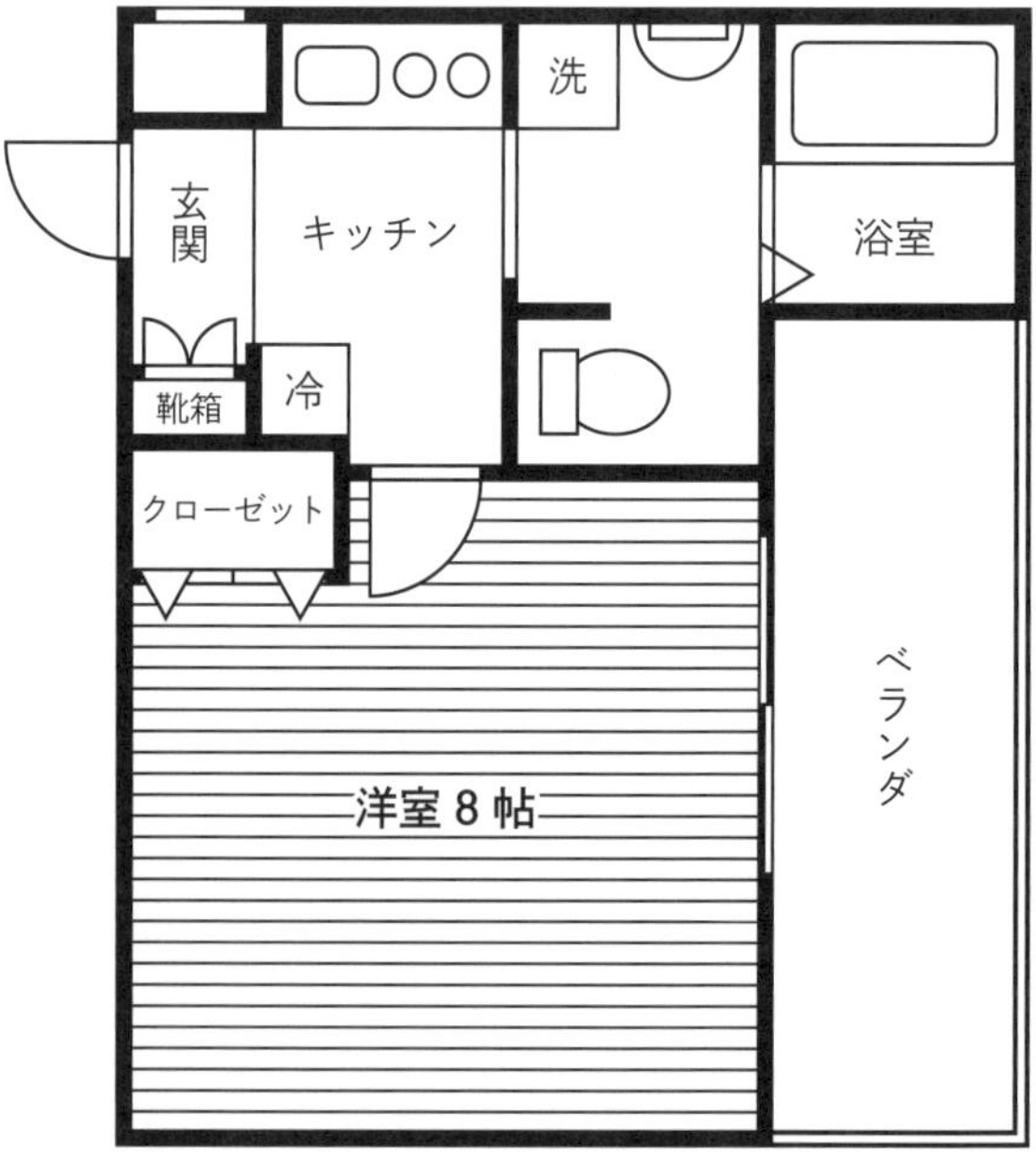

Fレジデンス

孤独死。亡くなってから3ヶ月後に発見。
1K8帖、家賃3万2千5百円。敷金・礼金なし。

安い部屋

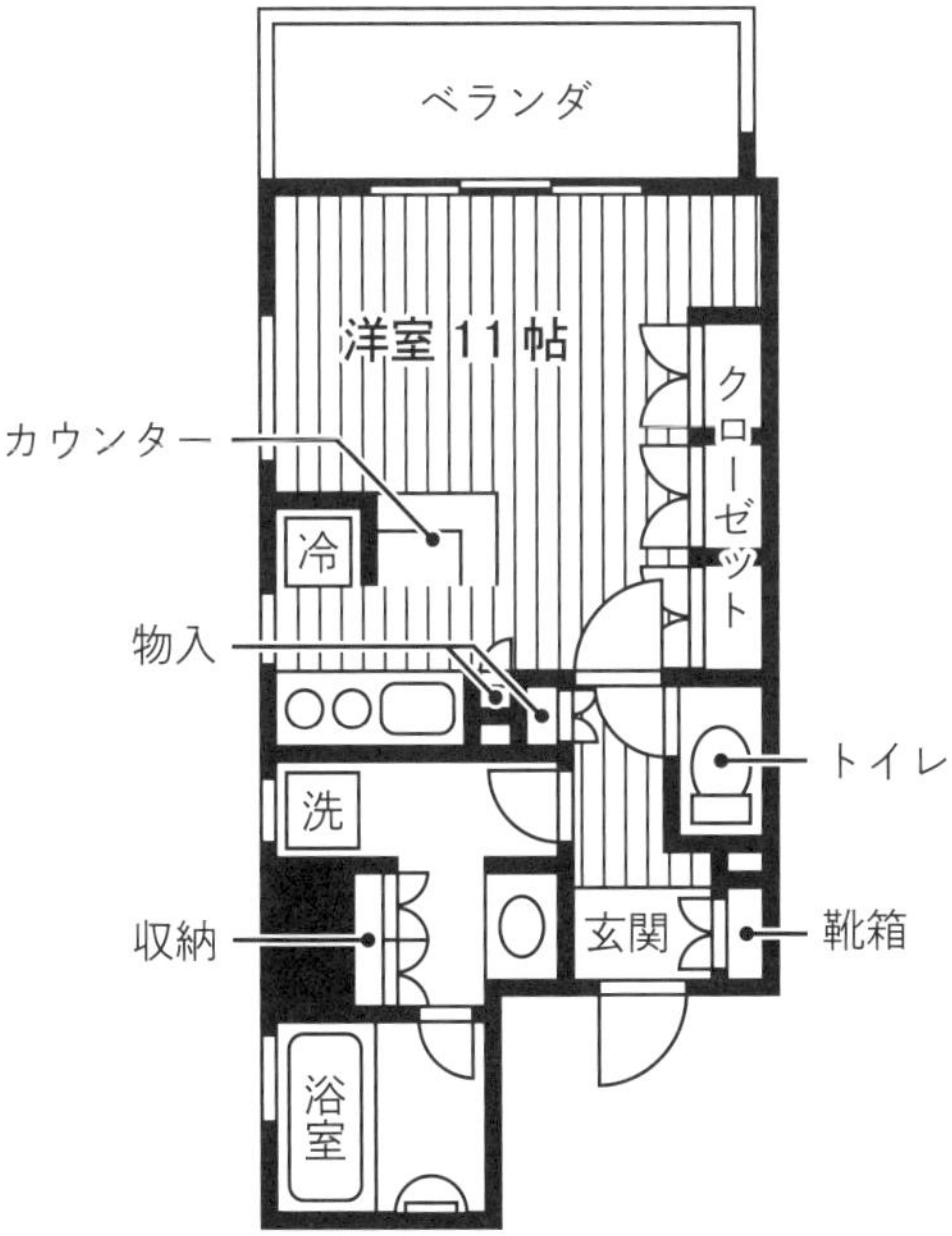

Oハイツ

四階の浴室にて男性が自殺。
1R11帖、家賃3万5千円。敷金・礼金なし。

二日後、孤独死のあったＦレジデンスの内見を予約した不動産屋を訪ねた。

どんな雰囲気なのか確認だけでもしておきたい。それに、まだその部屋が事故物件と決まったわけではない。とりあえず話だけは聞いてみよう、そう思って店の扉を開いた。

不動産屋の担当者は見るからにチャラい若い男性だった。しかし話すと気の良い青年で、こちらが不安を述べると、彼は親身になって耳を傾けてくれた。

「相場より安いところは何かがあるんですよね……」

そう言って内見に行く前に物件の担当者に電話をして、何かいわくがないかを確認してくれた。ちなみにマンションの他の部屋の相場は六万円だった。半額近く安い。

電話を切り、返ってきた言葉はこうだった。

「ここは辞めといた方がいいですね。事故物件ではないみたいなんですけど、同じマンションでも部屋ごとにオーナーが違うマンションがあって、この部屋のオーナーさんがそっち系の人なんですね。月々の家賃が安い代わりに、退去の時にゴッソリお金を請求されるそうです。他の部屋もいくつか同じオーナーさんが管理してるみたいなんですが、入居の審査が甘いから、朝晩逆転生活で騒音トラブルになりがちな水商売の人や、前科のある人が多く入居してるみたいですね」

事故物件ではなかった。しかし、もっと恐ろしい話だった。

「極端に安い部屋はヤバいですね」

舞さんはその言葉を聞いて、市内で家賃三万円台は諦めることにした。

安い部屋

結局、値段より場所を優先して、職場近くの国が管理している団地を紹介してもらい、そちらに住むことをその場で決めた。

そして、もう一つ内見予約をしていた家賃三万五千円のOハイツには断りの連絡を入れた。Oハイツの相場は八万円だった。「浴室にて男性が自殺」という情報より、もはや四万五千円の差額が恐かった。

舞さんは不動産屋に感謝した。なんて良い不動産屋だったんだろう。おかげで私は事故物件より恐い部屋に住まなくて済んだのだ。きっと評判の良い店に違いないと、お世話になった不動産屋を検索してみた。すると、その不動産屋の口コミ情報がネットには載っていて、こんなことが書かれていた。

「ネットのおとり広告で客を店まで誘い出し、別の物件を紹介するやり口がひどい。問い合わせた物件は内覧なんてできません、だっておとりだから。許すまじ詐欺業者です」

「格段に相場より安い物件ばかりあって、これはいいぞと店に入ると、嘘臭い言い訳ばかり聞かされて、一件も紹介されずで時間の浪費をくらいました。時間を返してください」

「先日、知人の女性とこちらの不動産屋で物件の紹介をしてもらって内見もしたのですが、審査が通らなかったので別の不動産へ行きました。その時に〝他の店で探すので連絡はしないでください〟と言ったはずなのに、後日、僕ではなく、一緒についてきてくれた知人女性の方に◯◯というスタッフが勝手に連絡をしておりました。その◯◯、内見の時に〝物件案内したお客様と付き合って結婚したんですよ〟なんてことを話していたので、ああ、客に手を出すような人なんだとは思っていましたが、申し込みをした僕ではなく、内見のアポをとってもらった際に電話をかけてくれた知人女性の携帯の方に連絡しておりました。好青年で好印象な方だったのですが、個人情報の管理がひどく、信頼できません」

新しい部屋は築三十年、十四階建ての三階、共益費込みで家賃五万二千五百円。

一人暮らしだと持て余す広さの２ＤＫ。職場からは徒歩十分。

値段よりも近さと安心を彼女は選んだ。

違和感はというと、手前の洋室と奥の和室の天井が違うこと。

和室の天井は古さを感じるが、洋室の方は明らかに貼り替えられたばかりの新しさ。

上から何か垂れてでもきたのだろうかと想像する……。

そして洋室はおじさんの臭いがして、和室はおばあさんの臭いがする。

同じ場所から臭うのならば何か建物に原因がありそうだが、日によって臭う場所が異なる。

どうやら臭いの正体は移動するようだ。

はじめはおばあさんの臭いがする和室を寝室にしていたが嫌な夢をよく見るようになった。

誰かと自分が喧嘩《けんか》をしている夢。しかも凄《すご》い勢いで自分が怒鳴っている。

もしかしてこの部屋に前に住んでいたおばあさんが怒りっぽい性格で、その念のようなも

のが自分に乗り移り、夢に出ているのかなと想像したが、何か違うような気がした。

そうだ、逆におばあさんが怒鳴られていたのではないかと思うようになった。何故ならおばあさんの臭いは優しい匂いだから、きっとおばあさんは怒鳴らないだろう、と。

怒鳴る夢を見た時は、凄く疲れて目が覚める。

おばあさんには申し訳ないが、私にはどうすることもできないので、寝室をおじさんの臭いがする洋室に変えたら、パタリと夢は見なくなった。

おじさんの臭いがする洋室の天井。
明らかに新しく貼り替えられている。

おばあさんの臭いがする和室の天井。この部屋で寝ると嫌な夢を見る。

恐い絵

恐い絵

大阪に石野桜子さんという芸人がいる。桜子さんは吉本興業のNSC八期生で、僕にとっては芸人として先輩に当たる方だ。

ネット番組「おちゅーんLIVE!」で、「タニシにいわくつきグッズをプレゼントしよう」という企画があり、桜子さんはその時に自身の部屋にあった一枚の絵画を持ってきた。

それはなんとも言えない憂いを帯びた表情の、誰かの肖像画だった。

その絵が何度か捨てたはずなのに戻ってくるという。

＊

桜子さんは高校三年生の時、芸人になるためにNSCに入学。高校卒業と同時に地元の奈良県から大阪へ引っ越して、市内のマンションで一人暮らしを始めた。

最初のマンションでは約十年間暮らした。その時期にその絵はいつの間にか部屋の中にあったという。どういった経緯で自分の元に渡ってきたのか、どうしても思い出せない。

それは桜子さんにとって「恐い絵」だった。

何故自分の部屋にあるのかもわからないし、何より絵そのものが恐い。陰鬱で物哀しくて、気味が悪い。

一度、思い切ってその絵を捨てた。だが、いつの間にかそれはまた部屋に戻ってきていた。どうやって戻ってきたのか、それもまた思い出せない。

大阪に来て十年目を過ぎたあたりで、部屋の家賃が上がるのをきっかけに引っ越しをすることにした。その時、その絵を新居に持っていくかどうか悩んだ。

〝正直、捨てたい〟

しかし今度は捨てることが恐くなった。捨てることで自分の身に何か悪いことが起きるのではないだろうか。桜子さんは不本意ながら絵を丁寧に風呂敷で包み、新居へ連れていった。

新しい部屋は１ＬＤＫで、以前の部屋より少し広くなった。南向きの窓で雰囲気も明るい。よし、この機会に心機一転、明るくてオシャレなインテリアにしようと胸を躍らせた。

しかし、持ってきた荷物を開封するうちに例の絵を見つけ、心が曇った。

しばらくして、友人が家の近くに引っ越してきた。

「桜子ちゃんの部屋に遊びに行っていい？」

友人にそう言われ、部屋を片付けることにした。これは桜子さんにとって再び訪れた、その絵を捨てるチャンスだった。

マンションのゴミ捨て場に、その絵を置いた。これでよかったのだ。自分にそう言い聞かせ、ついに実現したその絵との別れに心は晴れやかなはずだった。

〝ピンポーン〟

「桜子ちゃん、プレゼント持ってきたよー」

友人が手に持っていたものは、先ほど捨てたばかりのその絵だった。

「この絵、桜子ちゃんに似合うと思って」

屈託のない笑顔で土産を差し出す友人に何も言えず、受け取るしかなかった。

絵は友人の勧めで玄関に飾られた。

彼女との友達関係が続く間、その絵を玄関から動かすことはできず、もう諦めるしかないと思った。

それからは、玄関に視線を送ることを躊躇《ちゅうちょ》する生活が続いた。

〝その絵を見たくない。恐いから見たくない〟

しかし、心が弱っている時などに、ふとその存在を忘れて絵が視界に入ってしまうことがあった。そういう時に限って、絵は何故か薄ら笑っているように見えた。それがまた、桜子さんの心を陰鬱にさせた。

*

三十代に差し掛かった頃、桜子さんは精神を患った。

きっかけは先輩芸人からの言いがかりだったが、それまでも理不尽な抑圧に頭を悩ませていた。

「お前、今睨んだやろ」

睨んだ覚えもないのに絡まれたことで精神が崩壊し、桜子さんは病院へ駆け込んだ。

担当医からは「視線恐怖に陥っている」と言われた。「見る」ことに怯《おび》え、やがて「見られる」ことにも恐怖したその時期、部屋の中でも帽子を深くかぶって生活をした。

その後、桜子さんは精神病院に入院し、退院後は双極性障害、いわゆる躁鬱病と付き合っていくことになる。

玄関に飾られた絵は、病気になってから、より表情を持つように思えた。

躁状態で見るその絵は、吸い込まれそうになるほど暗い表情なのだが、鬱状態で見るその絵はやはり、笑っている——。

*

その絵はジョルジュ・ルオーの「ピエロ」という作品であることがわかった。

ルオーは二十世紀前半にパリで活躍した画家で、キリスト教の宗教画家として有名である。同時にピエロを中心としたサーカスにまつわる様々な人物像を描き、「道化師の画家」とも呼ばれていた。

ルオーは自分自身も含め、「すべての人間は道化師である」と問いかけた。自分を笑い者にして人々を楽しませるピエロは、罪深い社会で苦悩する人間を象徴する存在であると捉え、描き続けた。特に一九二五年に描かれたこの「ピエロ」は、その犠牲的な姿をより象徴した、彼の代表作の一つである。

桜子さんは病を抱えているとは思えないほど、明るい。いや、たぶん明るく振る舞っている。そんな自身の姿がもしかするとルオーの描いたピエロと重なるのかもしれない。そもそも芸人という職業は道化師のような存在でもある。

桜子さんはその絵がピエロの絵であることを知らずに持っていたのだが、何故かピエロのピアス、ぬいぐるみ、お面、人形などが部屋に十個ほど常にあったという。そのほとんどがもらい物であり、引っ越しの際にそれらはすべて手放したそうだが、唯一このピエロの絵は捨ててもなお残った。

桜子さん自身、特別にピエロを好きだと思ったり、誰かに言ったりしたことはないという。

＊

番組放送後、僕は桜子さんから直接ピエロの絵を譲り受けた。その時、今でも思い出すと悪寒が走るのだが、桜子さんは語気を荒げてこう言った。

「絶対に返してな」

その言葉を吐いた理由を、桜子さんは思い出せないという。

石野桜子さんとピエロの絵。

黒い部屋

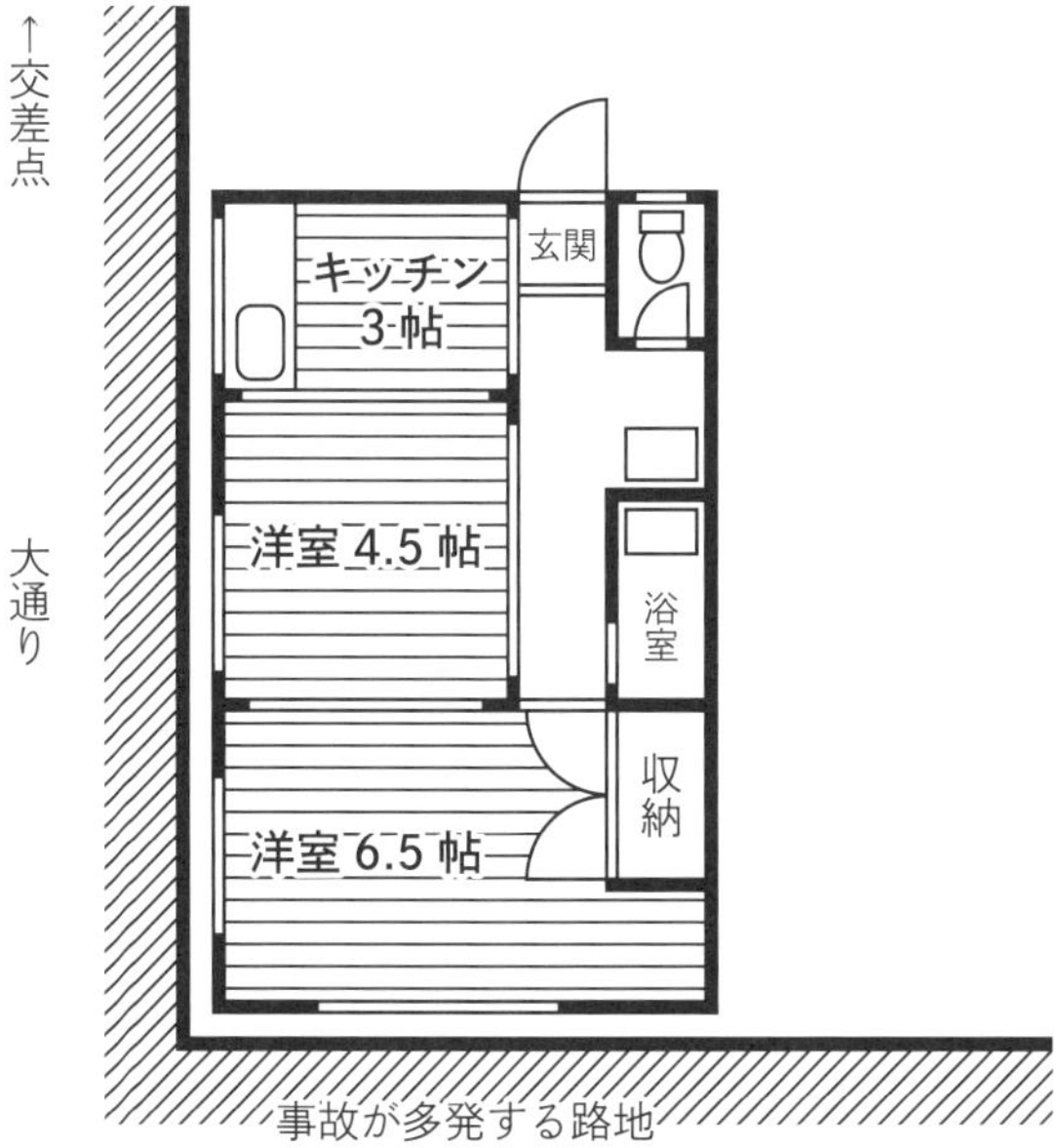

広島に住むみなみさんは、幼少期住んでいた部屋が後に事故物件になったという。

今から二十年ほど前、みなみさんはあるハイツの一〇四号室に、両親と姉と家族四人で暮らしていた。キッチン三帖、洋室四帖半と六帖半の2Kの物件で、六帖半の洋室を両親が、四帖半の洋室を子供部屋として六つ年上の姉とみなみさんが使っていた。

両親は共働きだったため、夜になるまで姉と二人、子供部屋で過ごすのだが、ある日、小学校五年生になる姉が誰もいないはずの両親の部屋で不可解なものを見る。

窓際に部屋干しした洗濯物の向こう側に、スーツを着た中年男性が首を吊っている姿が見えたのだ。姉は当時まだ幼稚園児だった妹のみなみさんにそれを見せないよう、そっと引き戸を閉めたという。

部屋の外にも不可解な点があった。ハイツの前は交差点になっているのだが、何故か路地に面した一〇四号室の前でやたらと事故が起きる。みなみさんが物心ついて小学生になるまでの間にも、幾度となく事故が起きた。

一階外壁の地面スレスレの位置に窓があるのも気になった。もちろん室内からは開けられない。窓は床下の部分に位置する。何のための窓なのか当時はわからなかったが、玄関前に半地下の渡り廊下があるらしく、その窓のようである。ちなみに一〇四号室の真下に位置する、日の光が一切当たらない地下室に、おばあさんが住んでいたという。みなみさんはその住人に会ったことはない。

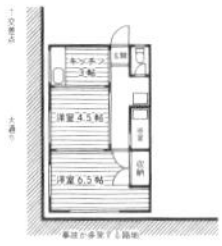

みなみさんが小学校に上がる頃、夜中に父がいら立つようになる。

「うるさい」

そう言いながら部屋のタンスを殴るのだ。

どうやら毎晩深夜二時から三時にかけて、タンスの向こう側からお経が聞こえてくるらしい。しかし一〇四号室は角部屋で、タンスの向こうに部屋はない。

大家に部屋の異変を報告したものの、それからほどなくして、父は入院することになる。肺にカビが生えてしまう過敏性肺炎という病気で、一時は生死をさまようほど危険な状態になったのだが、そこまで重篤になるのは珍しいとのことだった。原因は部屋に湿気やバイ菌が多かったからであることが後にわかる。

父の入院中は水道業者が部屋によく来ていた。とにかく水道トラブルが多いのもあり、家族は早く部屋を出て行きたがっていた。


なんとか父の病気が完治した頃、大家から許可が出る。

「一〇二号室が空き部屋になって全面改装したから部屋を変えてもいいよ」

みなみさん一家はすぐに引越しを済ませ、一〇二号室に移った。

ただ突然の引っ越しだったために、電話線が新しい部屋には繋《つな》がっていない。だからしばらくは固定電話を使う時だけ一〇四号室に戻らないといけないという、少し不便な生活を強いられていた。

引っ越しから数日後、みなみさんは友達に電話をかけようと思って一〇四号室に入った。

母から受け取った鍵で、かつての我が家のドアを開ける。

すると真っ昼間にもかかわらず、部屋全体が真っ暗に見えた。

嫌な予感しかしなかったが、友達が自分の電話を待っているので、勇気を出して部屋に一歩足を踏み入れた。その瞬間……。

〝ざざざざ――〟

真っ暗闇と思っていた部屋の闇の部分が一斉に動き出し、隙間という隙間に吸い込まれていった。それは、みなみさん達が部屋を明け渡した瞬間から一〇四号室の主になったのであろう、壁と床と天井の面という面すべてに貼りついたおびただしい数のゴキブリだった。

固定電話が新しい部屋で使えるようになってからは、平和だった。

深夜、父にお経が聞こえることもなくなったし、姉も新しい部屋では何も見ていない。

しばらく空き部屋だった一〇四号室は、よく水道修理を頼んでいた業者が事務所として使うようになっていた。

*

それから一年が経った頃、みなみさん一家は大型連休で旅行に出かけ、数日ぶりに自宅に戻ってきた。するとハイツの入口で、年配の女性が誰かの名前を叫びながらひざまずいてい

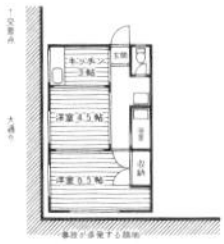

る。

エントランスにはキープアウトの規制テープが貼られ、警察が数人見えた。

一〇四号室で水道業者が首を吊ったようだった。

現在、このハイツは名前を変え、外壁の塗装をピンクに変えて現存している。

一〇四号室の窓にはカーテンが掛かっており、今も誰かが住んでいる。

引きずる部屋

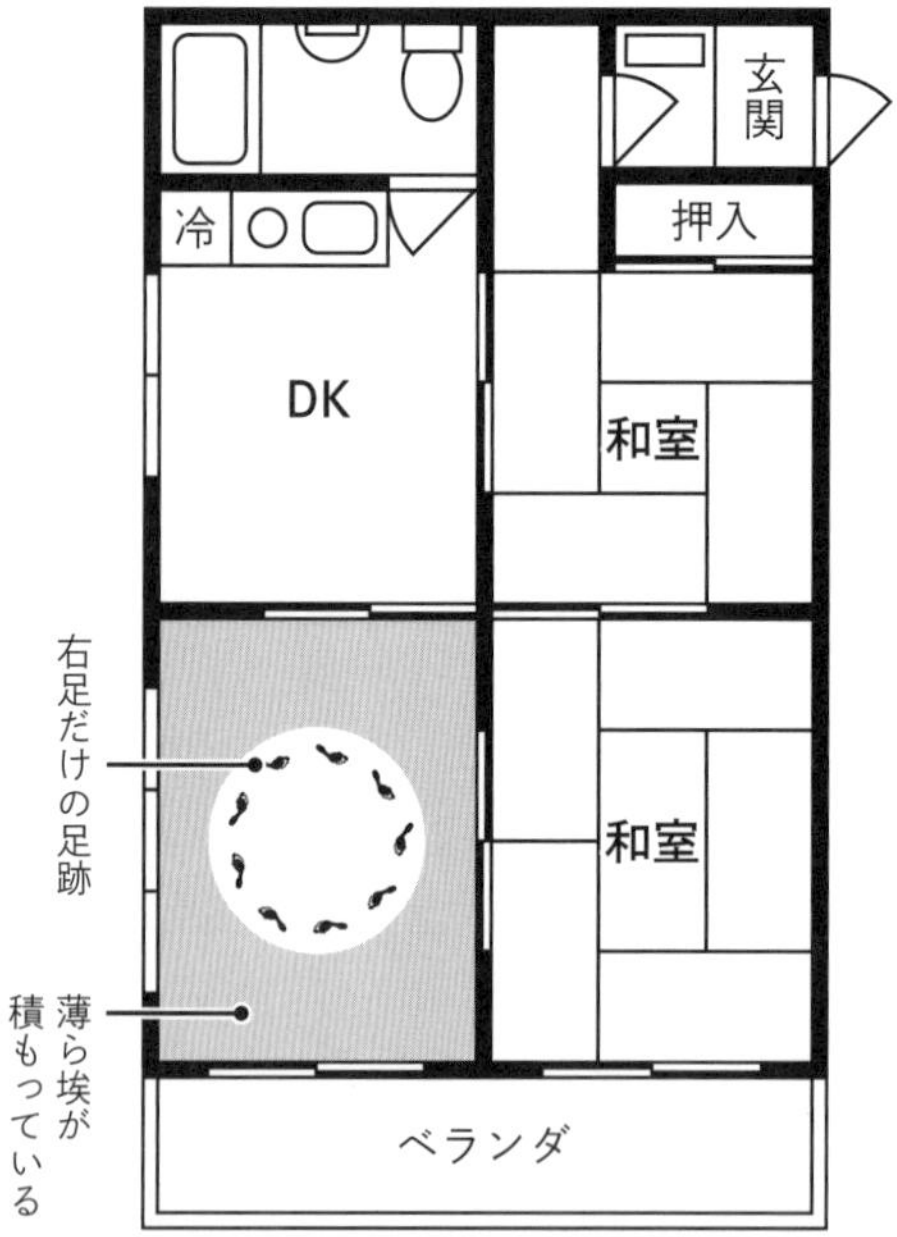

高知に住むリュウジさんは、当時実家の建設会社で働いていた。現場の管理、製図、営業と全般的に仕事をしていたが、自社のマンションの管理も仕事の一つだった。

彼が担当するとあるマンションの四階の一室に、公務員の四十代独身男性Ａさんが入居していた。数年の間、何の問題もなく住み続けていたはずなのだが、ある時から突然、家賃の支払いが滞り、報告を受けた時にはすでに一年近く滞納していた。

「もしもし○○建設ですが、Ａさんですか？　お家賃の件で……」

リュウジさんは直接電話をかけ、滞納の理由を聞いた。

「怪我をして仕事を続けられなくなったから、収入がなくて家賃が払えないんだ」

こんな言葉が返ってきた。

「いや、公務員でしたら保険や保障がありますよね？　それに、払えないのであれば家賃の安い部屋に引っ越しされるとか生活を変えないとダメじゃないですか？」

「お前にそんなこと言われる筋合いはない！　お前が俺の生活を保障できるのか！」

突然スイッチの入ったＡさんは電話口で怒号を撒《ま》き散らし、とても会話ができる状態ではなかった。

その後、裁判所立ち会いの上でなんとか円満にＡさんは退去。裁判所指定の鍵屋が玄関ドアの鍵を交換し、スペアと共に五本の鍵を受け取って事務所に戻り、保管した。

しばらくして同じマンションの三階に住む女性Bさんから事務所に電話がかかってきた。

「上の階がうるさくて眠れない。注意して欲しい」

女性の部屋の真上は、退去した公務員の部屋だった。

「あの、現在Bさんの上の部屋には誰も入居しておりません。何かの勘違いとかではないでしょうか？」

「そんなはずない！　私がシャワーを浴びて、さぁ寝ようとベッドに入ったら必ず天井から何かを引きずる音がするの。それがずっと続くから眠れなくて……」

この部屋は鍵も取り替えて事務所に保管している。誰かが入れるはずもない。

「まぁ、一度確認しに行きます」

そう言って電話を切った。

この三階のBさんには以前も、マンションの住人が事故で亡くなった時に、「階段の踊り場にその人が立っている」と報告されたことがあった。どうやら〝見える〟人なのだろう。

リュウジさんは保管してある鍵を取り出し、四階の例の部屋へ向かった。

もちろん、鍵はかかっていた。鍵を開け、ドアノブを回し、玄関ドアを開ける。

その時、リュウジさんは首筋にピリピリとしたものを感じた。しかし、マンションを管理しているとよくあることである。原因はわからないが、何か嫌な気配のする部屋では、首筋がピリピリしてしまうのだ。

室内の各部屋の戸は開け放たれている。Aさんが退去した時の状態のままだ。手前の和室、奥の和室と進んでいく。

「特に変わったことはないなぁ」

そう思いながら隣のリビングに目をやる。

〝？？？〟

フローリングの上には数ヶ月分の埃《ほこり》が薄《うっす》らと積もっている。しかしその中央に、きれいにその部分だけ埃を拭き取ったような輪ができている。そしてその輪の内側に右足の足跡が円に沿うようにつけられている。

リュウジさんの頭の中に瞬時にイメージが浮かび上がった。

〝これは……左足を引きずりながら右足で部屋の中をぐるぐる回っていたということか〟

誰がそれをしていたのか、何のためにしていたのかはまったくわからない。しかしそう確信してしまった瞬間、また首筋にピリピリと痛みが走った。そして、自分が今立っている和室の照明器具の紐がピンピンと揺れ出した。

その後も三階のBさんからのクレームは続くのだが、どうすることもできず、やがてBさんは退去していった。

もちろん、四階の元住人Aさんが現在どこで何をしているのかは、わからない。

切れる電球

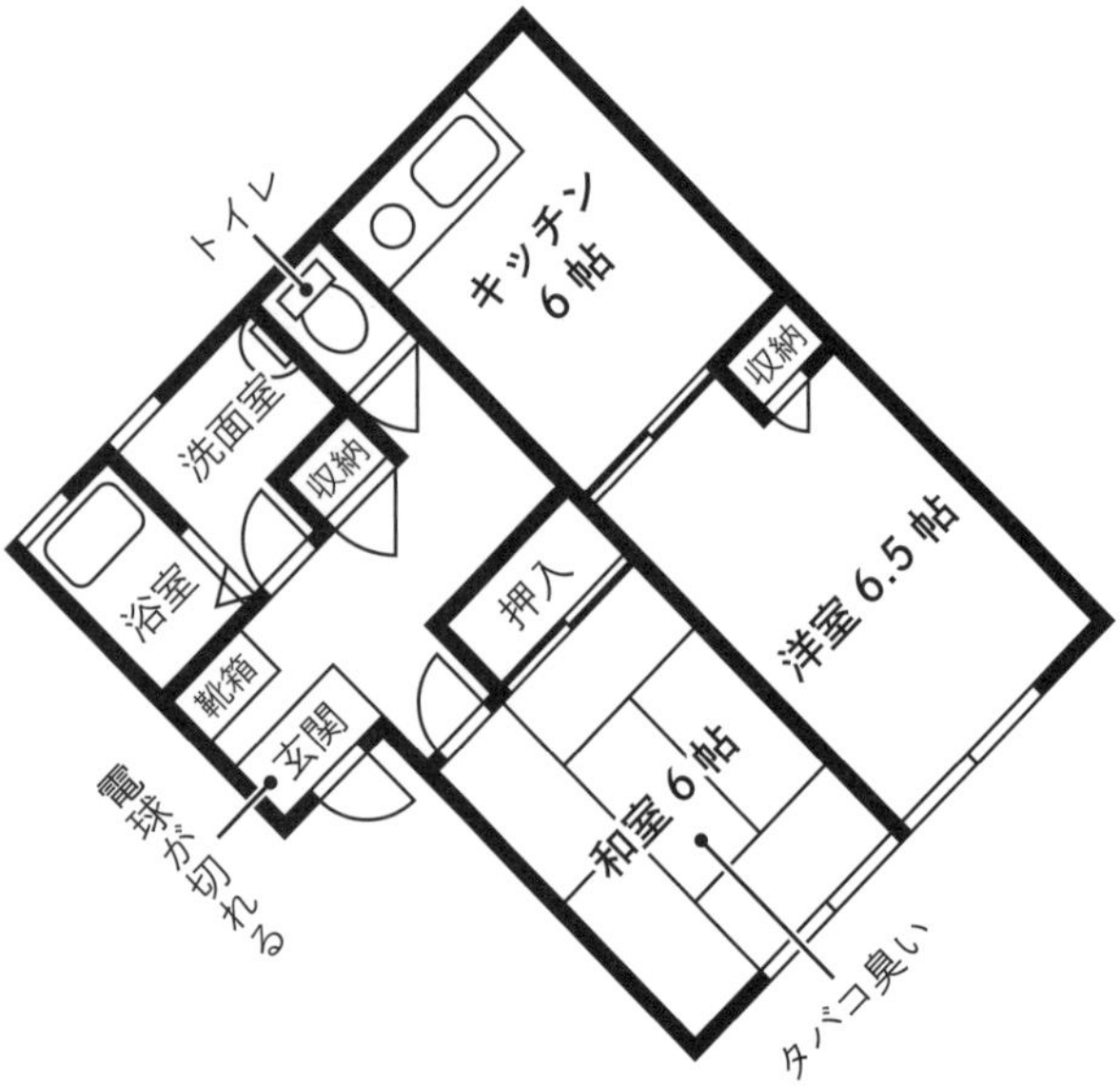

「あの人のことを話すと電気が切れるんです」

浦田さんは高知県に住む主婦である。

昔から感じやすい方ではあった。金縛りにもよく遭うし、親族が亡くなった際には「虫の知らせ」が必ずある。街を歩いていると交差点で自転車を押す男性の肩から上が透けて見えて「あ、首がないのか」と後から気付いた。祖父の墓参りでは黒い人影が見えた後に体調を崩して寝込んでしまい、病院へ行っても良くならず、いざなぎ流（高知県の山間部で伝承されている民間信仰）の〝太夫《たゆう》さん〟と呼ばれる祈禱師《きとうし》にお祓《はら》いをしてもらってやっと治った。

浦田さん家族は、息子が小学校に入ると同時に新しいマンションに引っ越した。

２ＤＫで家賃が四万六千円。夫と息子と三人で暮らすには充分な広さである。ただ、湿度が高いのが少し気になった。

マンションの自治会には息子と同じ小学校に子供を通わせるママ友達が何人かいて、子育ての相談や情報交換ができるので安心した。やがてママ友仲間との交流は盛んになり、井戸端会議にも参加した。

井戸端会議では、ママ友のリーダー格であるＹさんが話題の中心になることが多かった。

Ｙさんは霊感が強いらしく「今日もこんな幽霊を見た」「部屋でこんな怪奇現象が起きた」「先日亡くなった○号室の○○さんのおじいさんが廊下を歩いていた」などのオカルティックな話題に、ママ友達はそれぞれリアクションを取っていた。自身も奇妙な体験が多い浦田さんも興味津々にYさんの話を聞いていた。

しかし、あまりにも毎日Yさんの心霊話を聞かされるので、他のママ友達と別の話題ができないことが徐々に気になり始めた。

ある日、井戸端会議にYさんがたまたまいないことがあった。そんな中、誰かが口火を切ってこう言った。

「Yさんの話って、いつも幽霊の話よね」

すると、堰《せき》を切ったようにそれぞれがYさんへの不満を爆発させた。

「あの人が話し出すと私達も聞かないといけない空気になるから疲れるのよね」

「そうそう、他の話ができなくなる」

「あの人、自己中だから」

「幽霊が見えるってのもホントかしら」

「正直もう飽きたわ」

どうやらみんな同じことを思っていたようだった。浦田さんもその輪の中に参加した。

その後、家に帰って玄関の電気を点けると、廊下の電灯が二つ同時にチカチカと点滅しだした。

「あら、もう替え時かしら」

また明日にでも電球を買いに行かなきゃと思いつつ、荷物を置こうと和室に入ると、さらにいつもと違うことに気付く。

「タバコ臭い……」

まるで誰かが部屋に侵入して、さっきまで喫煙していたかのような臭いだ。夫はタバコを吸わないので、部屋の中でこの臭いがするのはありえない。何か妙な胸騒ぎがしつつも、夕飯の支度に取りかかった。

その日の晩、浦田さんは金縛りに遭った。このマンションに来てからははじめてだった。寝室は床の上に布団を敷いて寝るのだが、布団ごと宙に浮いているような感覚になった。しばらくして金縛りは徐々に解けていき、手足は動かせる状態にはなったのだが、布団から手を出しても床がない。床を触れない。意味がわからず、どんどん気持ちは焦っていくのだが、結局、完全には金縛りが解けないまま意識が朦朧《もうろう》となり、気が付いた時には朝だった。


次の日は平常通りだった。

井戸端会議にはＹさんも参加し、昨日の愚痴大会はまるでなかったかのように、ママ友達はＹさんの幽霊話にリアクションを取っていた。

その後、浦田さんは新しい電球を買って帰り、廊下の電球を付け替えた。和室からタバコの臭いはしなかった。その日の晩、金縛りに遭うこともなかった。


それから二週間後。この日もたまたま井戸端会議にＹさんがいなかった。すると、やはりママ友達はＹさんについて各々愚痴をこぼし合った。

その後、家に帰って玄関の電気を点けると、廊下の電球が二つ、チカチカと点滅しだした。

「あれ、二週間前に替えたはずなのに……」

嫌な予感がした。和室からはタバコの臭いがする。あの時と同じだ。そういえばＹさんはいつもタバコを吸っている。この臭い、Ｙさんのタバコと同じ臭いかもしれない。

これは、Ｙさんがいない時にＹさんの話をすると、電球が切れてタバコの臭いがするということなのだろうか……。

その日の晩、浦田さんは帰ってきた夫に相談した。

「気のせいだよ」

夫には軽くなだめられただけだった。

深夜、やはり金縛りに遭い、床が摑めないまま朝を迎えた。

それから数週間、浦田さんはＹさんのいない井戸端会議を待ち望んだ。そしてＹさんがいないタイミングで、この話をママ友達に聞いてもらった。

「え、何それ、怖い」

「浦田さん、Ｙさんに狙われてるんじゃないかしら」

「きっとこれは呪いよ」

ママ友達は浦田さんの話に興味津々だった。その結果、さらに不安を煽《あお》られてしまった。

家に帰ると案の定、二度も付け替えた電球がチカチカする。和室からはタバコの臭い。

浦田さんは机の引き出しから「ホワイトセージ」を取り出した。それはスピリチュアルの世界では有名な、浄化作用があるとされる葉っぱである。古くからネイティブアメリカンが神聖な儀式の前にこの葉っぱを燃やすことで場を浄化し、邪気を払うといわれている。浦田さんはネットで調べてこの日のために購入していた。

和室に入り、ホワイトセージに火をつける。白い煙がモクモクと立ちのぼり、これで浄化ができると思った矢先、天井へ向かったはずの煙はすぐさま下方部へと向きを変え、そのまま床に吸い込まれていった。

「何これ、そんな……」

その日の晩も金縛りに遭う。何も改善はされなかった。


それから間もなくして、浦田さんは交通事故に遭う。マンションを出て道に出た途端、後ろからバイクに撥《は》ねられた。浦田さんの感覚では、ちゃんと道路に何も来ていないのを確認したはずなのに、突然バイクが現れたのだ。幸い、たいした怪我は負わなかったものの、事故を起こした相手からは罵られる。

「お前が飛び出してきたから悪いんだ」

その後、警察を呼んで事情聴取を受けるが、何故か警察にも頑なに悪者にされてしまう。

「飛び出したあなたが悪い」

加害者も警察も、まるで心が存在しないロボットのような表情で、こちらの話がまったく通じないのが恐かった。結局、納得のいかない不利な条件での示談となった。

浦田さんはこの事故も、Yさんのせいではないかと思ってしまった。本当に呪いをかけられているのではないだろうか。それにしてもどうして私が……。

Yさんのいない井戸端会議で浦田さんは事故に遭った話をした。

「もう間違いない、Yさんの仕業よ」

「浦田さん、かわいそう」

「もう引っ越しするしかないかもね」

ママ友達からは、口々に心配と哀れみの言葉を投げかけられた。

いよいよ浦田さんも「限界かも」と思い始めた。しかし息子も学校になじんできたし、夫の仕事もあって引っ越しなんてできない。

〝そうだ、冷静にならなくては〟

まだYさんの仕業と決まったわけではない。それによくよく考えると、電球が切れてタバコの臭いがするだけではないか。金縛りも、事故もたまたまだ。そうだ、気にしてはいけない。物事を何かのせいにして悪い方へ繋げようとするから不安になるのだ。たいしたことなんてない。そう考え直し、家に帰って玄関の電気のスイッチを入れた。

〝パ――――ン！〟

目の前で廊下の電球が二つ同時に破裂した。あまりの恐怖に思わず玄関の扉を開けて外へ

出た。こんなこと、たいしたことないわけがない……。

マンションの共用部の廊下でへたり込んだ浦田さんは、さらに恐怖を予感した。背後から突き刺すような何かを感じる。これは見てはいけないものだ。絶対に見てはいけないものだ。そう感じつつも、体がいうことを聞かない。浦田さんの首は引っ張られるようにゆっくりとその方向へ振り向いた。そしてその視界の先には、共用部の廊下の奥でこちらをじーっと見つめて佇《たたず》むYさんの姿があった。

「浦田さん、こんばんは」

そう言ってYさんは自宅へと消えていった。

浦田さんは、今も井戸端会議に参加している。

続かない居抜き物件

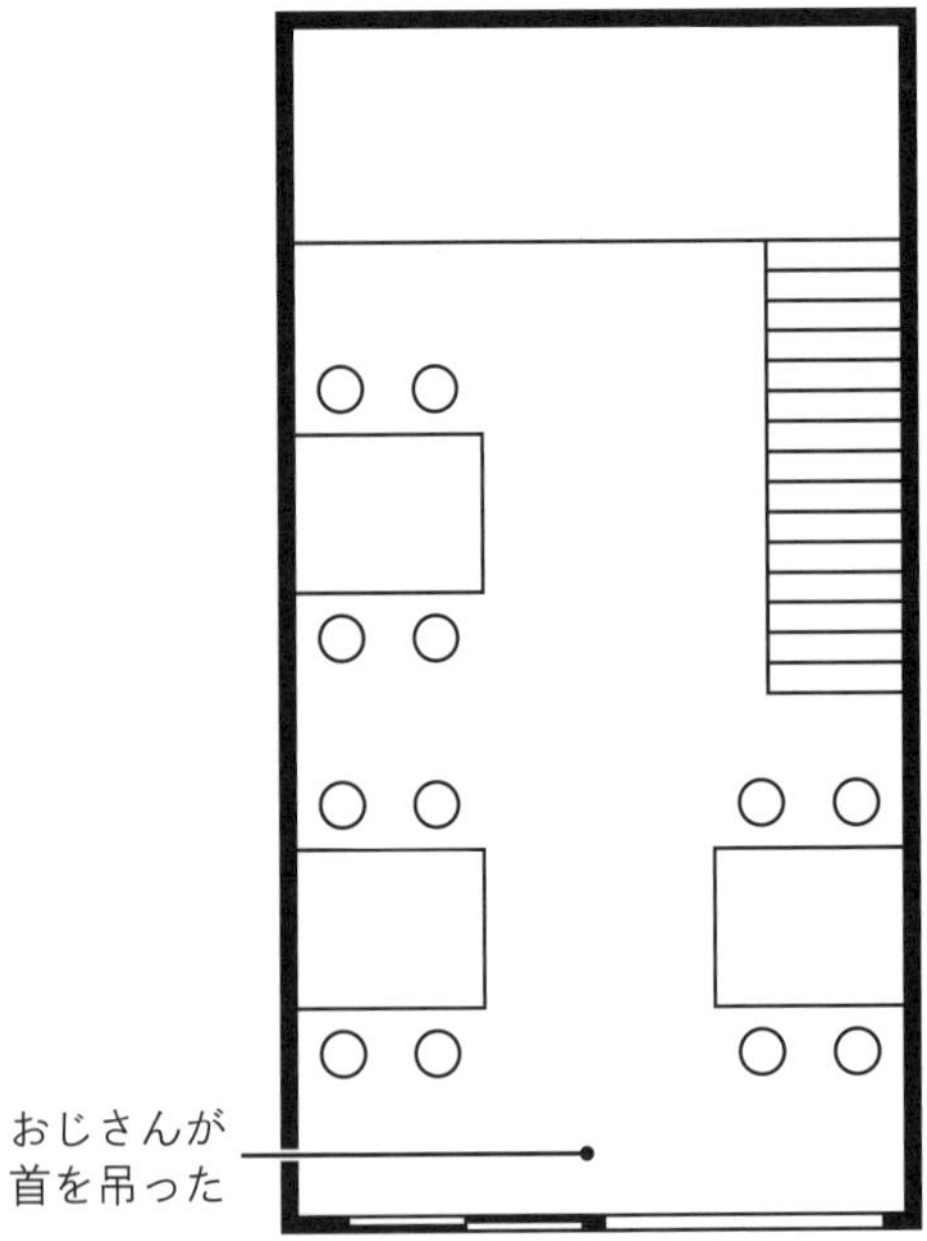

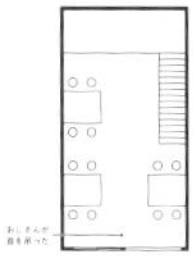

続かない居抜き物件

大阪日本橋にあるタムタムカフェを営む浅井さんとアベチカさんは、今から十年ほど前、自分達の店をオープンさせるためにちょうどいい居抜き物件の住居兼店舗を探していた。インターネットでも物件サイトを毎日のように漁っていたアベチカさんは、目を疑うような格安の居抜き物件を見つける。

四階建て　屋上付き　家賃五万円

場所は大正区。一階が店舗で、二～四階が居住スペースの縦割り型物件。屋上も使ってよし。それでこの金額は破格である。これはいわゆる釣り広告ではないのかなと疑いつつも、もしここを実際に借りられたらとてもラッキーだと思い、アベチカさんは浅井さんと二人でサイトに掲載されていた不動産屋を訪れた。

担当者は三十代前半くらいの男性だった。

「こちらの物件は内見できますか？」

「ああ……。まあ行きますけど、僕は入りませんが大丈夫ですか？」

真っ先に言われた言葉がこれだった。

「え？　どういうことですか」

二人はもちろん聞き返す。

「ここ、どんな方でも数ヶ月で出ていくんです」

え？

「お店じゃなくて入居だけの方もたくさんおられたんですが、どれだけ大丈夫って言っていた方も例外なく出ていきました」

なんで？

「一階で飲食店をされてたおじさんが、入口入ってすぐの場所で首吊りされたみたいでして」

おお……

「お寺の住職や神社の神主さんを呼んでお祓いしたりとか色んなことを試したらしいんですけど、全然効果ないみたいで」

はぁ……

「気付いたらまた空き物件として出てるんですよ、不動産屋の共通サイトに」

へぇ……

「ここ、ほんと僕、怖いんですよね」

……

二人はここまで聞いて「もういいです」と諦めて店を出た。

後日、車で物件の前まで一応見に行った。話を聞いたからかもしれないが、建物全体をどよんと暗い空気が包んでいたように感じた。

今、この物件はどうなっているんだろう。

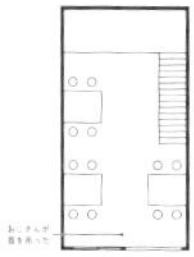

お二人が話を聞いた不動産屋は、現在ドラッグストアに姿を変えてしまい、訪ねることはできなくなってしまった。

僕は手掛かりを摑みたくて、いつも僕の事故物件を探してくれる不動産屋の西門《にしかど》さんに調べてもらった。

どうやら数年前に差し押さえられ、所有者はもう亡くなっているそうだ。

浅井さんとアベチカさんは、この経験を踏まえて慎重に店舗選びをすることになった。そうしてオープンしたタムタムカフェは、今年で十周年を迎えるという。

ライブハウスB

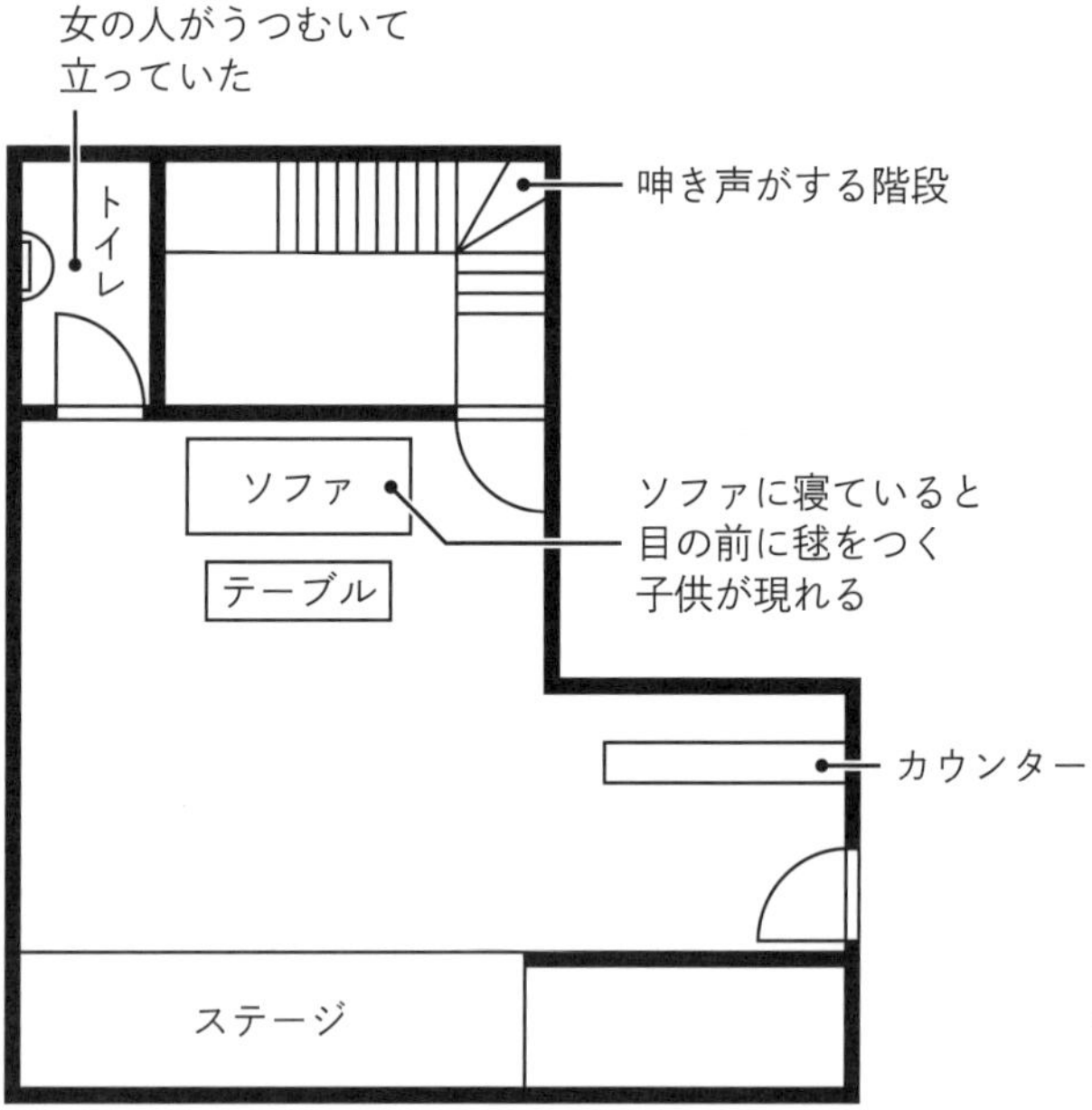
女の人がうつむいて立っていた
トイレ
呻き声がする階段
ソファ
ソファに寝ていると目の前に毬をつく子供が現れる
テーブル
カウンター
ステージ

ライブハウスB

バンドマン界隈では、幽霊の出るライブハウスの話をよく耳にする。

関西のとあるライブハウスでは、ちょうどドラムセットの上あたりにある通気孔から、子供が逆さまに覗いてくるという話があったり（その子供を見たバンドは売れるといわれている）、火の玉がアンプにぶつかって爆発音が鳴るという話があったり、また四国のあるライブハウスではモニターから演奏中のステージを観るとベースが一人増えてツインベースのバンドになるという話があったり、様々な逸話がある。

中でも兵庫県のあるライブハウスでは、心霊現象が複合的に報告されている。

以下、従業員の証言である。

従業員A　深夜、トイレの横にあるソファで寝ていたら金縛りに遭い、目の前で小さな子供が毬《まり》をついていた

従業員B　トイレ入ってすぐの洗面台の前に女の人がうつむいてじーっと立っていた

元従業員C　二十年前から、トイレの前に白い服を着た女の人が立っていた

従業員D　ライブハウス内で一人で作業していたら、裏の階段から呻《うめ》き声がした。怖いが無視して作業していたら、作業している机を〝ドンッ！〟と叩かれた。怖過ぎて動けなくなったので、すぐ事務所のスタッフに電話して迎えに来てもらった

従業員E　ロビーで急に生臭い匂いがする時間がある

従業員F　あるバンドがスタジオでレコーディングしている最中に女の人の声のような音

が聞こえたので、そのバンドはすぐ逃げ出した。後で確認すると、確かに何か不可思議な声のような音が録音されていた

従業員B　無人のスタジオから呼び出しベルが鳴った

従業員D　スタジオの清掃作業中に、店には自分しかいないはずなのに入口の小窓を女の人に覗かれた

これだけ複数の人が何かしらの怪奇現象を体験している場所も珍しい。

この話を聞いたアニソンカラオケバーの店長である齊藤淳さんは、僕との怪談イベントのために何か一つネタを用意しようと、このライブハウスに定点カメラを置いて一泊するという実験を試みた。女が立っているといわれるトイレを画面の隅に映しながら、自身は子供が目の前で毬をつくとされるソファに座る。背後には呻き声が聞こえる階段がある。

淳さんにはまったく霊感はなく、一泊体験した感想としては特に何も起きなかったそうだが、さすがに一人でその空間に朝までいるのは生きた心地がしなかったという。

ただ、撮れた映像が異常だった。

その映像にはソファに腰掛ける淳さんが延々映っているのだが、時折、画面上にモザイクのようなノイズが入り込む。それは白い女が現れるとされるトイレと、淳さんの左背後、呻き声の聞こえる階段のある右背後あたりに現れる。

そしてそのモザイク状のノイズの中に、明らかに白い人影らしきものが見え隠れするのだ。

ライブハウスB

白い人影はトイレ側から現れ、淳さんに取り憑くようにして消える。そしてしばらくして淳さんから抜け出るようにして再度現れ、階段の方へ消えていった。

最初に映像を確認したイベントMCのサワノさんはこう言う。

「この映像、淳ちゃんがｉＰａｄで撮った映像なんですが、最初に見た時は普通だったんですよ。だけどパソコンにデータを保存した途端に謎のノイズが入って、こんなのが映ってたんですよね」

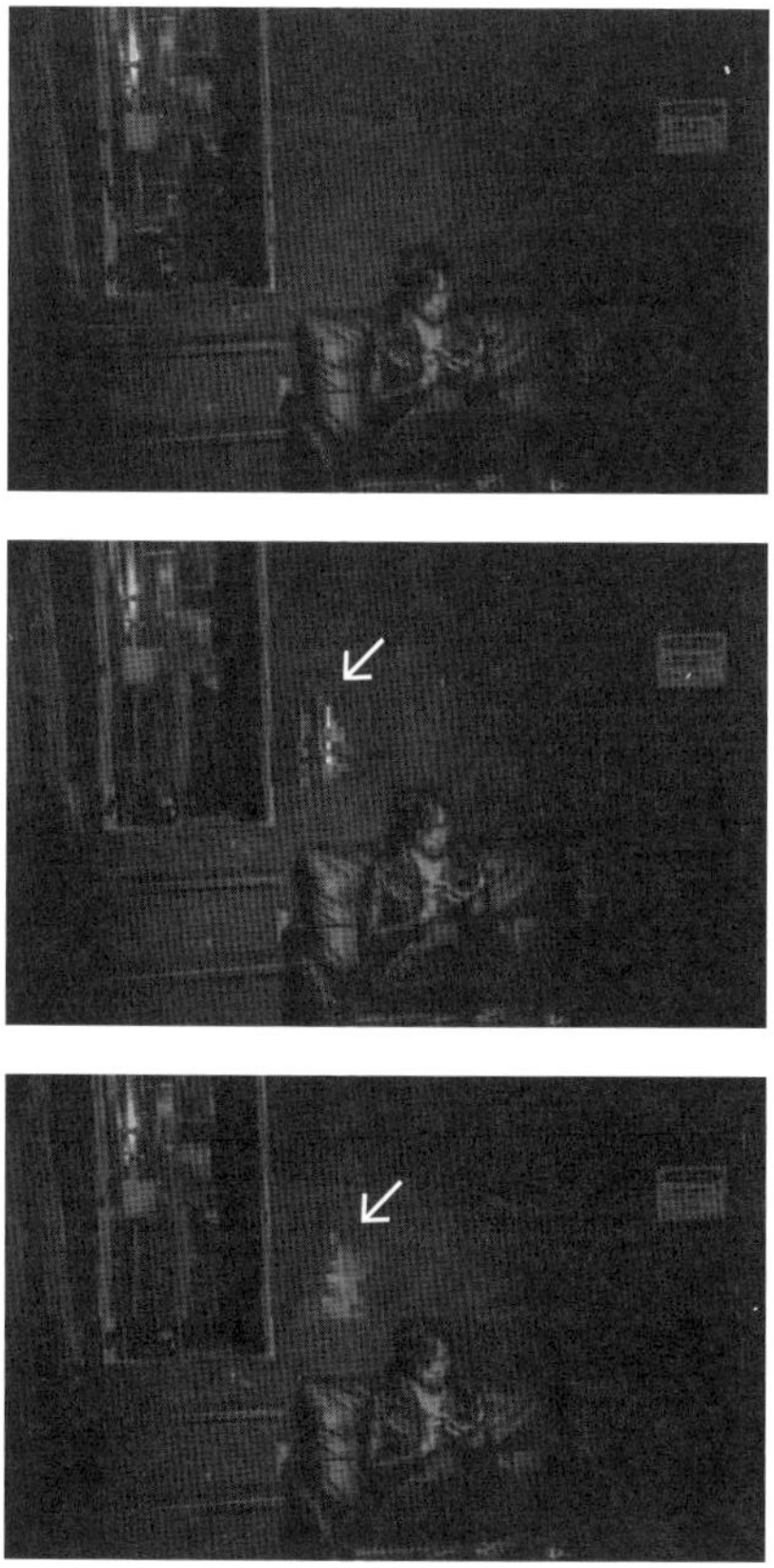

淳さんの左上から白い何かが
モザイク状で移動する。

回る自転車

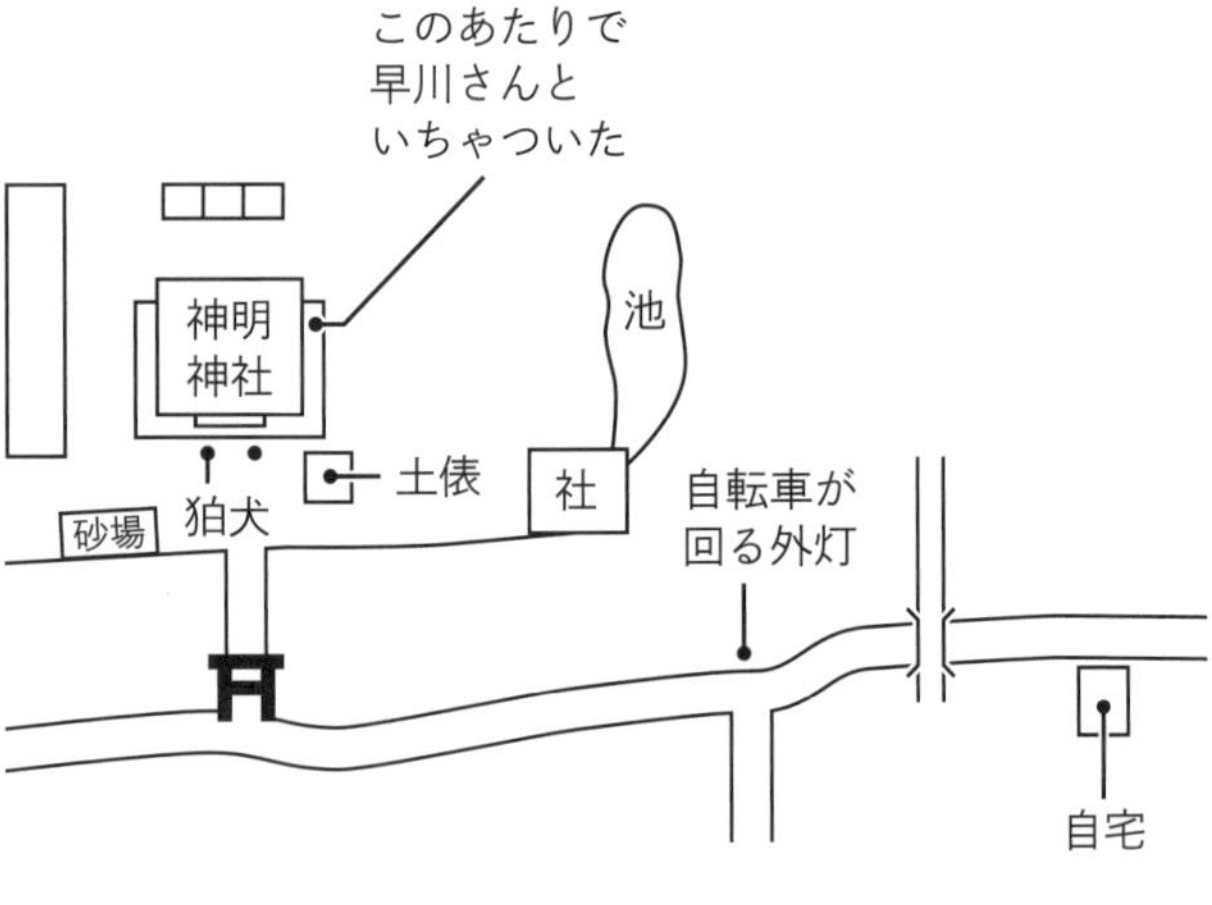

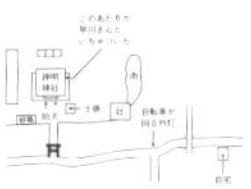

回る自転車

これは埼玉県出身のイラストレーター、スーパーログさんが高校生だった頃の淡い思い出である。

陸上部で砲丸投げをしていたログ少年は、ハードルの早川さんのことが気になっていた。

部活動は個人練習が主で、二人はいつも運動場の隅っこにいる。それぞれ人気の種目ではないこともあり、ログ少年は早川さんに対して勝手に親近感を覚えていた。

「なんだか私達、お互い一人でがんばってるよね」

切《せっ》磋《さ》琢《たく》磨《ま》し合える仲間もいない状況で、先に声をかけてきたのは確か、早川さんだった。

それからも毎日、放課後に顔を合わせた。

二年生になる頃には自然と会話できる仲になっていた。


高二の夏のある日、中学校からの同級生で仲の良かった田辺くんが声をかけてきた。

「たまには女の子を家に呼んで遊ぼうぜ」

男女の友人一人ずつ、計四人で自宅で遊ぼうという、男子高校生ならではの計画だ。

ログ少年はダメ元で早川さんを誘ってみた。

「いいよ」

あっさりと返事はＯＫだった。

もう一人の女子は早川さんの友人で陸上部の子だったと思うけど、名前は覚えていない。

男女四人はログ少年の実家に集まった。背伸びをしたい年頃の男女は、次第に恋愛話で盛り上がっていった。

「うるさい！　何時だと思ってるの！」

気が付けば夜中になっていた。親に注意され、全員で外に出ようということになった。

家から一本道を五分くらい行った先に神社がある。行く場所のない四人は自然と神社まで移動した。道中、ログ少年は早川さんと自分との距離がやたらと近いことに気付いた。早川さんの腕は、いつの間にか自分の腕と密着し、そのまま神社まで寄り添って歩いた。

境内に入ると、自然と二人きりになった。田辺くんともう一人の女子は、どこかへ消えた。きっとよろしくやってんだろうな、と思った。

暗闇の中、密着する腕に重みを感じた。早川さんが自分に体重を預けてきたのがわかった。

ログ少年は本殿の脇まで早川さんを誘導し、縁側に腰掛けた。そして、生まれてはじめての接吻を試みた。

早川さんのこと、元々好きだったわけではなかったはずだ。嫌いとかではなく、良い友達だと思っていた。だから、そういう関係になるなんてまるで考えていなかった……。

早川さんは腕を自分の肩に回し、不器用な口づけを受け入れた。

それからどれくらいの時間が経ったのだろう。無我夢中で唇を合わせるうちに、まるで宇宙空間に二人だけしかいないような感覚に陥り、この瞬間が永遠に続けばいいのになと、少年は思った。

回る自転車

「おーい、俺帰るわ」

神社の入口から田辺くんの声が聞こえた。どうやらもう一人の女の子は帰ってしまったらしい。きっと田辺くんはタイミングを見誤って怒らせてしまったのだろう。男と女は難しい。

田辺くんの声で我に返った時には、早川さんはすでに眠っていた。そうか、キスの最中に彼女は寝てしまっていたのか。少し申し訳ない気持ちになりながらも、「明日から早川さんと付き合うことになるのかな……」なんてことを考えながら彼女の寝顔を見つめ、一人余韻に浸っていた。

「自転車がグルグル回ってる！」

田辺くんが真っ青な顔をしながらこちらへ戻ってきた。

「街灯の下に誰も乗っていない自転車が、グルグル走ってて怖いから帰れないんだ」

最初は嘘をついてるんじゃないかと一瞬思ったが、顔が見たこともないくらいパニックに陥っていたので、早川さんをおんぶして、神社から家までの間にある街灯まで、様子を見に行くことにした。

問題の街灯の位置まで来ると、まるでスポットライトが当たっているような状態で、自転車だけがその街灯の下、グルグルと走り回っていた。結構な速度で。

二、三分その様子を田辺くんと二人で呆然《ぼうぜん》と眺めた。自転車には人が乗ってない。

言葉を発しようにも何故か「気付かれたらヤバい」と感じてしまい、そのまま黙って神社に戻り、朝になるのを三人で待った。

日が昇ってから街灯の前を通ると、自転車の姿はなかった。

次の日、早川さんは昨日の出来事をすっかり忘れていた。忘れたふりをしていたのかもしれないが。

そのうち陸上部の先輩と早川さんが付き合っているという噂を耳にした。

それからは彼女とはあまり喋ることなく卒業を迎えた。

スーパーログさんに当時を思い出して描いてもらった、街灯の下で回る自転車。

フェティッシュバー

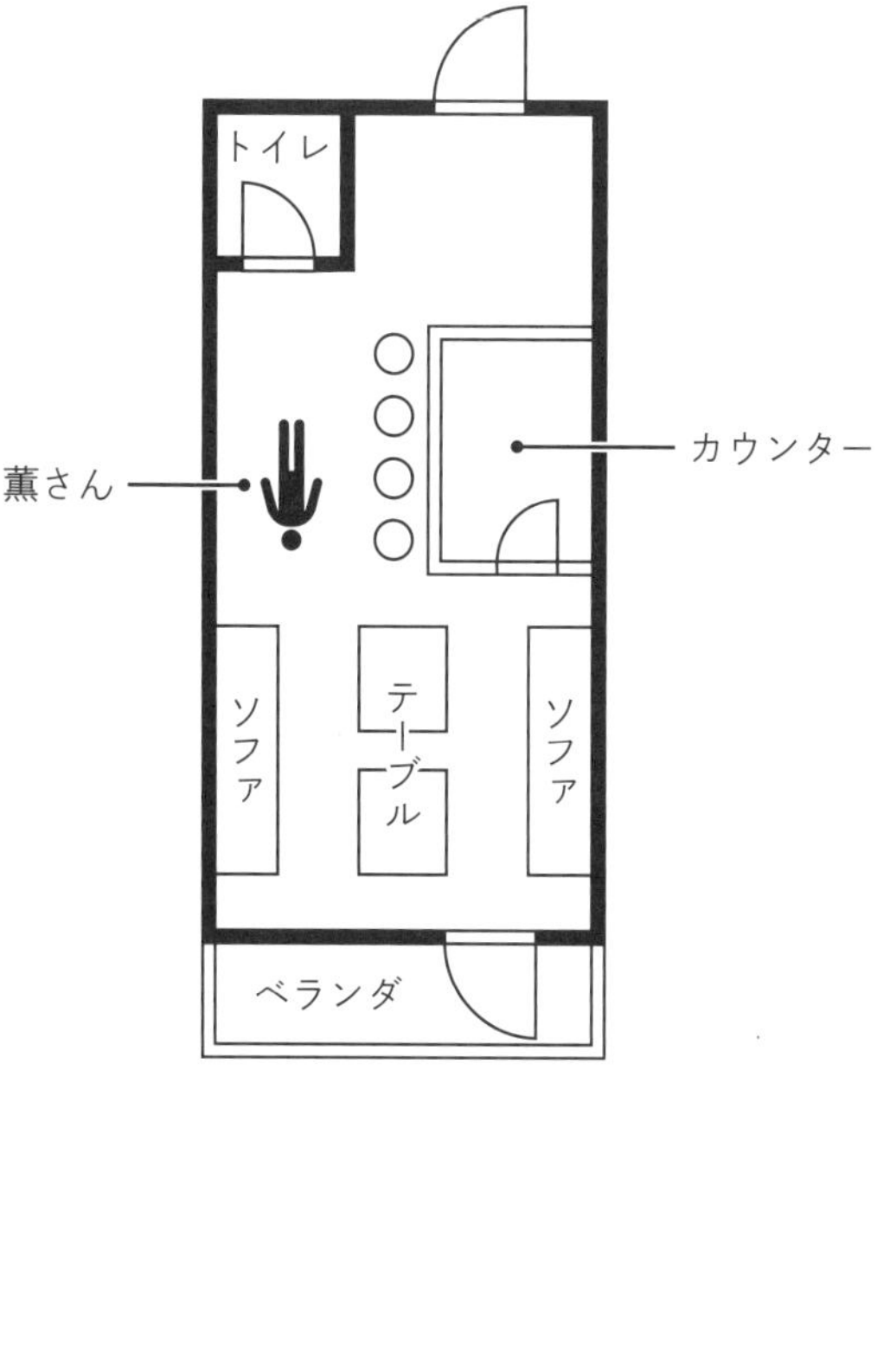

二〇一九年三月、六本木にあるフェティッシュバー、花魁酒処Dで緊縛師の風見蘭喜さんと怪談イベントを開催した。

「タニシさん、先月の九日にご来店されましたよね？　何か失礼なことはしていませんでしたでしょうか……」

初対面であるはずの花魁酒処Dの店主、薫さんは申し訳なさそうにそう言った。

＊

開催日の約一ヶ月前にあたる二月九日の土曜日、薫さんは明け方五時に店の床で目を覚ました。衣服ははだけ、頭は割れるように痛い。どうやらいつの間にか意識を失っていたようだ。

この店を始めてから、仕事中に酔い潰れたことはないし、倒れたこともない。こんなことははじめてである。いったいいつから意識を失っていたのだろう。カウンターには飲みかけのグラスが三つ並んでいる。どういう状況だったのか……まったく思い出せない。

〝そうだ、伝票を見よう〟

伝票を見ればどんなお客さんが何時に来たかが記録されているはずだ。

23：20〜0：00　松原タニシさん　女性二人と来店

松原タニシさん……。

ああ、三月に店で怪談のイベントをしていただく方だ。まさかわざわざ店に挨拶にでも来られたのだろうか。だめだ、頭が痛い。全然思い出せない。私は失礼な振る舞いをしていなかっただろうか。ああ、申し訳がない。それにしても、もう朝だ。今日は昼から京都でお世話になっている方の周年パーティーだ。病院はその後に行こう。それにしても何があったのだろう……。

＊

二〇一九年二月九日土曜日、二十三時二十分。

僕は大阪でネット番組「おちゅーんＬＩＶＥ！」の配信を終えたばかりだった。スタジオのある大阪の西天満から六本木まで移動するのは、瞬間移動でもしない限り不可能である。

じゃあ二月九日に花魁酒処Ｄに行った松原タニシは誰なのか……？

さらにタニシが連れていた〝女性二人〟とは？

そしてその日、薫さんの身に何が起きたのか？

すべては謎のままである。

恐い本

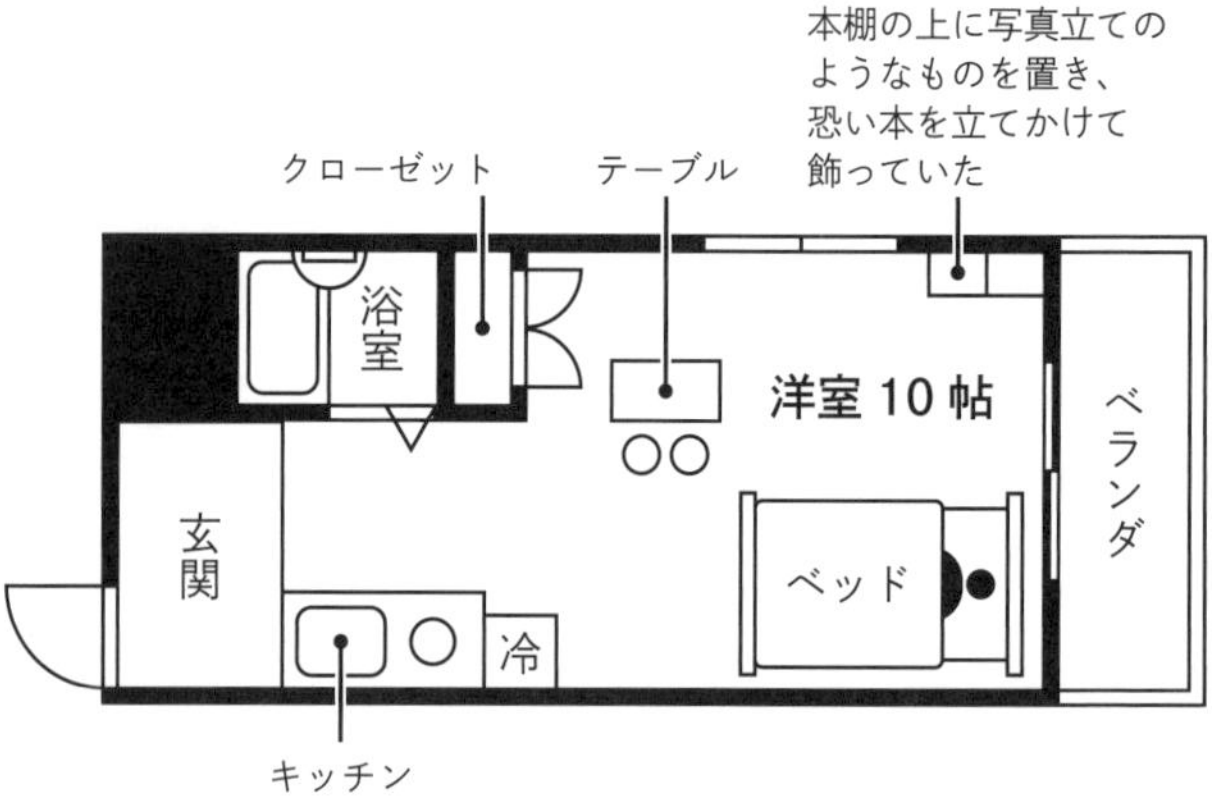
本棚の上に写真立てのようなものを置き、恐い本を立てかけて飾っていた
クローゼット
テーブル
浴室
洋室 10 帖
ベランダ
玄関
ベッド
冷
キッチン

恐い本

一九九五年夏。

当時、広島の専門学生だった斉藤さんは、岡山のライブハウスへ友達と一緒に行った。

ライブの途中、出演中のアーティストが、

「この本、古本屋で買ったんだけどさ、恐くて読めないんだよね。中身じゃなくて、何かこの本、恐いんだよ。誰か欲しい人ー！」

と、舞台袖から心霊写真の本を持ってきて観客に呼びかけた。

興味はなかったけど、友達がこのアーティストの大ファンなので、確率は低いだろうけど、もし自分がもらえたら友達に渡そうと思って手を挙げた。

「はい、じゃあ君にあげよう」

まさかの、自分以外誰も手を挙げていないという状況。

「イヤー！」

「コワイー！」

周りからはそんな悲鳴が上がっていた。

結局、友達も怖がってもらってくれず、仕方なく家に持ち帰ったが、自分も怖くて三ページほどしか読まなかった。

一九九五年秋。

元プロボクサーのMと大阪で出会う。たまたま同じ広島出身だったので意気投合し、週の半分は一緒に遊んだ。恋愛感情は一切なく、主にクラブに行ったりゲームをしたり、くだらない映画を観たりして遊んだ。Mとは妙に気が合った。彼は高校を中退してプロボクサーを二年くらいやってすぐやめて、難波《なんば》の美容師専門学校に通っていた医者の息子である。

一九九五年冬。

タクシーに轢かれる。横断歩道を渡っていた時、信号が黄色だったので急いで走って渡っていたら途中で赤になってしまい、ちょうど右折しようとしていたタクシーに轢かれて、ボンネットの上に一回乗っかって落ちた。幸い無傷であった。

一九九六年四月。

神戸三宮の会社に就職する。しかし前の年に起きた阪神淡路大震災の影響で三宮近辺の物件が見つからず、大阪で一人暮らしを始める。特に安いわけでもなく、気に入ったわけでもないマンションなのだが、なんとなくここに決めた。しかし何か普通と違う気がした。

玄関に管理人が常にいて、門限があり、友達を呼んではいけない決まりで、玄関の靴箱で靴を脱がねばならず、テレビは白黒しか映らなくて、ベッドや棚ははじめからついていたので、アパートやマンションというよりも牢獄っぽいイメージだった。

本棚はベッドの枕元についていて、ここにしか本を置くスペースがないので、例の心霊写真本を目立つように飾っていた。仕方なく持ち帰った本だったが、有名人に物をもらったのははじめてだったので大事にしていた。

一九九六年五月。

広島の実家が全焼し、家にいた祖父が亡くなる。その日は母の誕生日だった。

一九九六年夏。

この時期あたりから、通勤中の新快速でよく倒れた。西宮あたりでいつも具合が悪くなった。体調が日に日に悪くなり、何日もご飯が食べられず、点滴だけで生活したこともあった。

当時の親友Kちゃんが心配して、バイト先のレストランのマスターに相談してくれた。マスターは良い神社やお寺に詳しくて、奈良のあるお寺でお祓いしてもらえることになった。

「供養して欲しい地縛霊が山盛り憑《つ》いている」

住職はそう言い、お祓いは一時間くらいで終わった。

しかしその後、斉藤さんは悲しくないのにぼろぼろ泣き始め、無意識に言い出した。

「足りん足りん」

追加で長くお経をあげてもらって涙は止まり、やっと立ち上がれた記憶があるという。

住職からは謎の扇子をもらった。

「電車に乗る時はこれを背中に背負って通勤しなさい」

その通りにしていたらいつのまにか倒れることはなくなった。

一九九七年一月。

新北野に引っ越しをする。しかし隣人が麻薬中毒患者で、夜八時くらいに電話で話したりテレビをつけたりしていると「うるさい！」と怒鳴りながら壁をめちゃくちゃに叩かれる。開き直って一度だけ友達を呼び、終電まで飲み会をしてみたら、次の日の朝に待ち伏せをされ、腕を摑まれエレベーターに連れ込まれそうになった。

その後、少ししてこの隣人は突然行方不明になり、約半年後、何の容疑かはわからないけれど逮捕された。それから一年は平穏に過ごす。

一九九八年一月。

帰省した広島でMに再会し、久々に一緒に遊ぶ。パチンコに行ったら斉藤さんだけがビギナーズラックで大当たりする。儲けた金をMに一万円分けてあげたら、突然わめきだした。

「もっとよこせ！　大阪の一人暮らしの家の電気代とガス代もお前が払え！」

「友達なのにそんなのやだ」

斉藤さんが言い返したら、近所の公園まで髪の毛を引っ張られ、血まみれになるほどボコボコに殴られた。これ以上痛いのは嫌なので気絶したふりをしていたら、Mは斉藤さんの財布からお札を全部抜きだした。

「俺は金のこと言ってんちゃうわ！　友達なのに俺をなめやがって！」

そう怒鳴りながら斉藤さんのお金をビリビリに破って帰っていった。

何故Mがあれほどまでに豹変したのか、まったく理解できなかった。Mはとても面倒見がよく、男女や色恋関係なく何でも相談に乗ってくれる友達だった。しかし酷い仕打ちを受けながらも、斉藤さんはどこか人ごとのようで、血まみれになりながらも冷静だったという。

斉藤さんは怪我を治療した後、だんだんと精神的に不安定になっていく。心療内科に通って安定剤を飲んでも一睡もできない状態が一ヶ月くらい続き、実家が火事になった後に母と弟が一時的に住んでいたアパートで療養する。仕事もクビになるかと思ったが、会社の人はとても心配してくれて、しばらくの間、休暇をもらった。

その後、大阪に帰ってから親友のKちゃんとマスターに相談し、再び奈良のお寺に行く。

「根源を祓えてなかった」

住職はそう言い、三年前に岡山のライブハウスでもらった心霊写真の本を持って来なさいと指示を受ける。後日、本を持ってお寺を訪ね、二度目のお祓いをしてもらう。その時の模様を斉藤さんは憶えていない。それほどメンタルをやられていたという。本はお寺に預けて処分してもらった。

思えばこの二年半の間、とんでもない出来事が立て続けに起きていたが、泣いたり怒ったりすることもなく、感情がほとんどなくなっていたという。

周りの人達は心配して泣いてくれたが、本人はむしろ「なんで私は大丈夫なのに、あなた達が泣くの」と思っていた。そんな感じ方も本来の自分とは違っていた。

二度目のお祓いが済んだ後、斉藤さんは少しずつ落ち着きを取り戻していった。

運気も少しずつ回復してきて、約一年後に現在の夫と出会う。

それからは紆余曲折《うよきょくせつ》ありながら、猫の動画を見て泣くくらいの感情を取り戻しつつ、今は鳥取で暮らしている。

遺品整理

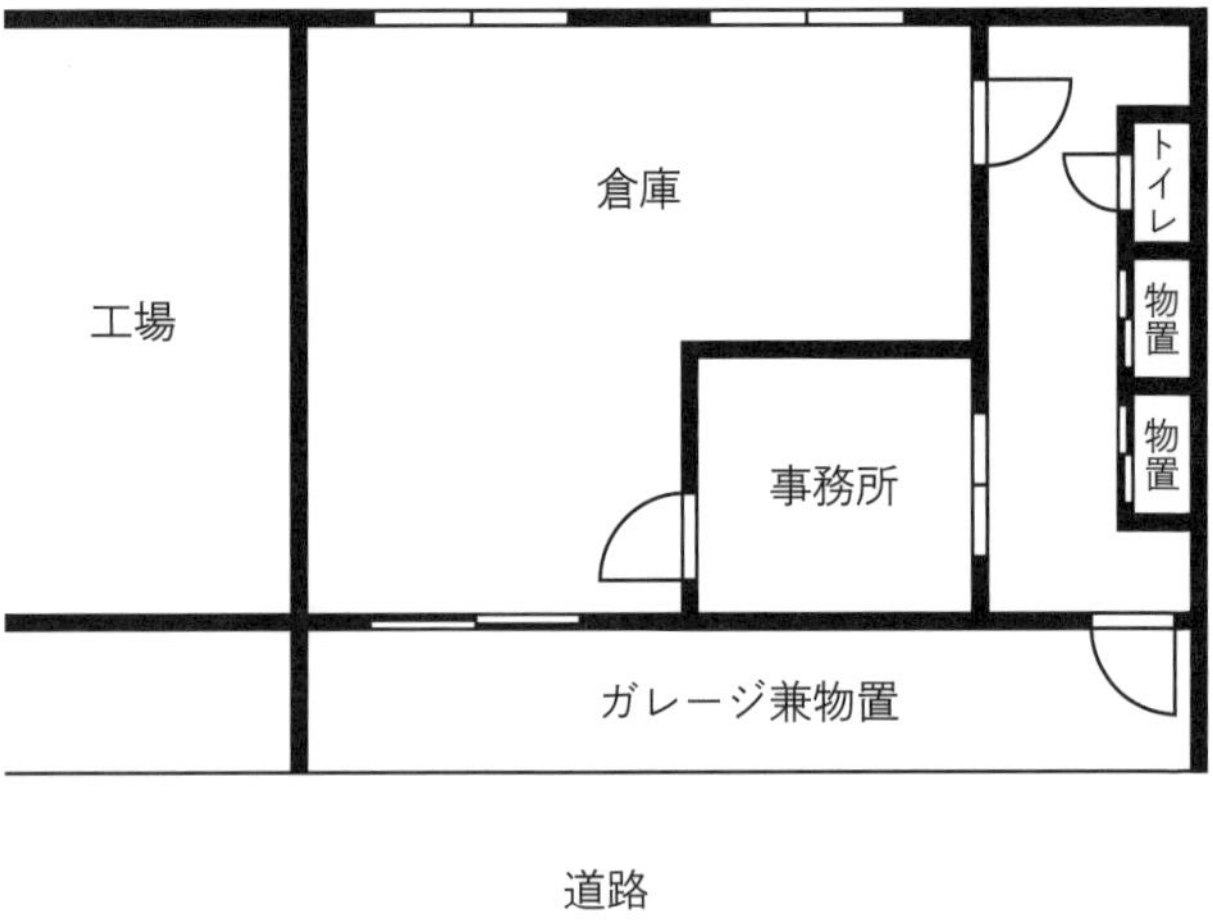

遺品整理

「この近くに事故物件はありますか？」

京都のバーで出会った初対面の田口さんに、僕は単刀直入に聞いてみた。

「事故物件かはわからないんですけど、この前、僕の働いてる会社の事務所が火事で全焼しましたね。遺品整理の会社なんですけど」

田口さんは遺品整理業者である。

その一ヶ月前、田口さんの事務所兼倉庫が全焼した。

原因は老朽化による漏電と聞いたが、詳細は不明である。

全焼した事務所は、そもそも霊現象が多発する場所だった。

休憩室にはソファが置かれているのだが、ある日、田口さんが同僚の竹下さんとソファにもたれて談笑していたら突然、

〝パリーン！〟

と竹下さんの背後の窓が割れた。何もないのに急に。竹下さんはあやうくガラスの破片で首を切るところだった。

遺品整理の業務とは、故人の持ち物を整理することである。必要なものは保管し、不要なものは処分する。部屋が汚れていれば清掃も行うが、基本は遺品の片付けが中心である。

その日、田口さんは京都市内の二階建ての一軒家で遺品の回収をしていた。

その家で何があったのかは、別の業者から委託された仕事なので聞かされていない。

家の中にある物を全部、会社の倉庫までただ持って帰るのが今日の仕事だった。

家はゴミ屋敷だった。二階の窓はすべてダンボールでふさがれ、部屋にはスーパーの食品売場にあるプラスチック容器や食べ残しが山盛りに積まれ、押入には子供の古いおもちゃが押し込められていた。

一階の仏壇の前に風呂敷で包まれた骨壺があった。中身を確認するために開封すると、白い粉が入っていた。明らかに遺骨だろう。その横に映画『幽幻道士』に登場するキョンシーの子供が被るような、赤と緑の中華帽が置いてあった。

それらすべてを二～三十もの緑の袋に入れ、トラックに詰めて持って帰る。

倉庫に荷物を下ろした後は、仕分け作業だ。そこで一緒に回収作業をした社長に聞かれる。

「お前、お骨どっかやったか？」

「やるわけないじゃないですか」

そう答えながら回収した骨壺を探す。しかし、ない。お骨もそうだが、キョンシーの帽子もどこにも見当たらない。印象的だったので確実に回収したはずだが、結局、骨壺と帽子だけ行方不明になった。

二日後、田口さんは仕分けのアルバイトを雇うため、女の子の面接をした。二十歳の女の子は面接中に田口さんに尋ねた。

「失礼なんですけど、ここってオバケいたりします？」

「え、君見えるの？」

「いえ、私は見えないですけど、その右奥のところから赤と緑の帽子を被った男の子がこっちを見てるので」

彼女が一昨日のことを知っているはずはなかった。

「よく物がバーンって落ちたりもしてましたね。三段しか積んでいないダンボール箱の三段目が崩れたり。あと、新しく入った若いバイトの男の子に倉庫の仕分け作業を頼んで、ちゃんと仕事してるかなって様子を見に行ったら、回収した故人の遺影を倉庫の壁一面にびっしり並べてた。それはやったらあかんことやろ！　って叱ったことがありますね。よくわからんことはよく起こってました。でも、人の死に関わる仕事ですので、こういうこともあるんだと受け入れて、基本はみんな前向きに働いていますね」

後日、田口さんから連絡が入った。

「実はその後、従業員の一人が謎の首吊り自殺により亡くなりました。真面目によく働く子だったので非常に残念なのですが、従業員と嫁のみでお葬式をしました。彼のためにも、できれば僕が話したことは書いていただければと思います」

豹変する部屋

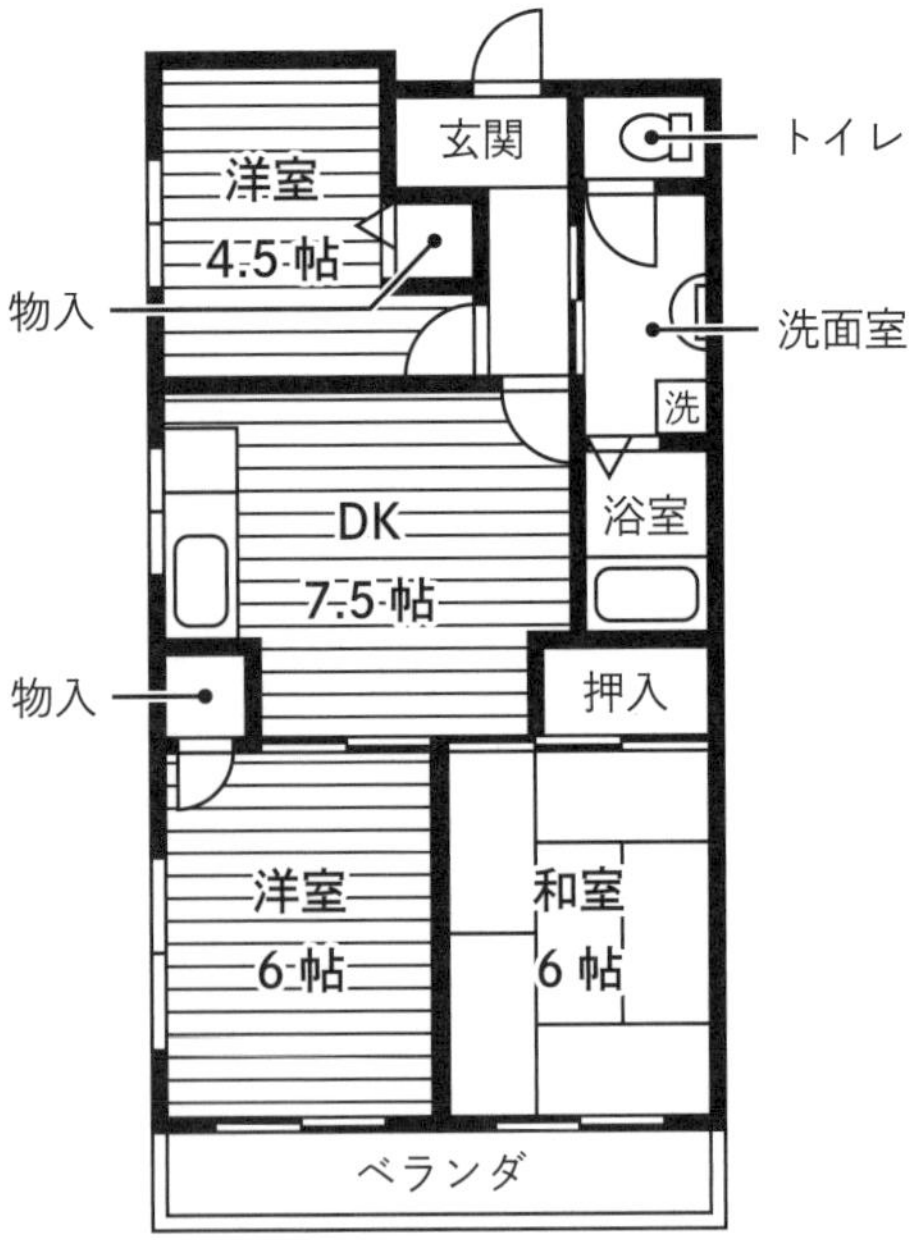

豹変する部屋

「私の兄弟が住んでいる部屋がおそらく事故物件のようです」

沙知さんの家族は二年ほど前に大阪のとあるファミリーマンションに引っ越した。きっかけは母親の緊急入院で、退院後は自宅介護せざるをえない状況になり、急いで部屋を探し、ほとんど資金もない状態で不動産屋に紹介されたのが今の部屋である。

その部屋は３ＬＤＫのファミリーマンションで、三ヶ月間家賃が五百円という破格の値段設定。敷金・礼金なしで即入居可。ただし、四ヶ月目以降の家賃は七万六千円だという。

不審な点はあった。内見の段階で、玄関を入ってすぐの洋室のフローリングに血痕らしきものが見えた。

「気にしなくていいですよ」

不動産屋はそうとしか言わなかった。しかし状況が状況なだけに、気にしている場合ではないと、破格の条件も相まって、沙知さんの家族は即決した。

沙知さんは四人兄弟の上から二番目の長女だが、すでに嫁いでいるため、この部屋に住んではいない。この部屋に住んだのは一番上の長男、三番目の次女、四番目の次男の兄妹弟三人と病気の母の計四人だ。

引っ越しを済ませ、やっと落ち着いて生活ができると思った矢先、母親の容体が急変。

三日後、帰らぬ人となった。

葬式が終わり、気持ちを落ち着かせた後に、兄妹弟が疑い出した。

「この部屋のせいではないか」

知り合いの霊能者の先生に部屋を見てもらったが、「知らない方がいい」と言われ、それ以上は何も教えてくれなかった。

残された兄妹弟三人でこの部屋に住み始めて一ヶ月が経った頃、男性のうなり声、ラップ音、部屋のドアノブがカチャカチャ鳴る、閉まっているはずの玄関のドアが開く音がするなどの様々な怪奇現象が頻発するようになる。特に一番下の次男が子供の頃から霊的なものに触れると熱が出る体質だったので、謎の高熱に一週間うなされ続けたこともあった。

そのうちに四十を過ぎた長男が、今まで一切お酒を飲まなかったのに、いつの間にかお酒を飲むようになった。さらにはキャバクラなど夜の店に頻繁に通い出すようになる。兄が今までやってこなかったことを、人が変わったように突然やり出したのだ。

やがて言動がおかしくなり、家族との会話も上の空でだんだん話が通じなくなっていった。

そんな変化も関係あってか、長男は仕事で問題を起こし、会社に莫大な損害を出してしまう。さらにその後、自転車で通勤中にトラックと衝突事故を起こし、救急車で運ばれて緊急入院する。頭部外傷のためＭＲＩ検査を受けたのだが、その結果、脳が通常の四十代の状態ではなく、萎縮の進み方がまるで八十代であると診断される。その異常な脳の萎縮が事故によるものなのか、先天性のものなのか、あるいはその部屋に住み出してからそうなったのかはわからない。若年性のアルツハイマーの疑いもあったが、幸いにもその心配は解消され、生活に支障はきたさないようであった。

退院後、長男は広島へ転勤させられる。


長男がいなくなった後も、奇妙な出来事は続いた。

三十代の次女は、その部屋に住んでから拒食症になり、どんどんと痩せ細っていった。

ある日の晩、仕事帰りに最寄りの駅のコンビニで、どういうわけか普段飲まないお酒を買って店の前で一気飲みした後、嘔吐《おうと》する。そこに通りかかった日雇い労働者の五十代の男に介抱され、そのままタクシーに乗せられてその男の家に連れて行かれてしまう。

翌朝、家に帰ってきたものの、それから毎晩仕事帰りに最寄り駅で男に待ち伏せをされるようになる。次女はその男のことを「ストーカーだ」と言うのだが、つきまとわれているその状況をどこか楽しんでいる節もあった。

とはいえ沙知さんも次男も心配になって、できる限り駅まで次女を送り迎えするようになるのだが、やがて男は自宅マンション付近にたびたび出没するようになる。

「姉につきまとうな、警察を呼ぶぞ」

次男は男を見つける度に追い払うのだが、とうとう次女が一人でいた隙にストーカー男に連れ去られてしまう。沙知さんと次男は警察に連絡し、次女の無事を願っていたが、その後、次女からの連絡に姉弟は驚愕《きょうがく》する。

「私、この人と結婚することになったから」

それから次女は本当にその男と籍を入れ、六帖一間の男のアパートで一緒に暮らすようになってしまった。

沙知さんが知る限り、次女は幼少期に変質者と遭遇して以来、大人になっても極度の男性恐怖症だった。その次女が突然ストーカーと結婚するなんて、どうしても納得がいかなかった。

しばらくして、そんな次女から沙知さんに相談の連絡が入る。毎晩深夜の三時に次男から電話がかかってくるというのだ。次女が電話に出ると、次男は終始ヘラヘラしながら「金を貸してくれ」と言ってくるそうだ。しかも外から電話をかけているようで、名前を呼んで場所を聞いても、「俺、○○ちゃうで」と自分の名前を否定して答えようとしないという。

沙知さんはもはや兄妹弟の誰を信用していいのかわからなかったが、とりあえずあの部屋に一人取り残されている次男の様子を見にいくことにした。

次男は朝早くに仕事に行き、夜帰ってくる。次男が帰っているはずの夜に沙知さんは例の部屋を訪れるが、帰っている様子はない。

結局、次男が帰ってきたのは明け方五時頃だった。

「どこへ行ってきたの？」

聞いても返事がない。次男は帰るなり部屋へこもり、七時になるとそのまま仕事へ出かけていった。どうやらこの状態が毎日続いているようだった。

もう誰もまともではなくなっていた。

兄妹弟のことは心配だったが、沙知さんも自分の生活があるため、どうすることもできなかった。そんな矢先、長男が転勤先の広島から戻ってきた。

「こんな部屋、すぐにでも引っ越さなあかん」

その姿は、豹変する前の兄だった。

しばらくこの部屋から離れていたことで長男は正気を取り戻したようだ。次の部屋が見つかり次第、長男と次男の二人はこの部屋を引き払うそうだ。

*

「なので、タニシさん、次に住む部屋、ここはいかがですか？」

沙知さんは僕に言った。

僕は答えた。

「ぜひともお願いします」

それから数ヶ月が経ち、沙知さんから再び連絡が来た。

「タニシさん、例の部屋の件ですが、すみません、もう少し待っていただけませんでしょうか……。実は、兄がまたおかしくなってしまいまして、〝引っ越しなんかしない〟って言い出したんです」

僕はもう少し待つことにした。

酒井直斗の実家

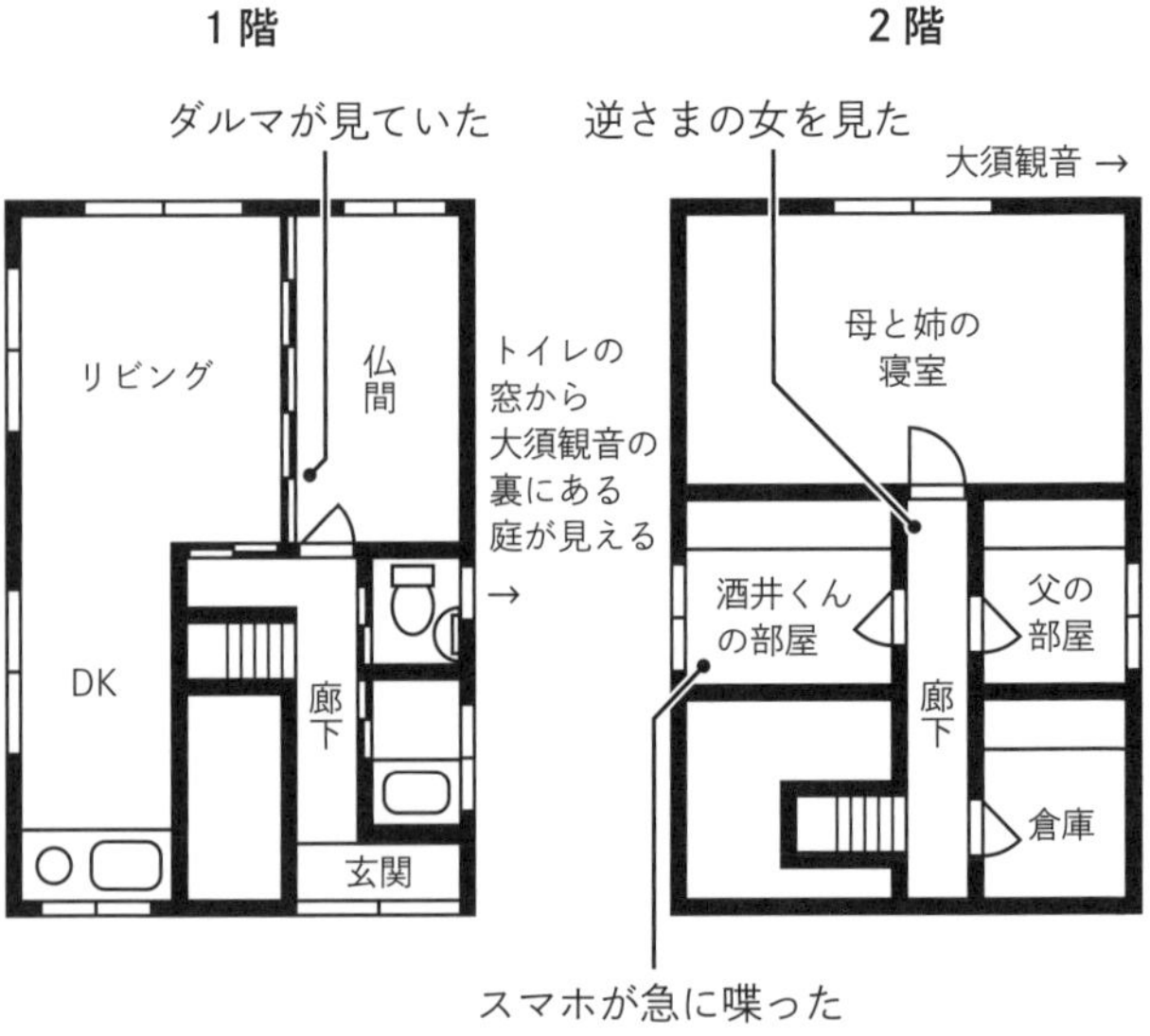
1階
2階
ダルマが見ていた
逆さまの女を見た
大須観音 →
リビング
仏間
トイレの
窓から
大須観音の
裏にある
庭が見える
→
DK
廊下
玄関
母と姉の
寝室
酒井くん
の部屋
父の
部屋
廊下
倉庫
スマホが急に喋った

酒井直斗の実家

名古屋在住の芸人・酒井直斗くんの実家は大須《おおす》観音の裏にある。

酒井くんにはネット番組の中継で実家の話を聞いた。

「うちの家だけ、変な習慣があるんですよ」

酒井くんが言うには、大須観音では毎年二月三日の節分会《せつぶんえ》の豆まきで「福は内、福は内」と言うそうだ。大須観音は鬼の面を祀《まつ》っていて、大事な鬼を外に出してはいけないという考えがあるらしい。

そして、酒井くんの家も他所《よそ》とは違う習慣がある。

それは〝新しい靴をおろす時はトイレで履け〟というものだ。酒井家のトイレの窓から外を見ると、ちょうど大須観音の裏にある、砂にグルグルと円を描いたようなきれいな庭が見える。

「その庭を見ながら靴を履きなさいというのが酒井家のしきたりなんですよ」

その瞬間、生中継の酒井くんの画面右後ろに黒い影がシュッと通る。

「つい最近タニシさんが実家に来てくれましたよね」

以前、酒井くんの実家にお邪魔させてもらったことがある。何故なら酒井くんの家は巨大なダルマが出るからだ。

十年前、お姉さんがリビングで家族と食事をとっている時に、ちょうど大須観音の裏側あたりにある、仏壇がある部屋の襖《ふすま》が半分開いていて、その隙間から二メートルくらいのダルマが半分顔を出してお姉さんを見ていた。

〝え？〟

目を逸らし、もう一度隙間を見るとダルマが少し小さくなっていたという。大トトロが中トトロになったような。

そのダルマが見えたとされる襖を、実際に確認させてもらった。ごく一般的な家庭のリビングから見える、ごく一般的な家庭の仏間に、二メートルのダルマがいる様がまったく想像できなかった。だからこそ酒井くんのお姉さんは、相当びっくりしたことだろうと想像した。

酒井家は他にも不思議なことがある。

階段を上ると二階に酒井くんの部屋があるのだが、その部屋に行くまでの廊下の天井から逆さまの女が突き出ていたのを、お父さんが見たらしい。ただ酒井くんのお父さんは、ことあるごとに〝高速道路で人面犬に追い抜かれた話〟を自慢げに話すので、酒井くん自身は信じてないとのこと。

酒井くんの部屋に入り、一通り話を聞いた後、「じゃあそろそろ帰ろうかな」と言うと突然、声がした。

〝そうですか〟

酒井くんのポケットの中にあったスマホの音声認識機能が急に喋り出したのだ。

僕は〝ダルマが来たかも〟と思った。

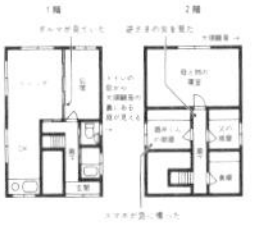

酒井直斗の実家

*

「タニシさん、僕の部屋でスマホが急に喋った時、〝ダルマが来た？〟って言いましたよね」

酒井くんは生放送でこの話の続きを語った。

「実はタニシさんが帰った後、うちの母親に聞いたんです。僕の部屋にダルマが来ることってある？　って。そしたら〝あんた何言うとんの、あれは、うちの大須観音の裏からやってくる、あんたの部屋をよく横切る、よくわからんやつだがや〟って」

酒井くんのお母さんは、夏になると突然、線香の香りがして何かが横切ることがよくあると言う。それはいつも大須観音の方向からやってくるそうだ。

「あと、僕の実家は大須観音から見てちょうど鬼門の位置にあたるそうですね」

その瞬間、生中継の酒井くんの画面右後ろに黒い影がまたシュッと通った。

番組放送中、酒井くんは実家からではなく、今住んでいる千種《ちくさ》区の家から中継していた。

あの黒い影は何なんだろう。

黒い影に気付かない酒井直斗。

離婚する家

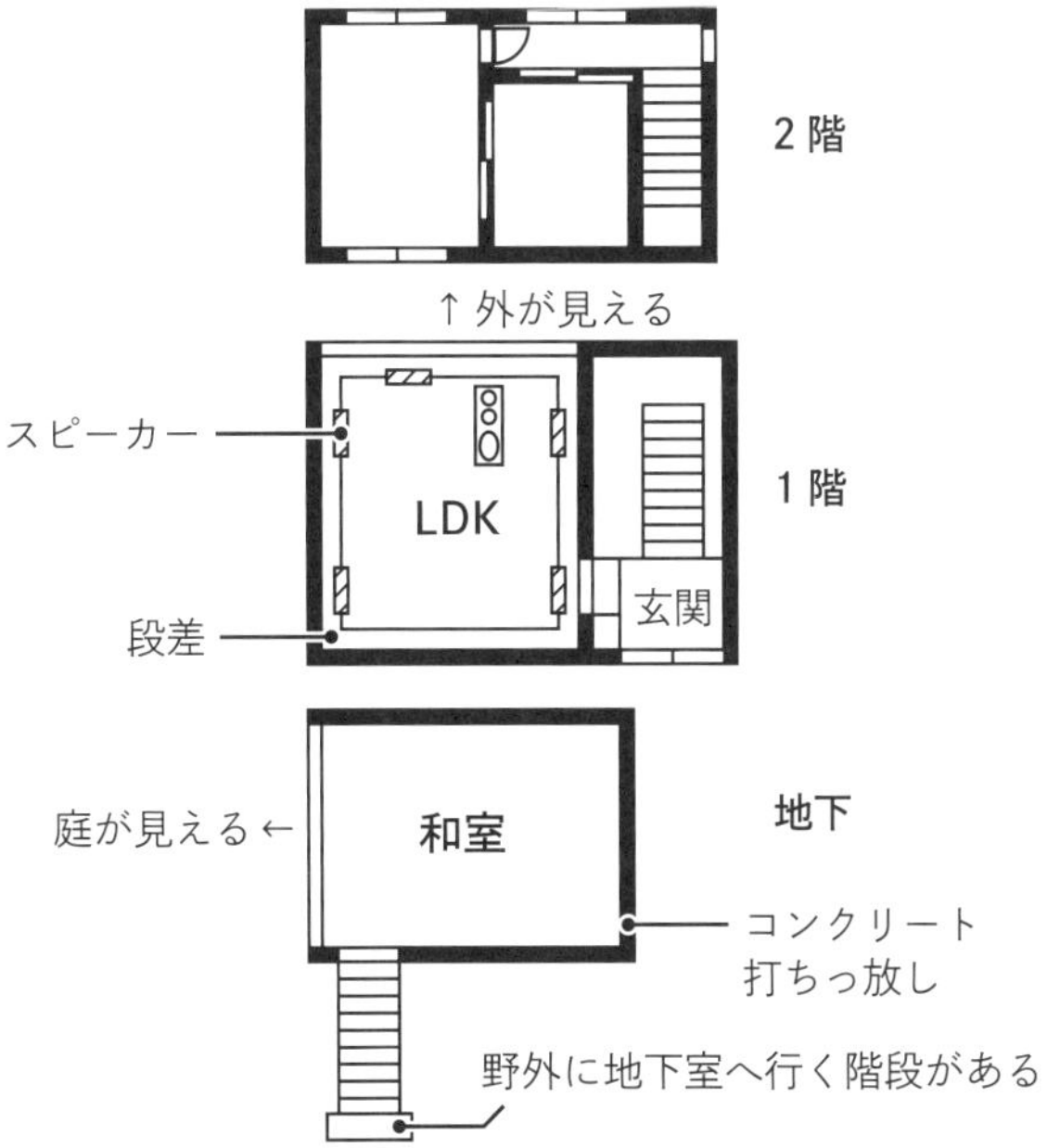
2階
↑外が見える
スピーカー
LDK
1階
玄関
段差
和室
地下
庭が見える←
コンクリート
打ちっ放し
野外に地下室へ行く階段がある

愛知県に住む太田さんは結婚して五年が経ち、奥さんとマイホームを探していた。

見つけたのは高級住宅地の一戸建て。相場よりだいたい三割安い。ただ、少し不思議な作りである。

坂の途中に建てられた二階建てで、斜面を利用した地下室がある。二階に二部屋あって、一階は応接間とキッチンとリビングが一つになった開放的な空間。ただ、リビングが掘り込み型に一段下がっていて、その掘り込まれた側面にいくつものスピーカーが埋め込まれている。地下はコンクリート打ちっ放しの和室で、上を見渡すと地下の窓から庭が見える。

太田さんはこの奇妙な地下室が気に入った。秘密の部屋みたいな感じで何かそそられる。

しかし奥さんは気に入らなかった。地下室は湿気が多い気がするし、一階はバリアフリーになっていなくてリビングに段差があるから、年を取った時に障害になる。それに売主がここを手放す理由が縁起が悪い。

ここは離婚で一家離散した家だった。だからなのかはわからないが、いつまでも買い手の決まらない物件だった。

「この家はやっぱりやめておこうよ」

奥さんは頑なに、ここに住むことを拒んだ。そしてだんだんと機嫌が悪くなっていき、突然怒鳴り出した。

「だからこの家に住むのはやめようって言ってるじゃない！」

戸惑う太田さんに対して聞く耳を持たず、話せば喧嘩にしかならなくなってしまった。そ

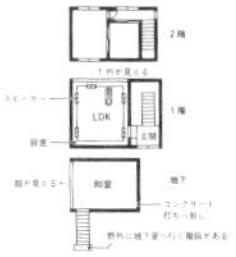

れまでは特に喧嘩らしい喧嘩などしたことがなかったのに。

その後、半月もしないうちに奥さんは三歳の子供を連れて家を飛び出した。

突然一人にされてしまった太田さんは、それから一週間もしないうちに部屋に残されたテレビが壊れ、冷蔵庫が壊れ、電子レンジが壊れ、電化製品が一つずつ順番に壊れていく……。

何故こんなことが起きるのか理由がわからず怖くなり、太田さんは知り合いの伝手で大阪の占い師に相談した。

「来年一月◯日に引っ越しなさい」

占い師に言われたその日、大雪の降る中、引っ越した。何故その日なのか、理由は教えてくれなかった。

「奥さん側の弁護士がやり手なので気を付けなさい」とも言われた。


その後、本当に離婚する流れになった。

「仕事をやり過ぎて家庭を顧みずＤＶで……」

離婚調停で妻が連れてきた弁護士が相当なやり手で、ありもしないことを言いたい放題言われ、不利な条件を飲まされた。

それからしばらくして太田さんは再婚し、改めて幸せな生活を送り直している、はずだったのだが……。

太田さんは僕にその話をしてくれた後日、ＬＩＮＥのメッセージで追加情報をくれた。

「イヤな思い出もあり、その家の付近には近寄らないようにしていたのですが、実はあれからやっぱりもう一度確かめようと思い、今、近くに来ています。しかし、おそらくさっき、その家があったであろう場所を車で四、五周したのですが、記憶が曖昧なのか……見つからないです。確かにこのあたりだったはずなんですが……」

太田さんによると、その家の周辺の景色は思い出せるが、肝心の家の場所だけがどうしても思い出せないという。新築の家も特になかったので、建て替えた可能性もない。

「特徴的な家なだけに、すぐに見つかりそうなものなのですが、すみません」

その二日後、再び太田さんから連絡が来た。

「実はこの前、例の家の近くに行った日の夜に、今の嫁と喧嘩しまして……。ほんと他愛もないことからなのですが、嫁が〝最近夜遅くまで起きちゃうんだよね〟と言ったので〝そうだよ、夜遅くまで起き過ぎだよ。早く寝ないと〟と返したら〝起き過ぎで悪かったわね！〟と突然ブチ切れたんです。それから物凄《ものすご》い形相であることないことをまくし立てられました。今まで喧嘩らしい喧嘩はしたことなかったのでビックリしてしまいまして……。あの家のことを思い出すのもダメなんですかね……」

それから数ヶ月が経ち、再び太田さんに連絡を取ってみた。

「あれから嫁とは平穏に過ごしていたのですが、やっぱりあの家のせいなんじゃないかと気になって、もう一度あのあたりの物件を調べ出したんです。すると、また嫁が血相を変えて

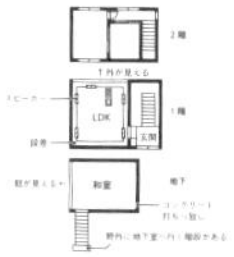

怒鳴り出しまして……なので これ以上調べるのはやめにしました。それで今日、嫁に二回も急にブチ切れたことを覚えているか？　と確認したら、まったく覚えていませんでした。何なんでしょうね、あの家」

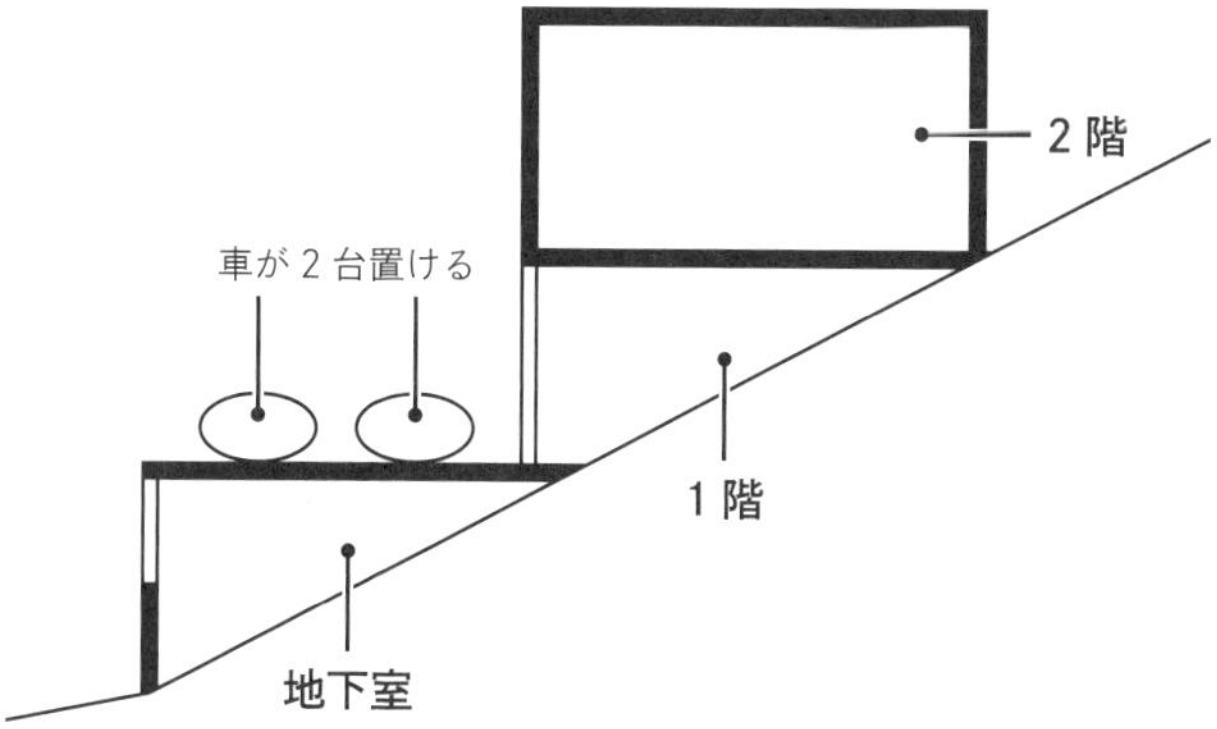

おばあちゃんの葬式

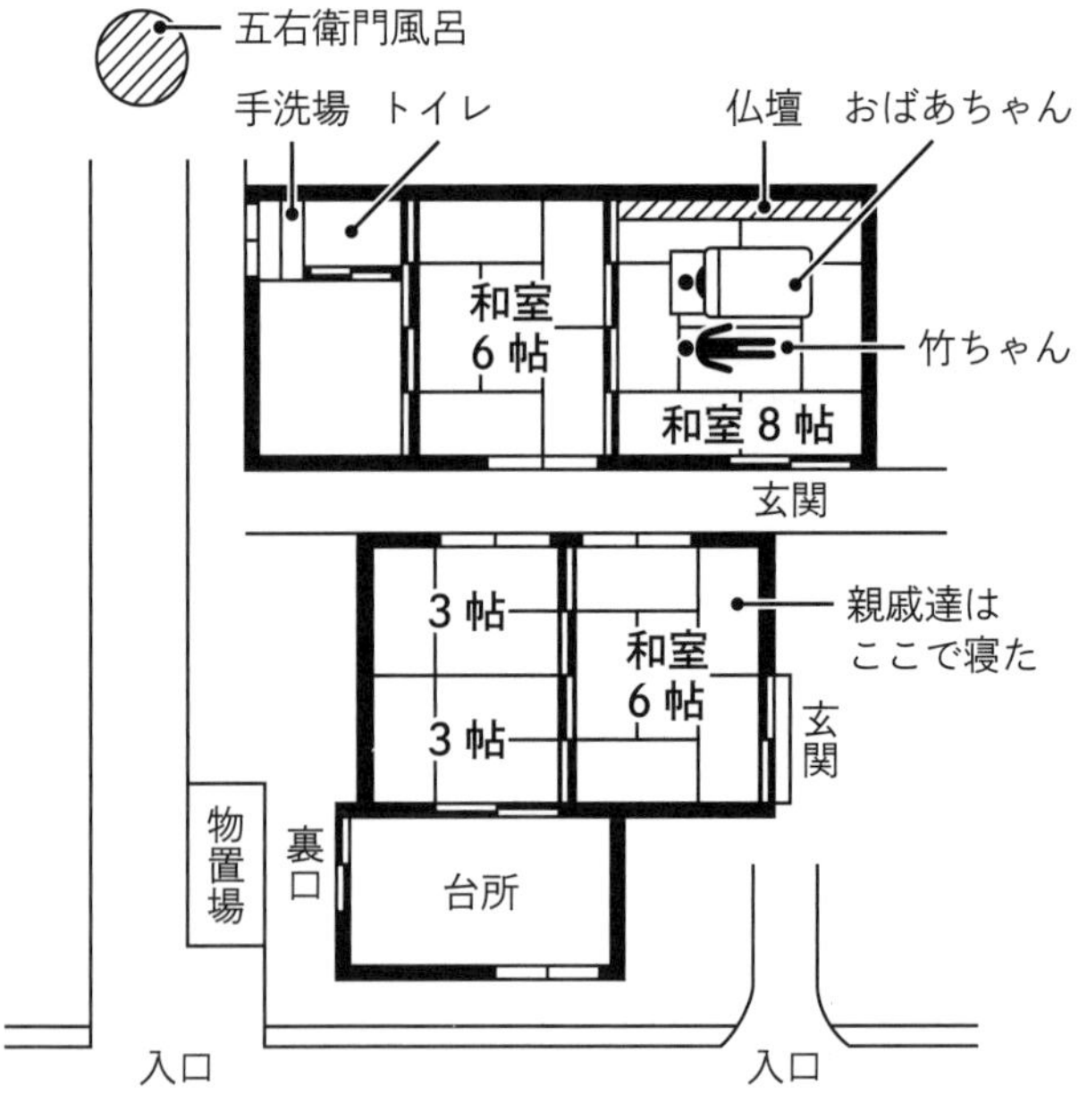
五右衛門風呂
手洗場
トイレ
仏壇
おばあちゃん
和室
6帖
竹ちゃん
和室 8帖
玄関
3帖
3帖
和室
6帖
親戚達は
ここで寝た
玄関
物置場
裏口
台所
入口
入口

おばあちゃんの葬式

大阪で働く会社員の竹ちゃんは、鹿児島県のある地域に生まれた。

竹ちゃんはおばあちゃん子だ。

家の近くに父方の祖母の家があり、学校が終わったらいつも行っていた。

おばあちゃんは物知りだった。幼少の頃から心臓が悪かった竹ちゃんは、おばあちゃんに連れられて何でも治すといわれる長い顔のお地蔵さんまでお参りに行き、見事に治った。

十六歳の時、家族は大阪へ引っ越した。

十八歳の時、おばあちゃんが死んだ。

竹ちゃんの家族は飛行機で鹿児島へ向かった。

この地域は仮通夜と本通夜、必ず二回の通夜がある。竹ちゃんは仮通夜に参加して、客間の棺の中にあるおばあちゃんの遺体の横に寝転び、寝ずの番をした。

親戚達が寝静まった頃、うとうとしながらろうそくの火を見つめていると、その火は〝ふわーふわー〟と大きくなったり小さくなったりしていた。

〝ふわーふわー、ふわーふわー、ふわーふわー……〟

まどろむ意識の中、竹ちゃんはそのろうそくの動きにある規則性を見つける。ろうそくの火は、自分が息を吸い込むと小さくなり、息を吐き出すと大きくなる。

〝すぅーはぁー（ふわーふわー）、すぅーはぁー（ふわーふわー）……〟

竹ちゃんはろうそくの火と自分の呼吸が繋がっていることが、だんだん怖くなってきた。

客間を飛び出してトイレに行くと、洗面所の窓から見える離れの五右衛門風呂の方から、お経が聞こえてきた。そこで竹ちゃんは意識を失った。

気が付いた時には居間だった。洗面所で倒れている竹ちゃんを親戚のおじさんが見つけて介抱し、居間で寝かされていたのだ。

次の日、本通夜に集まる母方の親戚を、母の車に乗って迎えに行く途中、気分が悪くなる。

「もう私、おばあちゃん家《ち》に帰る！」

何故か突然叫んでしまった。びっくりした母は親戚を拾う前におばあちゃんの家まで戻り、竹ちゃんを降ろした。竹ちゃんはその後、延々と線香をあげ続けた。

その次の日、地域の大きな納骨堂で葬式が行われた。

「いややー！」

遺体を火葬場へ運ぶ時、叫び狂ってしまった。

「この子もうあかんわ」

親戚一同は呆れた。竹ちゃんは火葬場へは行かず、おばあちゃんの家に戻った。

火葬が終わり、骨になったおばあちゃんが納骨堂へ戻って来る時、竹ちゃんも再び納骨堂へやってきた。大きな納骨堂の中には各一族の小さな納骨堂が靴箱サイズであるのだが、その前で最後の儀式が行われる。儀式の最中、竹ちゃんは半分意識がない状態に陥り、そのまま小さな納骨堂の扉を開け、扉の裏側に書かれている人物の名前をなぞって言った。

「〇〇、元気か？」

それはおばあちゃんの長男の名前だった。竹ちゃんはまた気を失って倒れてしまう。その長男は赤ん坊の頃に亡くなっていた。納骨堂の扉の裏には遺骨を納められた一族の名前が書いてあり、中には赤ちゃん用の骨壺があった。もちろん竹ちゃんはそんなことを知るはずがなかった。

目を覚ました竹ちゃんは、おばあちゃんの家にいた。納骨も終わり、親戚達はおばあちゃんの家に集まっていた。竹ちゃんはおばあちゃんの次男にあたる伯父さんに言った。

「きょうだいみんなを集めて」

自分でも不思議な感覚だった。意識はあるのに勝手に口が動いていた。

きょうだい全員が竹ちゃんの前に集まった。

「あんたが一番心配やった」

「あんたはいたずらばかりするから先生がよう怒ってた」

「あんたらの上にはお兄ちゃんがいてな、戦時中に防空壕で亡くなったんや」

竹ちゃんは自分が知るはずもない話を、伯父さん伯母さん一人一人に語りかけた。そして昔の写真を見て、違いがわかりにくい加代子伯母ちゃんと美代子伯母ちゃんを、どっちがどっちであるかも言い当てた。

「竹ちゃんは御仏になってるわ」

伯母ちゃん達はそう言って驚いていた。

「この子は大事にせなあかんな。まるでおばあちゃんや。うちらきょうだいと絆は一緒やな」

竹ちゃんは、伯父さん伯母さん達にそう言われた。

次の日、静岡や大阪に帰る親戚達は、飛行機の出発時間がそれぞれ異なるため、おばあちゃんの家で解散した。

竹ちゃんはお父さんお母さんと大阪に帰るために鹿児島空港に来たのだが、トイレに行っている間に、両親を見失った。携帯電話で父親と話はできるが、目印で場所を確認すると、お互い見えているものは一緒なのに、お互い同士が何故か見えない。

竹ちゃんはわけがわからなくなって、その場で泣き出してしまう。

電話越しに娘の泣き声を聞いた母は、総合案内所へ行って迷子のアナウンスを流してもらった。それを聞いて、空港内に散り散りでいた伯父さん伯母さん達が再び集結し、竹ちゃんも何故かそれでみんなが見えるようになる。

竹ちゃんは、おばあちゃんの家からこっそりアルバムを持ち帰っていた。おばあちゃんとの思い出を、大阪に帰ってからしっかり振り返ろうと思っていたのだ。

鹿児島空港のラウンジで、竹ちゃんはおばあちゃんのアルバムを広げ、最後に再び集まった親戚みんなと一緒に見て、もう一度おばあちゃんの思い出話をした。

そうしてきょうだい達はそれぞれの家に帰っていった。

関わると死ぬ家

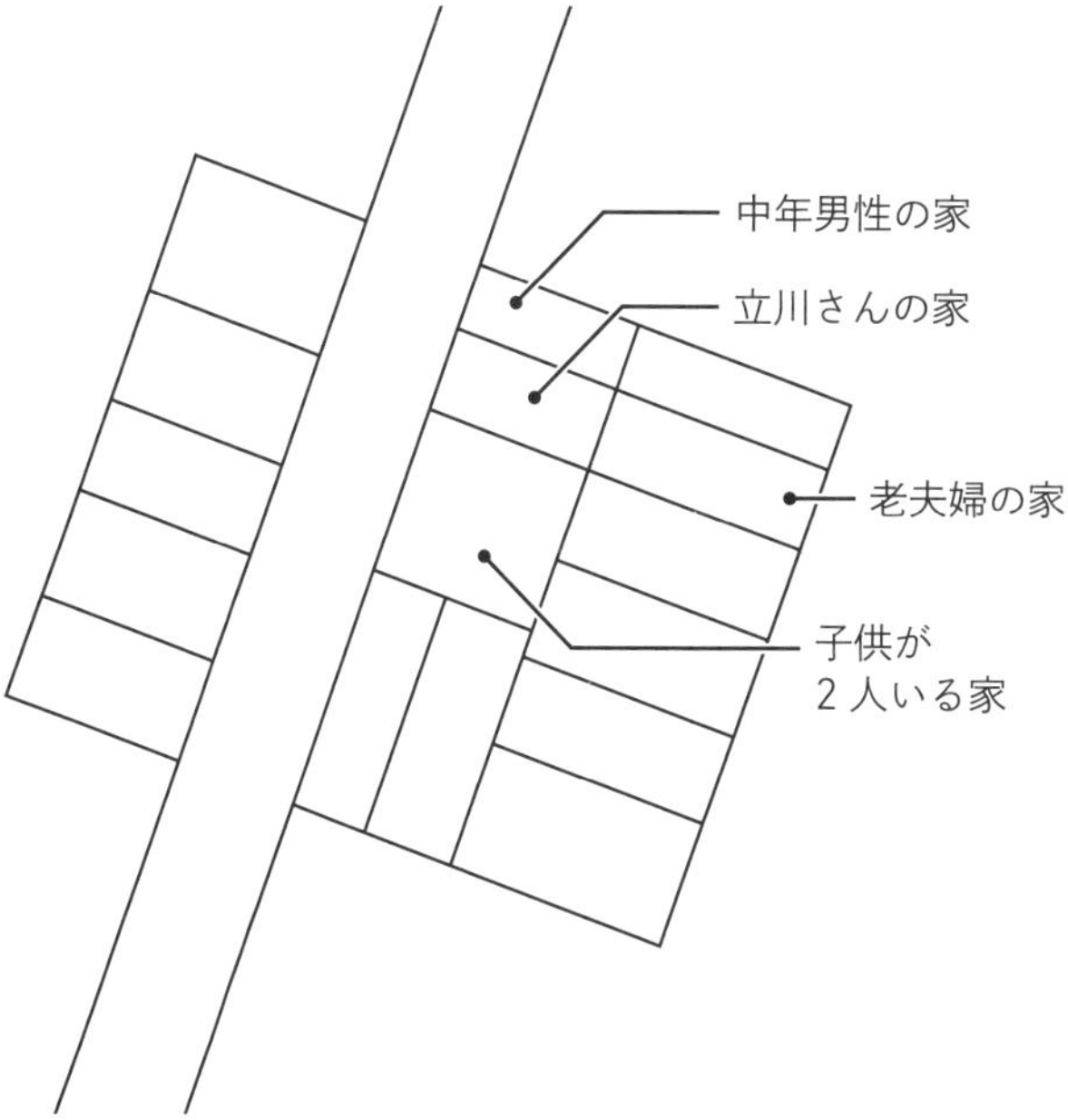

立川さんは大阪の北河内《きたかわち》に持ち家がある。

はじめは中年夫婦に貸していた。

この夫婦はフェレットを飼っていたが、飼って間もなく死んだ。夫婦が出て行ってからは、浴槽に何故か干からびた猫の死骸があった。そして半年後、奥さんが亡くなった。

立川さんは自分が住むために、その家をリフォームすることにした。工務店に頼んで一度家を見てもらったが、まもなくその業者と連絡が取れなくなる。一ヶ月経ってようやく繋がるのだが、その時に家を見に来た三人のうちの一人だった腕利きの職人さんが亡くなったと聞かされる。

その後ようやくリフォームに取りかかる。

工務店の社長と作業員である社長の恋人とは、依頼をきっかけに立川さん夫婦と四人で遊びに出かけたりするほど仲良くなったのだが、リフォームの三回目の振込をした時にその彼女が振込金を横領して警察沙汰になり、工事は中断した。その後、一ヶ月も経たないうちに、死因は聞かされていないが彼女は自宅で亡くなった。

それから工事は一応完成するのだが、工具や資材も置きっ放しで工務店との縁は切れた。

リフォームが終わり、立川さんが家に住むと、今度は隣接する家々に異変が起き始める。

まず家の裏側に住んでいた老夫婦が突然、姿を消す。この夫婦はリフォーム中に何度かク

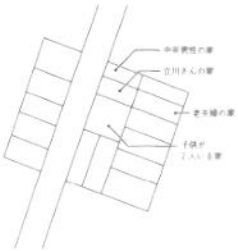

レームを言ってきたりしていたのだが、いざ立川さんが住みだすと、音沙汰がなくなり、三年経ってもベランダに物が置かれたまま誰も住んでいない状態である。

その後、子供が二人いた右隣の大きな家も人がいなくなる。この家に関しては、離婚して出ていったことが後にわかった。

それから少しして、反対側の左隣の中年男性が脳梗塞で亡くなってしまう。

ここまでこの家の周辺の人々には不幸があるのに、不思議なことに立川さん自身には何も不都合はない。

立川さんは元々バンドをやっていて、〝ドラムを叩いていたので大丈夫じゃないかな〟と言っている。バンド界隈ではドラマーは幽霊を見ない説というものがあるらしい。

理由はわからないが、確かに神道の世界では魔を祓うという意味で拍手《かしわで》がある。ドラムの打音に、その拍手に近い効果がもしかしたらあるのかもしれない。

ただ、それだけではない理由がきっとあるはずなのだが、それはまったくわからない。

立川さんに一つだけある悩みは、近々離島への引っ越しが決まっているので、その次に家を貸す友達にこの話をどう伝えようか迷っていることである。

二十歳になったら受け取る人形

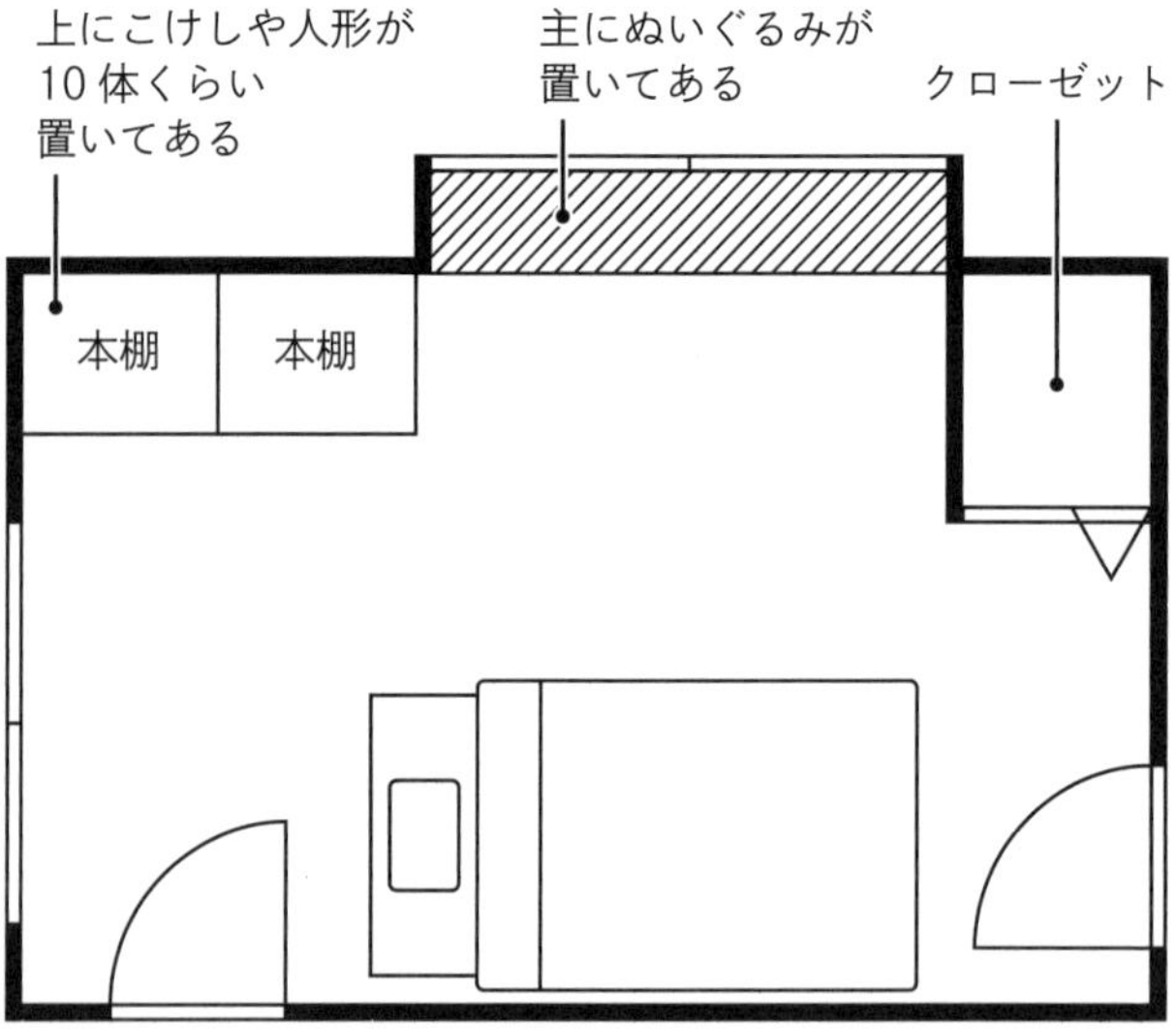

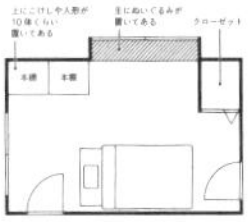

二十歳になったら受け取る人形

宮崎県出身のヒナさんは小さい頃からおばあさんに人形を渡されることを約束されていた。

「二十歳になったら取りにおいで」

十九歳のヒナさんは来年二十歳になるので、おばあさんの家に人形を取りに行かないといけないのが憂鬱だった。

それは何のことはない洋風の人形だが、ヒナさんの一族は代々、女の親族にその人形が受け継がれているという。だが、お母さんは人形を受け継いでいない。どういう基準で受け継がれているのかはよくわからないが、おばあさんが次に指名したのがヒナさんだった。

小さい頃から家族や親戚がおばあさんの家に集まる時、従兄弟達は広い客間にみんなで寝かされるのだが、ヒナさんだけは仏壇があるメインの母屋の裏側の、人形が三十体以上置かれている小さな部屋に毎回一人で寝かされた。そこには人形の服と自分の服が用意されていて、その服を着て寝なければいけなかった。

ヒナさんが十歳の時、従妹の女の子が産まれた。その子は大きくなるにつれ、おばあさんの人形を気に入って言い出した。

「私が二十歳になったら、この人形は私がもらうの」

それ以来、家の事情や学校が忙しくなっておばあさんの家に行く機会も減り、人形を受け継ぐ話はあまり聞かなくなった。

十九歳になった時、従妹が人形を家に持って帰ったと聞いた。

「だから自分はもう持って帰らなくてもいいのかなとは思っているけど、二十歳になったらおばあさんの家には行くことが決まっているので、人形をもらったらタニシさんに渡しますね」

＊

ヒナさんが二十歳を越えて半年ほど経った頃。人形のことを聞きたかったのでメッセージを送ったが、なかなか返事が来なかった。

それからしばらくして、やっと繋がったヒナさんの返事は意外なものだった。

「普通の人形なので、全然たいしたことないですよ」

どういうことだろう？

「元の人形は家になかったです」

おそらく従妹が持って帰っているのだろう。しかし彼女はまだ二十歳になってはいない。

「おばあちゃん、人形を渡すのは覚えてたっぽいです。終活してるから好きなん持っていきって言われました」

じゃあ人形は一応持って帰ったの？

「はい、私が持って帰ったのは玄関に置いてあった適当な人形です。だから普通の人形です」

それからまたヒナさんとは連絡が取れなくなってしまった。

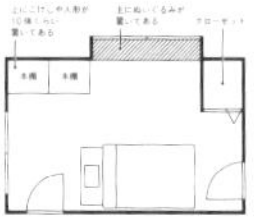

ヒナさんが持ち帰った人形。

廃旅館お化け屋敷

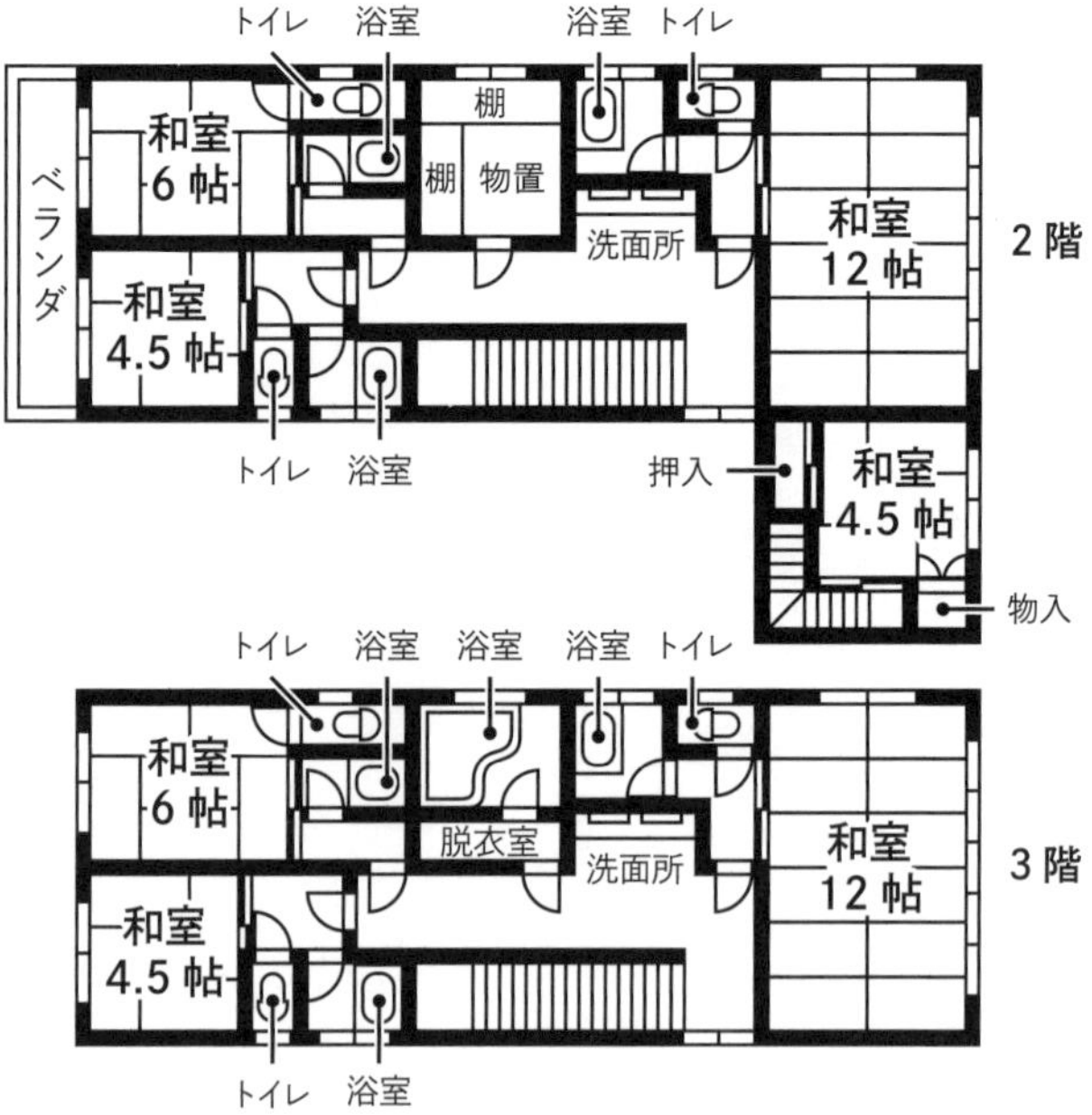
トイレ
浴室
浴室
トイレ
和室
6帖
棚
棚
物置
ベランダ
和室
4.5帖
洗面所
和室
12帖
2階
トイレ
浴室
押入
和室
4.5帖
物入
トイレ
浴室
浴室
浴室
トイレ
和室
6帖
脱衣室
洗面所
和室
12帖
3階
和室
4.5帖
トイレ
浴室

岐阜県に廃旅館を再利用したお化け屋敷がある。

内装工事はほぼしていない。ほとんど廃墟のままである。殺菌消毒は済ませているが、布団は敷きっぱなしで置物や衣服もそのままにしてある。

このお化け屋敷はリアル過ぎて怖いと評判で、恐怖レベルも選べるので、地元の子供達からも人気である。

その子供の一人が言う。

「おばあちゃんから聞いたけど、ここで殺人事件があったって言ってたよー」

それを聞いた関係者のSさんは、気になったので事故物件公示サイト「大島てる」で調べたが、ヒットはしなかった。しかし事件の詳細を調べると、ある殺人事件が見つかった。

昭和四十年代、この旅館に呼ばれた温泉芸者が一室で刺殺され、犯人の男は近くのアパートで別の芸者と心中を図り、自分だけが助かって逮捕された。

この事件は当時、地元では誰もが知ることになった。その影響もあってか旅館は経営不振に陥り、やがて廃墟と化した。

実は被害者と芸者仲間だった女性が、今お化け屋敷に遊びに来る子供のおばあさんであるらしく、そう考えると真実味を帯びてくる。

最初は、お化け屋敷のオーナーが不動産屋からもらった資料を見ると、前所有者の名前が事件に登場する旅館の名前とはまったく違うので、Sさんは子供達の勘違いだろうと思っていた。

しかし細かく見ていくと、昔の図面の下の方に小さく「○○旅館」と書かれているのを見つけてしまう。

おそらくオーナーチェンジをすることで建物自体の名前を変えて、事件があった旅館とは別であるように見せたのではないだろうか。


この旅館は廃業後も一階のスナックだけはしばらく営業を続けていて、飲みにくる常連のおばさんがいつも言っていた。

「必ず端っこの席に誰かが座っている」

見えるのはそのおばさんだけである。しかし他の客がその席の前を通ると、必ずつまずいていたそうだ。このスナックはママが亡くなってからは潰れている。


お化け屋敷は一階のスナックを除く、二～四階を買い取って営業している。

毎回お客さんがはけた後に、小道具をお化け役が元の位置に戻す作業がある。次の準備が整うと、三階にいるお化け役が二階の受付スタッフに「ＯＫです」と声をかけ、その合図で次のお客さんを呼び込む。

受付スタッフはその際に、白い服の人がお化け屋敷内をウロチョロしているのをたびたび目撃している。そしてその後に「ＯＫです」と、まったく別方向から声が聞こえてくること

がよくあるという。

ちなみに地元の人達はこの旅館が廃墟だった頃に「三階の窓から覗いてる人いるよね」とよく噂していたそうだ。

このお化け屋敷はお化けに見つかると、三階の奥の部屋に閉じ込められてしまうルールがある。子供達の間では言われている。

「三階で閉じ込められる部屋、あそこで事件があったらしいよ」

おっさんのビル

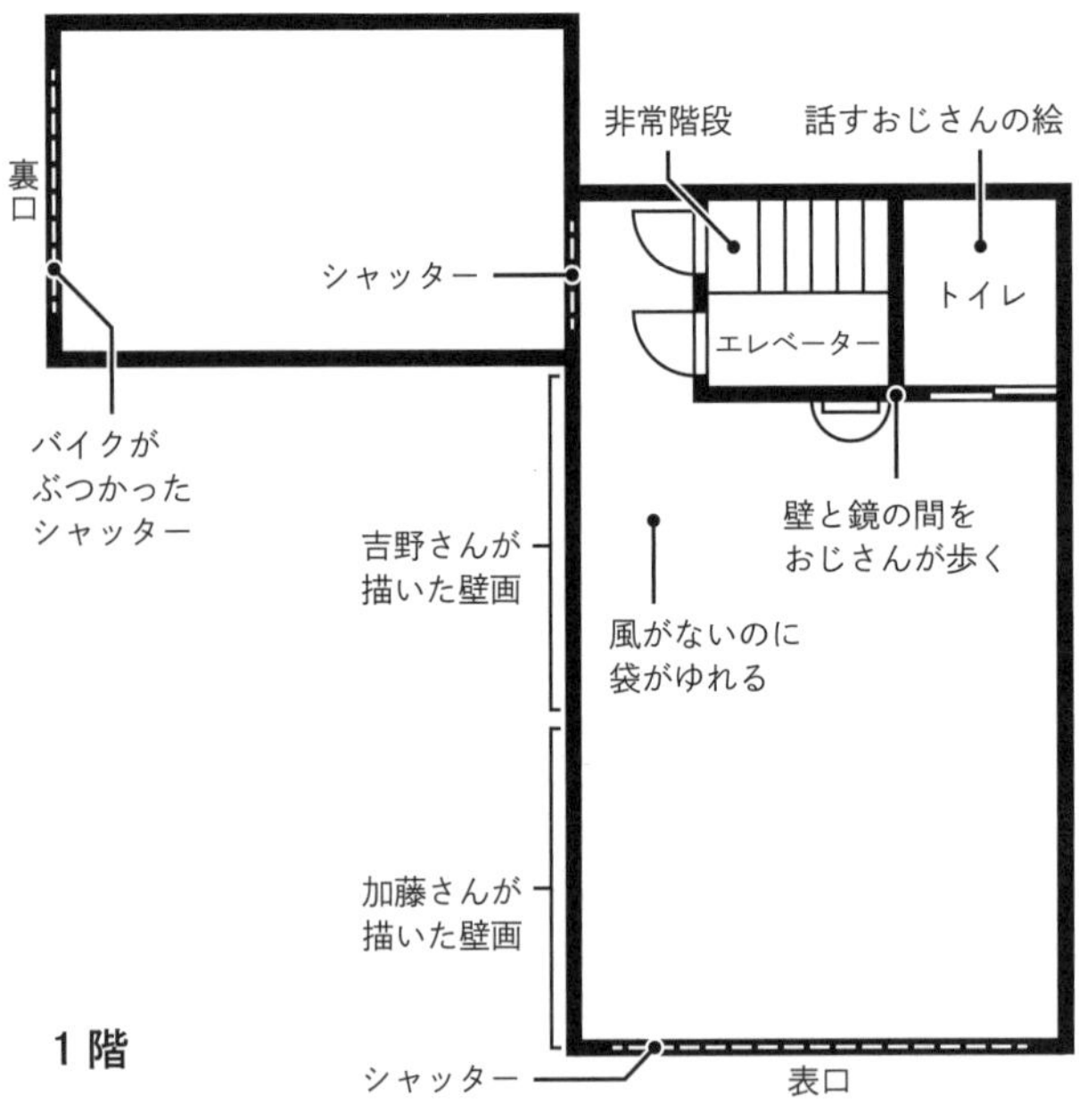
非常階段
話すおじさんの絵
裏口
シャッター
トイレ
エレベーター
バイクが
ぶつかった
シャッター
壁と鏡の間を
おじさんが歩く
吉野さんが
描いた壁画
風がないのに
袋がゆれる
加藤さんが
描いた壁画
1階
シャッター
表口

おっさんのビル

味園《みその》ビルでライブシアターなんば白鯨はじめ数店舗を経営するぶっちょカシワギが、十数年前にイベント会社のスタッフとして関わった大阪のあるビルの話である。

そのビルは窓がないＬ字型になっていて、両端の出口がシャッターでふさがれ、角にエレベーターがある九階建てだ。元々何に使われていたのかは不明で、ぶっちょが働く会社は一階と、四階から八階までのフロアをテナントとして借り受けた。五階をイベントスペースとして使用し、六階に事務所を置き、大阪のサブカルチャーを発信するエンターテイメントビルとしてスタートを切った。

しかしオープンした当初からインターネットの掲示板に「どうでもいいけどあそこ雰囲気悪過ぎてよう入らんわ」「夜行くとなんか吐き気がする」などと書き込まれ、すでに変な噂は立っていた。

ぶっちょが参加した最初のイベントは、当時世の中で話題になり始めたメイド喫茶のメイドを呼ぶ企画だったのだが、打ち合わせに来たメイドが六階の事務所を訪れて五分経たぬうちにその場で卒倒した。

それからほどなくして〝霊感がある〟知人が、ビルの入口に足を踏み入れた瞬間にこんなことを言った。

「あ、ここいるね。小指のない幽霊がいる」

五階では連日様々なイベントが開催された。マニアックな映画やマイナーなアイドルについて語るイベントから心霊系のイベントまで多種多様。しかしその種類に関係なく、観客からは不可解な報告がたびたび入った。

「ステージ右のカーテンの中から女の人の笑い声が聞こえた」

「スピーカーの中から女の声がする」

「イベント中に出口で立っていた女の人は誰ですか？」

大きな会場でもないためスタッフは最少人数で運営しており、ステージの袖にも出入口にも本番中にスタッフが行くことはない。

スタッフからも様々な報告が入った。

五階イベントスペースの反対側には出演者の楽屋が三部屋あるのだが、どの部屋も〝常に誰かに見られている〟ような気がするという。だから一人で楽屋の掃除をする時は昼間でも電気を点けて、背中を壁につけたままでないと掃除ができない。対策としては、窓を開けて外の空気を入れると〝誰かの視線〟は少しマシになるらしい。しかもそれらは外側からしか鍵がかけられない構造になっており、中に入っている時に外から鍵をかけられたら閉じ込められてしまう。まるで監禁部屋のような作りになっている。

そしてその三つの楽屋の中でも、特にスタッフが行きたがらない部屋があった。イベントに参加するゲストも例外なく誰もが入るのを嫌がった。この部屋でスタッフが二人でタバコを吸っていた時に、上がっていく煙がもう一人のスタッフの肩あたりに集まり、まるで肩に手を置いているかのようにくっきりと手の形に変化したという。

おっさんのビル

ぶっちょはスタッフ達をまとめる立場だったので、ほぼ全員から様々な不思議な報告を受けていた。そして本人も明け方に一人でトイレで小便をしていたら、耳元で中年男性が「あー」とあくびをする声を頻繁に聞いていた。しかし考えると怖いので気にしないように心がけていたという。

オープンからしばらくして、ビルの一階に壁画を描くことになった。作業は男性の加藤さんと女性の吉野さん二人組のアートユニットが担当した。

一階は「小指のない幽霊がいる」と噂される場所で、エレベーターに乗ると必ず片方の耳だけ耳鳴りがすると、スタッフの間でずっと言われていた。

作業はいつも夜に両側のシャッターを閉め切って行われた。

〝さわさわさわ……〟

空気の通り道はないので室内で風が吹くことはありえないのだが、絵を描き出した途端に近くに置いてあるスーパーの袋の音がする現象が続いた。

その時、加藤さんも吉野さんも異常なまでの視線を感じた。それはエレベーターの方向にある非常階段から、誰かに覗かれている感覚だった。二人とも確認する勇気はないので、エレベーター側は極力見ないように気を付けていた。そして気を紛らわせようとそのエレベーター付近にラジカセを置いて音楽を流そうとしたのだが、スイッチを入れた瞬間に故障して、その後まったく動かなくなってしまった。

加藤さんは作業の途中でトイレにある手洗い場で筆を洗っている時に、鏡に何かが横切る姿を見ている。それは右から左、左から右へと頻繁に繰り返し鏡の中を横切っていた。考えたくなかったが、あまりにもはっきりと見えるので疑いようがなかった。それは鏡と自分の間を見たこともない中年男性が、行ったり来たりしている姿だった。

トイレでの異常はそれだけではなかった。

加藤さんはこのトイレで小便をするのも嫌だった。何故なら小便器の横に貼られた「トイレはちゃんと流しましょう」と書かれたシールのおじさんのキャラクターが、小便をしようとすると自分に向かって喋り出すからだ。加藤さん以外のスタッフからも同じ報告をぶっちょは聞いている。

しかし加藤さんはメンタルが強かった。何が起きてもそれ以上何かをしてくるわけではなかったので、自分に害はないから大丈夫だと思って作業を進めた。作品の納期も近付いてきたので、吉野さんと励まし合った。

「来週くらいまでになんとか仕上げようね」

「うん、がんばろう」

吉野さんもうなずいた。

加藤さんは入口側の壁に絵を描き、吉野さんは奥のエレベーター側の壁に絵を描いていた。

作業も大詰めになってきたある日、加藤さんが声をかけた。

「こないだのあれさぁ、今どれくらい進んでる？」

おっさんのビル

「あー」

吉野さんからはそっけない言葉しか返ってこなかった。加藤さんはもう一度同じ内容の質問をした。

「おー」

やはり一言しか返ってこなかった。加藤さんはお互い疲れているのもあるかもしれないが、彼女の態度の悪さに違和感を覚えた。

「なぁ、ちゃんと話聞いてる？」

「…………」

ついに返事は来なくなった。二人の雰囲気が悪くなってきたことを察知した加藤さんは少し休憩を取ることにした。吉野さんはエレベーターに乗って上の階へ行った。そういえば作業中も彼女はエレベーターで上に行っては一階に下りてきてを繰り返していたので、体調でも悪いのかなと加藤さんは少し心配した。

休憩に入ってから一時間。吉野さんが戻ってこない。加藤さんはエレベーターに乗って様子を見に行った。しかし、思い当たる場所にはどこにもいなかった。

最後に八階を探した。この階は倉庫のようになっており、以前から吉野さんが「八階は気持ち悪いから絶対に行きたくない」と言っていた。

八階に着いた加藤さんがエレベーターから降りると、真っ暗な部屋の隅っこにぽつんと吉野さんが座っていた。その様子を見た加藤さんは、率直に〝なんでやねん〟と思ったという。

「何してんの？　戻ろう」

加藤さんは吉野さんの手を摑み、エレベーターに乗せて一階まで降りた。よほど疲れているんだろうなぁと思い、加藤さんは吉野さんに尋ねた。

「しんどい？　大丈夫？」

「なんで？」

そう言って振り返った彼女の顔の右半分が、見たことのないおっさんの顔になっていた。

「これ以上ここにいてはいけない」

加藤さんは吉野さんを連れてビルを出た。

「ごめんね」

駅まで歩く最中、吉野さんが謝った。それまで加藤さんは怖くて吉野さんの顔を見られなかったのだが、その時には元の彼女の顔に戻っていた。

＊

後日、加藤さんはこの体験談を文章にしようと思い、六階の事務所でパソコンを起動し文字を打とうとした。

〝ド――――ン！〟

その瞬間、下から爆音が鳴った。何事かと思って一階まで降りると、入口のシャッターにバイクが突っ込んでグチャグチャになっていた。
書こうとしたタイミングでこれはあまりにも怖いので、書くのはやめて家に帰った。

おっさんのビル

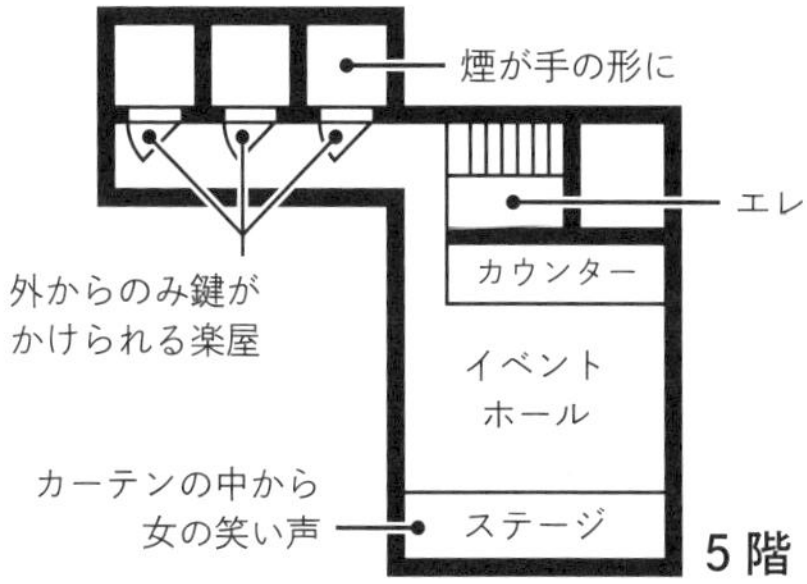

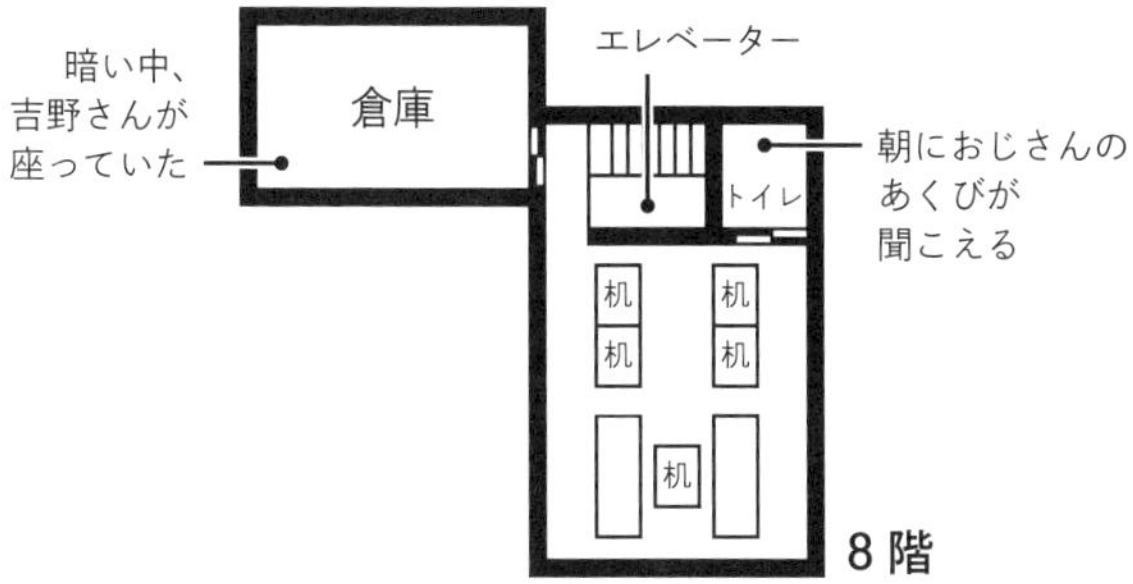

夫が自殺した部屋

夫が自殺した部屋

僕の事故物件生活を漫画化した『ボクんち事故物件』（竹書房）の作者である漫画家・宮本ぐみさんは、妹の夫が自殺した。

当時、妹のぺるみさんは夫と協議離婚中にあり、別居状態だった。お互いの両親と共に話し合いをした結果、夫は離婚を受け入れる。

「離婚届にサインするから明日、家まで取りに来てくれ」

翌朝、ぺるみさんの母親が代わりに夫の住むマンションへ離婚届を取りに行くと、そこで首を吊って倒れている変わり果てた娘婿を発見してしまう。

「今思えばあれは予兆だったのかな」

ぺるみさんによると、そう思うような不思議な出来事がいくつかあったという。

まだ別居する前、マンションの敷地内にある駐輪場にぺるみさんが自転車を止めると、男性がこちらに近付いてきたのがわかった。直視はしていないが、男の胸から下あたりだけが目の端で確認できる。見覚えのある服を着ていたので、夫かなと思っていると、ぺるみさんの近くまで来て立ち止まり、足だけが見えている状態でじーっとしている。変だと思いつつ気付かないふりを続け、荷物を下ろした後、ふと顔を上げたら誰もいなかった。

また、娘の保育園のお迎えに行く時、部屋の電気を全部消してから出かけたはずが、外からマンションを見ると電気が点いている。

「あー消し忘れたな、まぁいいや」

そう思って子供を迎えに行き、家に帰宅すると電気は点いていなかった。外から見て電気が点いていた部屋は、後に夫が自殺する部屋だった。

ある日、仕事で徹夜をして床で寝ていると、横に誰かが立ってぺるみさんを見下ろしていた。その時、夫は寝室で眠っていた。何故かその様子は〝怖い〟とかではなく、〝変だなぁ〟という印象で記憶に残っているのだが、そのポジションは後に夫が自殺して発見された場所と同じ部屋、同じ向き、同じ体勢だった。

そして別居する直前、近所の公園の前の路上に男性用の革靴が左右揃えて置いてあった。

「誰がここで脱ぐの？」

という感じで違和感があったが、帰りに通りがかった時にはもうなかった。

その夜、ぺるみさんは妙な夢を見る。公園の革靴が置いてあった場所に夫が立っていて、ぺるみさんに気付いた瞬間、追いかけてくる、という内容だった。

不思議なのは、数々の予兆が自殺した夫にではなく、ぺるみさんに起きていたことだ。

その後、夫婦は別居を始め、五日後に夫は亡くなった。

本当の恐怖はそれからだった。

遺族になってしまったぺるみさんは気持ちの整理もできない状況の中、不動産管理会社からの電話を受ける。

「大家さまから当物件を事故物件にされたと連絡を受けまして、損害賠償を請求します」

夫が自殺した部屋

なんと、一千万円もの賠償請求をされてしまう。

絶望に打ちひしがれるぺるみさんに、姉のぐみさんが声をかける。

「部屋で倒れて病院で死んだのに事故物件になっちゃうの？」

母親が倒れている夫を発見した時点では、まだ死んでいるかどうかがわからなかった。救急車を呼んで病院の集中治療室に入ったが、そこではじめて死亡が確認されたのだ。だからまだ病院で死んだのか、それとも自宅で死んでいたのかは検視をしなければわからない。もし病院で亡くなったのであれば、事故物件にはならないのではないだろうか。実際、ぺるみさんとぐみさんが知り合いの不動産会社や宅建協会、都市整備局に確認したところ、以下の返答があった。

「死体検案書に書かれた死亡時刻、死亡場所が自宅でなければ事故物件には該当しない」

ただし集合住宅の場合、共用部での死亡や屋上からの飛び降りになると話は別になるそうだ。そこへ再度、ぺるみさんに不動産会社から電話がかかってくる。

「病院で死のうが家で死のうが、自殺は自殺なので事故物件ですからね」

耳を疑った。

何故、不動産会社はわざわざ事故物件にしたがっているのだろう。事故物件にはならない方がお互い良いのではないのかという疑問が湧く。

その答は後に弁護士から教えてもらうことになるのだが、実は大家・不動産会社にとっては事故物件になってもらった方が都合が良いのだという。

事故物件にされた側というのは、損害賠償額も高くふっかけることが可能であり、裁判になっても絶対に負けない。そのため「遺族から金をぶんどれるから事故物件になってくれた方がいい」と考える貸主も実際には存在するようだ。

後日、検視の結果、夫は家で死んでいたことが判明し、事故物件であることが確定した。こうしてぺるみさんは不動産会社から大家への慰謝料、及び物件内の掃除その他、次の入居者が決まるまでの家賃負担の合計一千万円の損害賠償金を請求されてしまう。

とてもじゃないが一千万円を払えないぺるみさんは、このトラブルに対処するために弁護士と一緒に大家・不動産会社側と立ち向かうのだが、その顛末は姉である宮本ぐみさんが『自殺遺族になっちゃった!!』（竹書房）という漫画にまとめた。いかに自殺遺族が金銭的負担を背負わされるのか、そして当事者でないと知り得ない、世間的にも精神的にも追い詰められていく遺族の苦悩が描かれている。

「旦那はタニシさんのファンだったんですよ」

僕の事故物件トークイベントを観にきたぺるみさんは、そう声をかけてくれた。そして、夫が自殺した部屋でその後に起きた奇妙な現象について教えてくれた。

事故物件になってしまった部屋は、大家側との交渉の末に出された条件「次の入居者をすぐに見つけることができれば損害賠償金が大幅減額する」により、知人に紹介されたＤＪの

夫が自殺した部屋

青年に貸していた。しかしそのＤＪは、ある奇妙な体験をすることになる。

深夜二時前後。

〝カチャカチャカチャ……〟

誰かが玄関のドアを開けようとする音が聞こえる。そして

〝カチャ、キィィ……〟

ドアが開き

〝チャリン……〟

どこかに鍵を置く音がする。

〝ギシ、ギシ、ギシ……〟

廊下を歩き

〝カチャ、キィィ……パタン…………シャ――――……〟

浴室からシャワーの音が。

ＤＪは恐る恐る様子を見に行き、勢いよく浴室のドアを開けた。しかしその瞬間に音はやみ、浴室も濡れておらず、玄関の鍵も閉まったままで、そこに誰かがいた形跡はまったくなかった。

この話を聞いてぺるみさんは、思い当たる節があった。

ぺるみさんの夫は生前、仕事を終えると終電に乗って深夜一～二時に帰宅し、ドアを開けた後に玄関の靴箱の上に鍵を置く。そのまま廊下を歩いて浴室に直行し、シャワーを浴びて

就寝する。この一連の流れの繰り返しがルーティンだったのだ。夫はあの家で生前と同じ生活を繰り返しているのかもしれない。

「だからあの事故物件にタニシさんが来たら、旦那は喜んで出てくるかもしれませんよ」

ぺるみさんは現在、紆余曲折の末、事故物件から解き放たれ、新たな生活のスタートを切っている。

遺された人達の再出発に至る過程は様々で、それこそ遺された人達の数だけある。

ぺるみさんは姉のぐみさんと自らの体験を漫画で表現することで、過去を乗り越えようと試みた。

当事者ではない僕はその漫画を読むことで、遺族の思いを少しだけ知ることができるのである。

第三章
事故物件の旅

新潮社クラブ

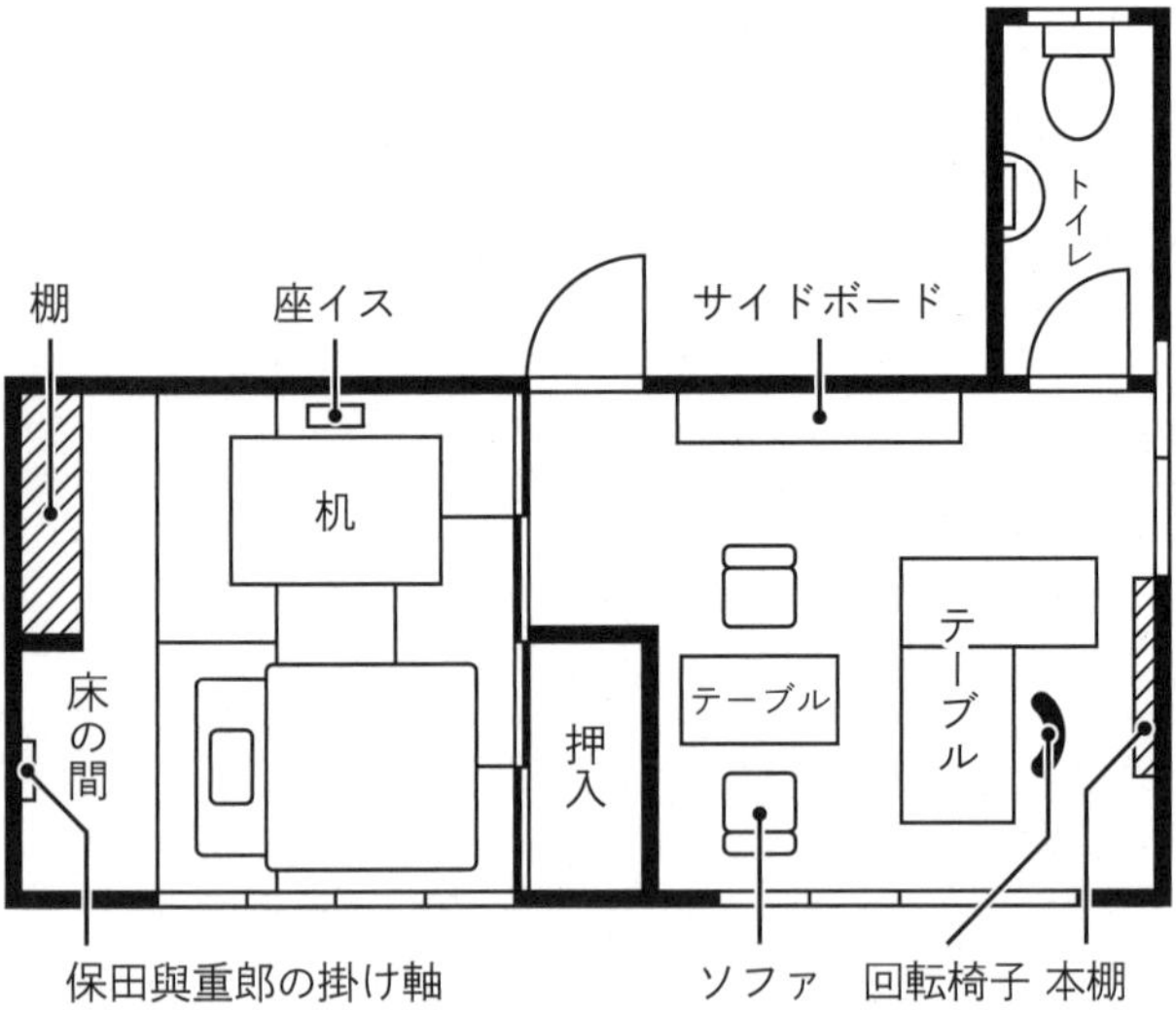

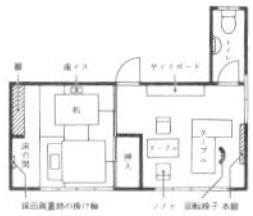

新潮社クラブ

二〇一九年六月某日。

この日、作家のカンヅメ施設である「新潮社クラブ」で一泊させてもらった。ここは開高健、三島由紀夫、川端康成など文豪の幽霊が出るという噂がある場所である。

夕方、一階の部屋で作家の真梨幸子《まりゆきこ》さんと事故物件について対談をさせてもらう。興味深かったのは、小説家や芸人も含む〝水商売〟の人間は事故物件に住むと運がつくという話。昔の芸人には変な噂のある場所に好んで住む人もいたという。

真梨さん自身も、小説家になる前に住んでいたマンションが新築にもかかわらず、奇声が聞こえたり金縛りに遭ったり、無意識に夜中突然起き上がったりしてしまう場所で、後から調べると病院跡地だった。そしてそこに住んでいる間に晴れて小説家デビューを果たす。

その後に住んだタワーマンションでも各部屋に盛り塩が置かれ、自分の部屋には画鋲《がびょう》で刺した穴が無数に空いていたそうだ。

不可解な、不自然な、超自然的な場所に身を置くことで、非凡で独自な作家性が育まれることはあるんだろうなと、真梨さんの話を伺ってそう思った。

対談の後、新潮社の担当編集さんの粋な計らいで、新潮社クラブに一晩泊めてもらうことになる。

名だたる作家達が寝泊まりした歴史ある施設。そこに一泊できるだけでも贅沢なのだが、僕を泊めるということはつまり「幽霊に会えるチャンス」を与えてくれたということだ。

午後十時、マネージャーらと食事を済ませた後、一人、新潮社クラブに戻る。僕が使わせてもらう部屋は二階の二部屋。洋室には作業デスクと回転式の椅子があり、和室にはすでに布団が敷かれていた。

違和感があったのは洋室の方だった。今までの経験上、何かが起きる場所では必ずといっていいほど耳鳴りに近い現象が前兆として起きる。洋室ではその気配があった。嫌な予感とかではないが、この部屋だけ少し磁場がおかしいような、そんな気がした。

午前〇時、一時間限定でスマートフォンでの動画配信を試みる。

まずは洋室をくまなくスマートフォンのカメラで映し、数々の文豪達が締切に頭を抱えながら筆を滑らせていたであろう作業デスクの椅子に座ってみる。畏《おそ》れ多いという心理が働いているからかもしれないが、やはり落ち着かない。しばらく感慨にふけった後、腰を上げ、椅子を元の位置に戻して電気を消し、和室へ移動する。

枕元には読書灯と懐中電灯が置かれていた。布団の中でも作業ができるようにと配慮されているのだろう。僕は和室の電気も消し、読書灯だけを点けて布団の上で仰向けに寝転んだ。視界には天井の木目と窓際の障子が入り込み、不自然な影などが現れないかとカメラを向けてみたが、変化はない。

その後、和室全体と開け放した襖《ふすま》の向こうの洋室が見えるようにスマートフォンを固定し、しばらく定点観測を行う。配信を観ている視聴者からの指摘も特になく時間だけが過ぎる。

配信終了五分前。最後に洋室の様子を再び確認する。暗闇に向けて懐中電灯を照らすと、何かが違う気がした。

新潮社クラブ

そうだ、椅子が変だ。

正面に向けたはずの椅子が横を向いている。まるで誰かがさっきまでそこに座っていたかのように。

僕はその椅子に再び座り、彼らと重なる。

この日は偶然にも川端康成の誕生日だった。

文豪達が締切に追われて原稿を書いていた
机と椅子に座らせてもらった。

勝手に動いていた椅子。
誰が座っていたのだろう。

板張りの部屋

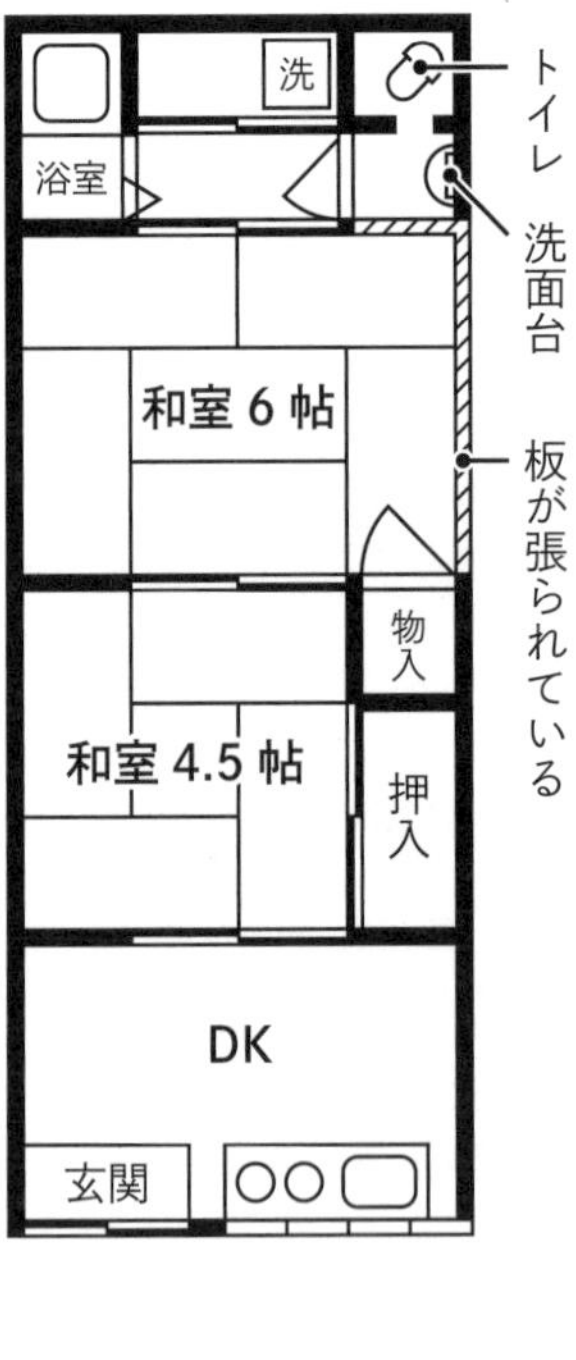

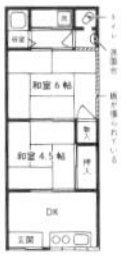

板張りの部屋

人に好かれるというのは恐い。

「好き」という感情は、相手のために想うことではなく、自分のために想うことだからだ。

二〇一九年、あるアパートの見学に行った。この部屋は、女性を殺害した男が、その後に首を吊って自殺した部屋だった。

外壁はコンクリートだが、ところどころ補強した跡のある、古いアパート。家賃は提示されなかったがおそらく事故物件かどうかは関係なく、全部屋安いと思われる。それくらい〝ボロ〟がきている。

玄関の引き戸を開けるとすぐにキッチンのあるフローリング、その奥に四帖半の和室、さらにその奥に六帖の和室があり、その右奥に和式のトイレと洗面所、左奥に正方形の小さな浴室がある。

気になったのは、一番奥の六帖和室の右側の壁の下側が板張りにされていることだ。

デリバリーヘルス、通称デリヘルは、客のいる自宅やホテルまで風俗嬢を派遣して性的サービスを行う、店舗のない風俗店である。

この部屋に住む五十代後半の男は、デリヘルのサービスを好んで利用し、毎度同じ女性を指名していた。

その日、男は六回の時間延長を繰り返し、計十五時間ものサービスを受けた。

「最後の延長なので、もうすぐ終わります」

女性が店に連絡を入れてから二時間以上が経過し、店側は警察に連絡。警官が現場に駆けつけた時には女性が仰向けの状態で死亡しており、男が壁のフックにネクタイをかけて首を吊っていた。

女性の首には絞められた痕があり、男よりも死亡推定時刻が一、二時間ほど早かった。男が女性を絞殺した後、首を吊って自殺を図ったとみられている。


性的サービスで恋愛感情が発生し、女性との時間をより長く共有するために延長を繰り返し、お金を払い続ける客がいる。だが、お金を払っているということは、つまり残念ながら疑似恋愛に過ぎない。いや、もしかしたらそうじゃないパターンもあるかもしれないが。

男は近隣住民の証言によると、誠実で優しそうな人柄だったとされる。しかし、このアパートに住んでいる時点で、大金持ちというわけではない。何度も何度もデリヘルを利用し、延長を繰り返せば相当な利用額になる。そうなれば多額の借金を背負っている可能性もある。

お金を使わなければ会うことができない女性を「好き」になってしまった男の決断は、こういった結末を迎えるしかなかったのだろうか。

ストーカー殺人、無理心中と、「好き」ゆえに殺されてしまう事件は後を絶たない。愛は憎しみを生み、独占欲に支配される。「好き」という感情は、本来ならば相手を幸せにしたいと想うことが正しいはずなのだが、実際はそうではないことの方が多い。だからこそ、安

板張りの部屋

易に人に好かれることは要注意である。

僕は二階の空き部屋も見学させてもらった。事件の部屋の真上に当たる部屋だ。間取りはまったく同じだった。ただ一つ異なる箇所がある。それは一番奥の六帖和室の右側の壁の下側が板張りにされていないことだった。

何故かこの部屋だけが板張りにされている。
ということは……。

御神木《ごしんぼく》ツリーハウス

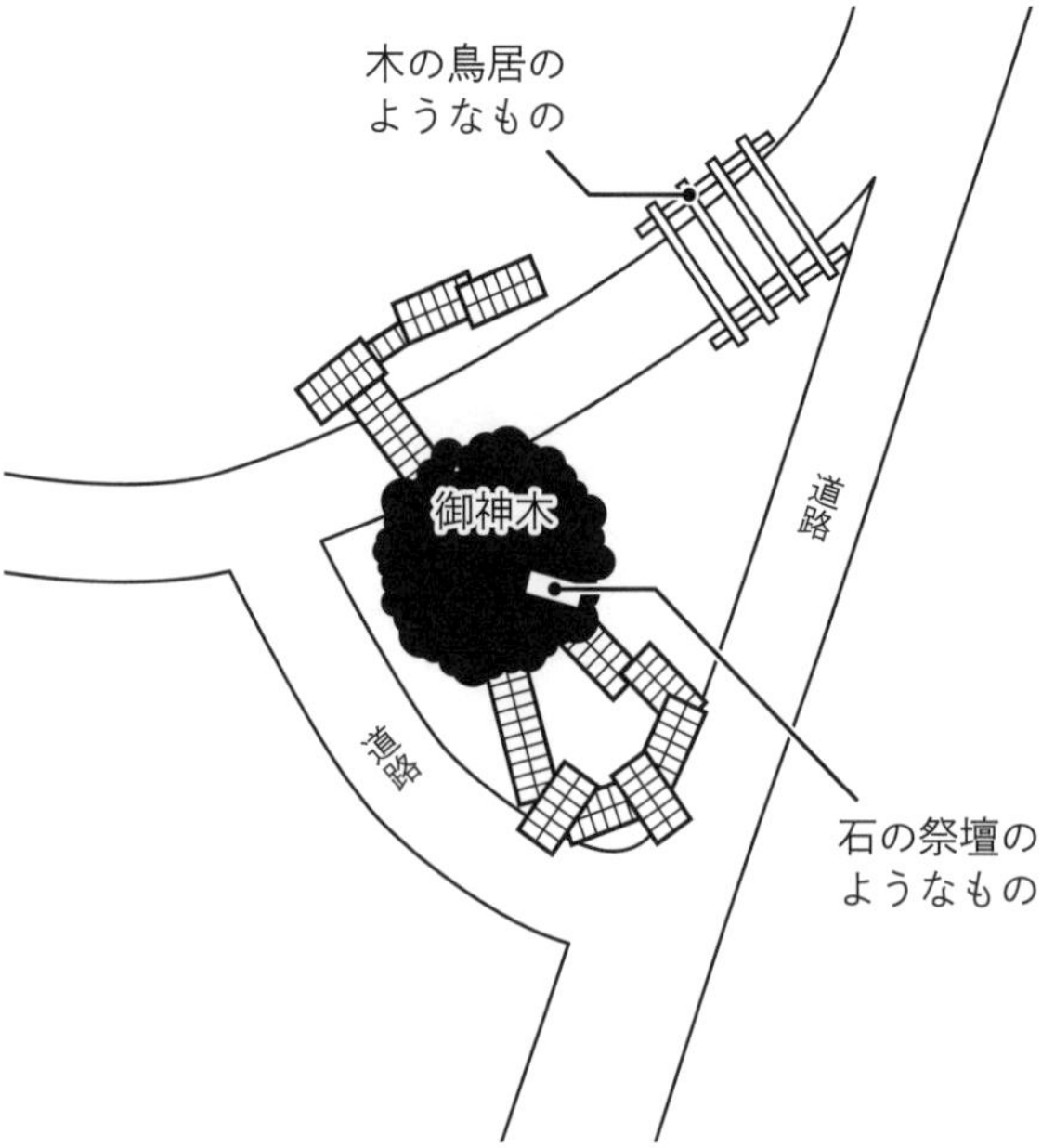

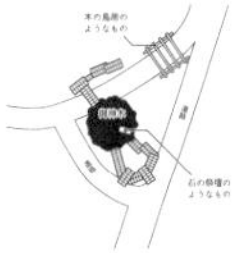

御神木ツリーハウス

二〇二〇年一月、僕は熊本を訪れた。

目的は御神木でできたツリーハウスを見に行くためだ。一緒に旅をしたのはネット番組ディレクターの木村茂之さんと心霊ユーチューバーの悠遠かなたさんだ。

このツリーハウスの存在を教えてくれたのは、全国の珍スポットを巡っている知人の女性だ。彼女は熊本県の珍スポットを探索していた際、たまたま道中で異様な存在感を放つこのツリーハウスを見つけたという。

「まず、御神木で作られたような鳥居が見えたんです」

近付いてみると、それは鳥居ではなく、巨木でできたゲートのようなものだった。まるで樹齢何百年の御神木を使っているんじゃないかという木材を組み合わせ、伏見稲荷大社の千本鳥居のように並べられている。

それを潜り抜けると、少し広い空間に今度は巨大な本当の御神木のような杉の木がそびえ立つ。そしてその杉の木を取り囲むように、いくつものロッジが複雑にくっついている状態の謎の建造物が現れた。

超巨大ツリーハウスだ。

しかも使われている木材は、入口で見たものと同じ御神木レベルの巨木や、ウネウネとした独特の丸太で、見ているだけで〝凄《すご》い〟の前に〝恐い〟が先立ち、ゾクゾクしたという。

ツリーハウスの下には白いワンボックスカーが停まっていた。中に人が乗っている。このツリーハウスを管理している人だろうか？　話しかけてみた。

「すみません、この建物はおじさんが作ったんですか？」

「いや、僕が作ったものではないよ。でもここが好きでね、よく見にくるんだ」

おじさんは気さくに答えてくれた。

「お姉さん、上には登った？」

「いえ、まだ登ってないです」

「え、そうなの？　登りなよ、とっても気持ちいいから」

彼女はツリーハウスが放つ存在感に畏怖のようなものを感じていたため、登ってみる気はさらさらなかった。しかしおじさんはツリーハウスに登ることをひたすら勧めてくる。

「登りなよ、登りなよ。ほんと、ここに来たからには絶対に登った方がいいよ」

「あ、ちょっとあとで考えてみます」

〝――チッ……〟

空耳かもしれないが、舌打ちのような音が聞こえた気がした。一瞬、空気がピンと張り詰めた。話題を変えたかったのもあって、唐突に聞きたいことを聞いてみた。

「あの……ここはどういうところなんですか？」

「ここは……地元の人はね、なんか怖がって来ないんだよね。〝呪われた地〟なんて言われちゃったりしてね。でも、奥にある祠《ほこら》に手を合わせたら大丈夫だから、登ってきたらいいよ」

おじさんは明るくフランクに、それでもまだツリーハウスに登ることを勧めてきた。

さすがにもう怖くなってその場から立ち去ろうとしたら、ワンボックスカーの助手席のシ

ートが倒されているのに気付いた。おじさんと会話している時には気付かなかったが、もう一人誰かが車内にいる。倒された助手席の奥にそっと目をやると、そこには寝たきりのような状態の老婆がいて、数秒前から自分と目が合っていたかのように、こっちを見ていた。

ゾクッとして、軽く会釈をして老婆から目を逸《そ》らし、彼女は奥にあるという祠へ向かった。戻ってきた時にはもうワンボックスカーはツリーハウスの下から姿を消していた。彼女はツリーハウスの写真を数枚撮った後、恐怖に耐えきれず、その場を後にした。

「あそこはいったい何だったんだろう」

後になって思い返し、インターネットで検索してみた。

◯◯ツリーハウス　祟り

ネット検索のサービスとして、入力途中の検索ワードに関連した言葉を予測して表示する機能があるのだが、そのツリーハウスの名前を入力するなり「祟り」の二文字が勝手に候補として挙げられた。

よくよく調べてみると、このツリーハウスの元となる杉の木は、地元では古くから〝水神《すいじん》様の木〟と呼んで崇《あが》められており、枝が落ちていても絶対に焚《た》いたりしてはならないとか、女性は決して登ってはならないといった言い伝えがあったそうだ。実際に木に登った女性が、三十日間高熱を出して、寝込んでしまったという報告もある。

二〇〇八年頃から土地の所有者が代わり、地元の人達が知らないうちに水神様の木にツリーハウスが作られてしまったらしく、水神様の祟りを恐れてみんな、特に女性は近付かないように気を付けているという。現在、ツリーハウスの所有者がどうなっているかの情報はなく、管理が放棄され、まさに廃墟と化している。

「あの時、しつこいくらいにツリーハウスに登らせようとしたおじさん、私に祟られて欲しかったんでしょうかね」

*

その話を聞いてから三年後、僕は彼女が見た景色を実際に確かめにきた。木村さんが運転する車のカーナビには目的地が「〇〇ツリーハウス」ではなく「山ノ神」と表示されていた。ここはツリーハウスである前に、神様のいる場所なんだなと思った。

巨木の鳥居をくぐり、「山ノ神」水神様のツリーハウスと対峙する。その佇《たたず》まいはもう圧巻で、一つの巨大な生物のようですらあった。

ツリーハウスを支える水神木は、推定樹齢四百年の大杉で、幹回り七・五メートル、高さ三〇メートルという巨木である。しかし二〇〇六年に熊本市付近を通過した台風の被害を受け、幹が傷んだことから伐採しようという話が持ち上がる。それを止めるべく、ある人物がこのあたりの土地を、水神木を含めて買い取り、水神木を支えるためにツリーハウスを作っ

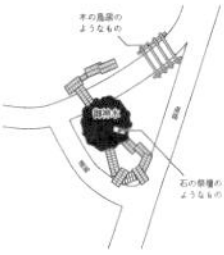

て補強したそうだ。つまり、水神様の御神木がツリーハウスを支えているのではなく、水神様を支えるためにツリーハウスがある。神様を守るためにツリーハウスを作ったのに、それによって祟りが噂をされてしまうというのは皮肉な話である。

それにしても〝女子供が近付いてはいけない〟のは何故だろう？

実は、全国の霊山で山ノ神と呼ばれる神様のほとんどが女性であるという。女人禁制という慣習も、山ノ神の嫉妬心を煽《あお》り立てないために生まれたそうだ。

僕は男なので祟られはしないはず。ツリーハウス自体は腐食が進み、中に入るのは危険が伴うため諦めたが、水神様の幹には触れてみた。近くには大きな石が積まれた祭壇のようなものがあった。古くからそこにあったものかどうかはわからないが、そうでなくてもツリーハウスを作った人の畏敬の証《あかし》のような気がした。

禁忌を破ることはその人の心に畏《おそ》れや恐れを生むのだろう。だから、祟りが発生するのではないだろうか。

そう考えると、彼女にツリーハウスを登ることを勧めたあのおじさんの意図とは何か。

これはあくまで僕の想像であるが、禁忌を破り、自分の大切な人を寝たきりの状態にさせてしまった後悔の念が、誰かに同じ不幸を味わってもらうことに執着する、悲しい人生の目標になってしまったのではないだろうか。

それが愛というものであるならば、こんなに切ないものはない。

鎌原《かんばら》観音堂

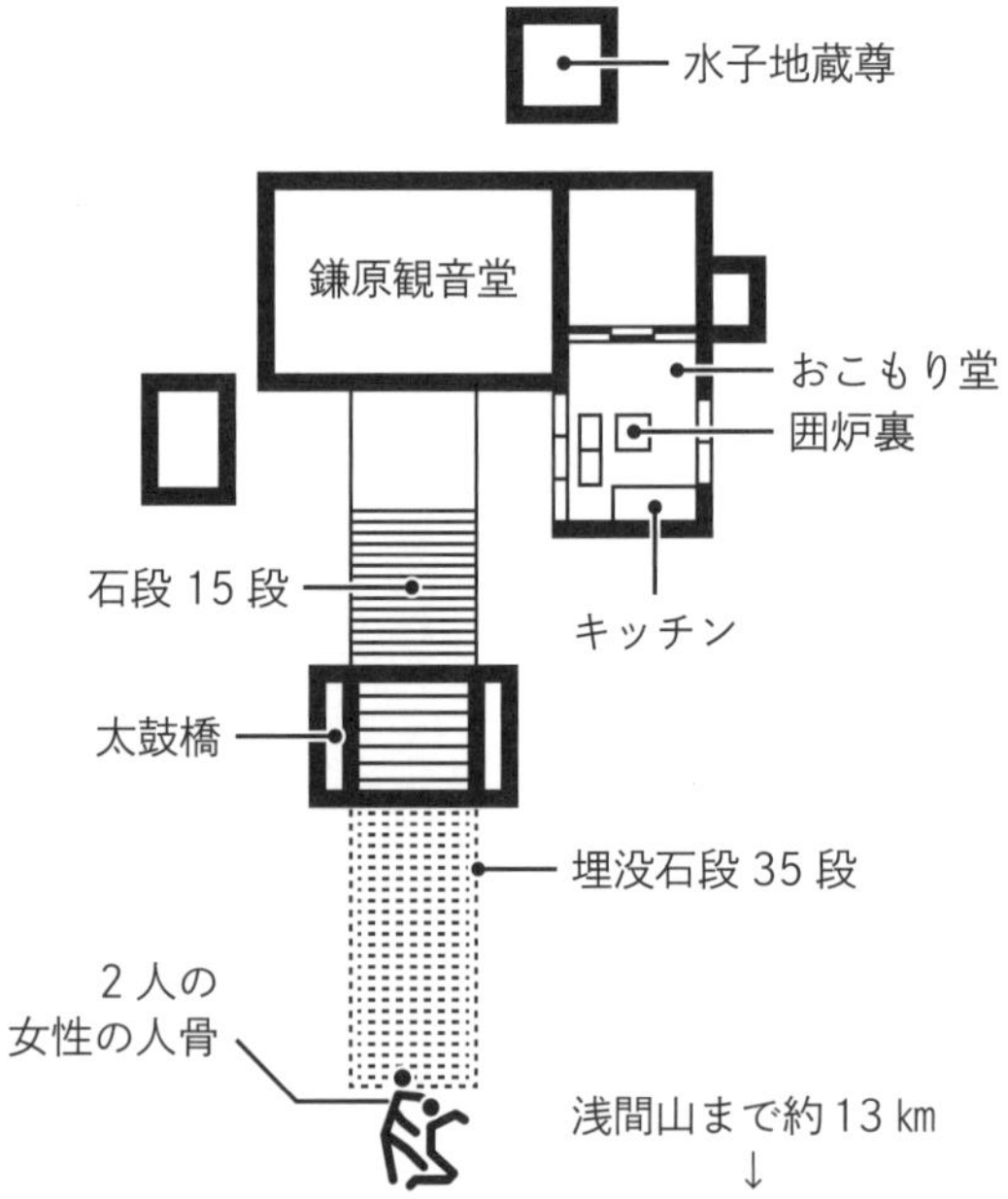
水子地蔵尊
鎌原観音堂
おこもり堂
囲炉裏
キッチン
石段 15 段
太鼓橋
埋没石段 35 段
2 人の
女性の人骨
浅間山まで約 13 ㎞
↓

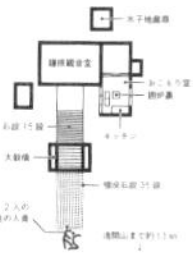

鎌原観音堂

大阪鶴橋にあるヘアサロン「山荘」でいつも髪を切っている。今の髪型はここの店主である五反田さんに十年以上前に考案してもらったもので、それ以来ほとんど変えていない。五反田さんは僕のカットを終えた後、毎度体調を崩すらしい。はじめはそんなことを言ってなかったはずなので、おそらく僕が事故物件に住みだしてからそうなったのだろう。もらいやすい体質なのかもしれない。

にもかかわらず、五反田さんはカットに行く度に興味深い情報を積極的に提供してくれる。

「この前、飲み屋で知り合った群馬出身の人に聞いてんけどさ、群馬県の浅間山《あさまやま》でその昔、大噴火があって、麓の村が溶岩やら土石流やらで村ごと埋まっちゃったみたいやねんな。それから三十年経って、村人が地面を掘ったら下から蔵が出てきて、さらにその中から生きてる人間が出てきたっていう話やねんけど、これ、ほんまやったらすごくない？」

その話を聞いた僕は真相を確かめるべく、二〇一九年三月に群馬へ向かった。

調べると浅間山の大噴火は江戸時代の一七八三（天明三）年に実際に起きていた。死者・行方不明者が約千四百人の大災害。中でも浅間山の麓に位置する鎌原村（現・吾妻《あがづま》郡嬬恋《つまごい》村鎌原）は噴火により発生した土石なだれによって、人口五百七十人のうち四百七十七人が犠牲になり、ほぼ壊滅状態に陥った。生き残った九十三人は村の外にいた村民と、村外れの高台にある鎌原観音堂に逃げ込んだ人達だった。

東京駅から北陸新幹線で軽井沢まで行き、そこからバスを乗り継いで約三時間、「鎌原観音堂前」バス停で降りる。

歓迎　日本のポンペイ鎌原村へ

集落に入る手前には鳥居のような入口があり、その柱にこの一文が記されていた。

ポンペイとはイタリアのナポリにある世界遺産で、約二千年前に起きたベスビオ火山の噴火で灰に埋まった古代都市。同じく火山の噴火で村が埋没した鎌原村は「日本のポンペイ」と呼ばれていて、現在の嬬恋村とポンペイ市は友好交流を行っている。

バス停は少し高台にあるので、村全体が窪地になっているのがわかる。鳥居のような入口から階段を下りて、まだ真新しい浅間焼け二百回忌聖観音像を左手に眺め、右側にある鎌原観音堂へ進む。手前には小さな太鼓橋があり、その先に「埋没石段」と書かれた石段が十五段続き、その上が観音堂だ。

実はこの石段、一九七九（昭和五十四）年の発掘調査で、地面の下にまだ三十五段あることがわかっている。本当は五十段ある石段で、この三十五段分が噴火による土石なだれで埋没した。その高さおよそ六・五メートル。つまりこの集落全体がだいたい六・五メートル分埋まっているということだ。

また、この石段の一番下からは二人の女性の遺体が発見されている。そして発掘された時

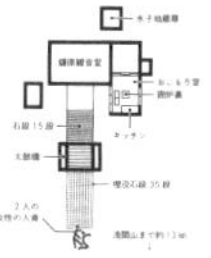

鎌原観音堂

の様子から、三十代の女性が五十代の女性をおんぶしたまま石段を登る途中だったことが判明した。あと数分、あと数秒来るのが早ければ、観音堂まで辿り着き、助かっていたかもしれない。観音堂には彼女達二人の骨格から再現された顔写真が祀られている。

　観音堂の右側には開かれた休憩所のような畳敷きのスペースがあって、中央の囲炉裏を囲んで三人のおじいさん達が談笑していた。地図には「おこもり堂」と書かれていた。

「囲炉裏、当たっといで」

　声をかけられた。せっかくなのでお邪魔させてもらう。

「今、彼岸中で、供養のためにここにいるんだ」

「彼岸中は結構遅くまでやってんだよ」

　——ああ、そうなんですね。

「仏さんが五百人近くも埋まってんだもん」

　——そうかぁ、今もまだ。

「それがどこにいるかわからねんだ」

「だからそれだけのものを発掘するったって大事業になるし」

　——そうですよねぇ。

「だから供養するだけでね、勘弁してもらってんだ」

「二百何十年前だから」

「だいたい七代前か」

――七代前のご先祖様……。あの、観音堂に逃げた方は助かったんですよね？

「七日七晩すごい惨事だったけど、結局その七月八日の朝、ここに九十三名の人が登ったっつーことじゃなくて、その一週間に残ったってことだよね」

「まあ生きてここに辿り着いた人でも亡くなった人はいるだろね、食うや食わずでね、一週間にずいぶん亡くなっちゃった方もいるんじゃないかね」

――そうか、色々あっての生き残った方が九十三名ってことなんですね。

「こっから上はまだマシだったみたいだから、向こうの部落から色々食べ物とか供給してもらってるわけだよね」

――隣村の人達が支援してくれたんですね

ここで僕は本来の目的に触れてみた。

――あの、蔵の中に避難してた人が三十年後に見つかって生きていたっていう話を聞いたんですが……。

「結局このあたりは、井戸を掘りたいなんつって七、八メートル掘るとね、そういったガヤとかね、燃えた傘とか出てきて気持ち悪いっつって埋めちゃうんだけど、それで、まあ掘っちゃった人はちょうど掘り当てたっつーか、そういう人骨が出てきたり、蔵が出てきたりってことがあったんじゃないかなぁ。この階段の下は窪地だったから、そこへ泥流が流れ込ん

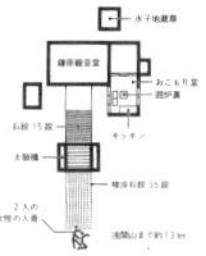

鎌原観音堂

で。だからそのあたりを掘っちゃったんじゃないかなぁ」

「それしか話がねえもんな」

「昔はこの上に沼みたいなのがあって、それがいっぺんに流れて」

「延命寺も埋まっちゃってて」

——じゃあこの観音堂だけが当時のまま……。

「そうだよ」

「そうだよ」

「そうだよ」

「天井自体は後で張り替えたらしいけども」

「勝手にはできねえんだよね」

——勝手にというのは。

「増築改築できねえんだよ。文化庁の許可がねえと」

——なるほど、それは凄いですね、二百年前のままなんだ……。（黒板の文字が目に入り）あの、おこもり当番っていうのは。

「お彼岸の間は遅くまでいるの。泊まったりね」

「若い頃はよく泊まったな」

——若い人達も当番をやったりするんですか。

「今は若いもんはあんまりいないね」

「七十、八十、九十ばっかだ」

――今日も遅くまでいらっしゃるんですか。

「今日は六時くらいまでかな」

「普通は三時か四時でもう帰っちゃうんだけどなぁ」

――普通の時っていうのは。

「お彼岸やお盆じゃない時だね」

――え、お彼岸以外の日もいるんですか。

「毎日誰かいるよ」

「毎日供養してるの」

「わしら鎌原観音堂奉仕会っていう会だから」

おじいさん達にお礼を言っておこもり堂を後にした。

次に、僕は嬬恋郷土資料館を目指した。

ここ嬬恋村鎌原地区（旧鎌原村）は、災害復興のモデルとされている。村人の八割とすべての畑や家屋を失い、生き残った人達はそこからどうやって立ち直ったのか。

その答は嬬恋郷土資料館と「浅間山噴火大和讃」にある。

資料館には、それぞれが家族を失った九十三人がいかにして復興していったかの解説があった。

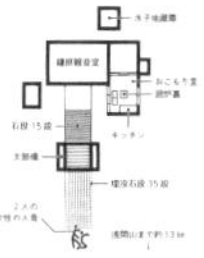

鎌原観音堂

まず近隣の集落の名主である大笹村の黒岩長左衛門、干俣《ほしまた》村の干川小兵衛、大戸村の加部安左衛門らが支援するべく鎌原観音堂に集まった。そして鎌原村の生存者達に親族の誓いをさせて、家柄や身分の差を取り払ったのだ。

「このような大災害に遭っても生き残った九十三人は互いに血の繋《つな》がった一族だと思わなければいけない」

これによって家族の再編成が行われる。

毎年供養祭で詠われる、浅間山噴火やその被害の様子、鎌原村の復興過程などを伝え、死者を弔うために作られた「浅間山噴火大和讃」での一節にも次のようにある。

「隣村有志の情にて、妻なき人の妻となり、主なき人の主となり」

バラバラになった他人同士が組み合わさって新たな家族を形成し、再出発したのだ。そして、おこもり堂のおじいさん達が言っていたように、およそ七代子孫を繁栄させて、今日の嬬恋村に繋がっていく。

僕は美容室で聞いた奇談の真相を探りに来たはずが、とても一人では抱えきれないような災害の歴史を知ることになってしまった。しかし、先祖の骨が眠る土地の上で何代も何代も生き続けた鎌原村の人達の生きる力に、勇気をもらえたような気がした。

実は五反田さんの話の手がかりはもうすでに見つかっていた。嬬恋郷土資料館の元館長・

松島榮治《えいじ》氏が地元の広報誌に寄稿したコラムに、江戸時代の下級武士で文人・狂歌師でもあった大田南畝《おおたなんぽ》（蜀山人《しゅくさんじん》）が書いた「信州浅間嶽下奇談」が紹介されていた。これこそが美容室で聞いた「生き埋めになった人が生きていた」話なのだ。ただ、蜀山人はこれが鎌原村の話であるかどうかは明記していない。

僕は資料館の事務のお姉さんに、蜀山人に関する資料を尋ねた。お姉さんは閉館間際にもかかわらず、丁寧に色々と調べてくれて、「大笹駅浅間碑」の碑文に蜀山人の名前があることを教えてくれた。

この大笹駅浅間碑は、鎌原村の再興に尽力した一人、大笹村の黒岩長左衛門が災害の教訓を記すために建立した碑である。長左衛門は狂歌を嗜《たしな》んでいたこともあり、当時の狂歌の第一人者であった蜀山人に、碑文の作成を依頼した。

その後、長左衛門は碑の完成を待つことなく亡くなってしまうのだが、父の意志を継いだ子・佗澄《わびすみ》が大笹駅浅間碑として完成させる。その碑には蜀山人の名と、碑文が刻まれていた。

> いにし年この災いを恐れて速にたちさりしものはからき命をたすかり
> おくれもして止れる者はことごとく死亡しせり、これより後にいたりて又も
> 大きにやけ出んもはかりがたければ里人この碑をたてて後の戒めとなす事しかり

鎌原観音堂

これで蜀山人と鎌原村の深い繋がりは確認できた。

もちろんだからといって「生き埋めになった人が生きていた」話を蜀山人が実際に鎌原村に来て村人から聞いたのか、そもそも真実なのか真実ではないのかまではわからない。

しかし真実である可能性がある、というのを踏まえて読んでもらいたい。

以下「信州浅間嶽下奇談」の土蔵の話である。

*

信州の浅間山の麓の村で、ある百姓が井戸を掘った。

六、七メートルあまりも掘ったが水は出ず、代わりに屋根瓦が二、三枚出てきた。

「こんな深いところから瓦が出るはずはない」

そう思ってさらに掘り続けると、今度は屋根が出てきた。その屋根を崩してみると、下には空間があって、どうやら居間のようだった。暗くてほとんど見えないけれど、中には人間のようなものがいる。

松明《たいまつ》で照らしてよく見ると、五十歳か六十歳くらいの人間が二人いた。

「いったい何者だ?」

そう聞くと、二人は答えた。

「もう何年前のことだかわからない。浅間山の噴火で起きた山崩れで土蔵が埋まってしまい、閉じ込められてしまった。最初は六人いたけどそのうちの四人は、横穴を掘ってなんとか出ようとして、力尽きて死んでしまった。残った私達二人は蔵にある米三千俵を食いつくし、酒三千樽を飲み干して、その上で天命を待つことにしようと腹に決めた。それが今日、こうしてみなさんに会えるなんて、今まで生きている中で一番嬉しい」

年月を数えてみると噴火は三十三年前だった。当時のことを知る村人を呼んでくると、

「おお、久しぶりだなあ」

「これはこれは、ご無沙汰しております」

などと言葉を交わした。

「何屋のだれそれが生き返ったぞ！」

村はたちまち大騒ぎになった。

「さあ、早く上がってきて、代官所に報告を」

村人達はそう促したが、地中の二人はこう応えた。

「長年こんなところに暮らしてきたので、すぐに上がると風に当たって死んでしまうかもしれない。少しずつ空を見て、ゆっくり上がろうと思う」

そこでまずは穴を大きくして日差しが入るようにして、食べ物を与えている状態だという。この話が人々の間でもっぱらの噂となっている。二人は昔はものすごい金持ちだったらしい。

こんな話を聞いたので、代官に問い合わせてみたが知らなかった。代官の管轄外の土地の話なのか、単なる噂なのかもわからない。

鎌原観音堂

埋没階段はこの下に35段あった。

鎌原観音堂のお堂。左右の写真は埋没階段で
見つかった女性2人の遺体から復元した顔。

坊ヶ坂

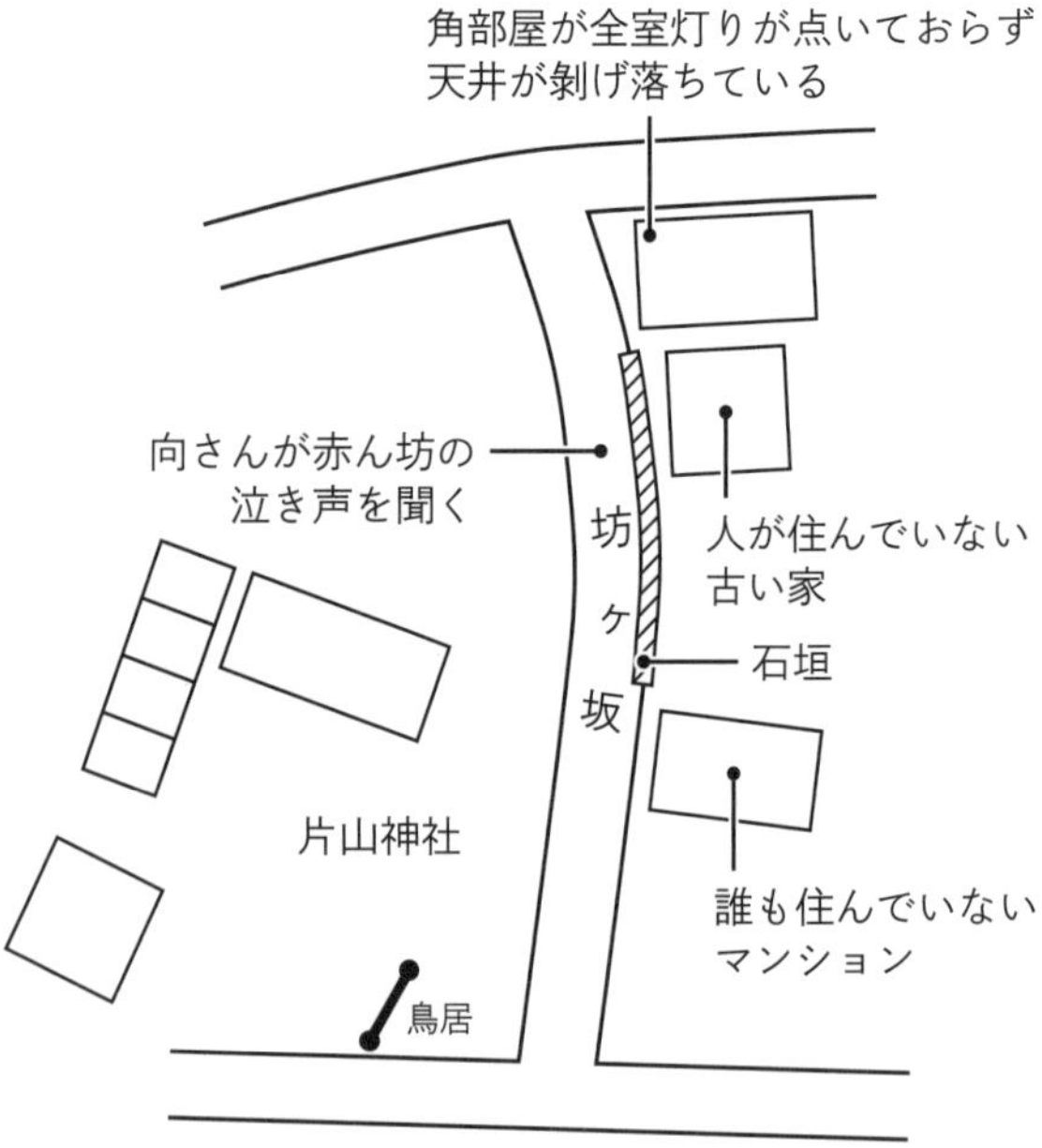
角部屋が全室灯りが点いておらず
天井が剝げ落ちている
向さんが赤ん坊の
泣き声を聞く
坊ヶ坂
人が住んでいない
古い家
石垣
片山神社
誰も住んでいない
マンション
鳥居

坊ヶ坂

愛知県名古屋市の東区に、片山神社を挟んで尼ヶ坂、坊ヶ坂という二つの坂がある。
この地にはこんな由来がある。

――江戸時代、このあたりに住んでいた「権現小町」という美しい村娘が青年武士と恋仲になった。やがて男の子を身籠もったが、身分違いのせいで無理やり別れさせられた。娘は尼になって世を捨て子供と二人で暮らすが、青年武士のことが忘れられずに気が狂い、この坂の杉の木で首を吊って自殺してしまう。さらには残された幼な子は近所の人に引き取られたが、母を探してさまよい、片山神社の森で餓死してしまう。
このことから、母親である尼が自殺した坂を尼ヶ坂、子供が餓死した坂を坊ヶ坂と呼ぶようになったとされる――

現在、尼ヶ坂は整備され、車が通る広い道路になっているが、昔は杉の木が覆うように茂る暗くて寂しい坂だった。人目につきにくいこともあってか辻斬りが多く出没し、何人も犠牲になった場所でもある。坂の西側には公園があり、そのさらに西には辻斬りに遭った犠牲者を祀《まつ》る地蔵院がある。

僕はこの尼ヶ坂・坊ヶ坂を三度訪れている。
最初は一人で夜中に動画配信をしながら坂を歩いた。尼ヶ坂では何も起きなかったが、坊ヶ坂では何故か配信が止まるという現象が起きた。実際、坊ヶ坂は尼ヶ坂とは比べ物にならないくらい暗くて不気味である。

二回目はユーチューブの番組「オカルト部」で僕が案内した。その時、一緒にいたユーチューバーの向《むこう》さんは、坊ヶ坂を歩いている途中で赤ん坊の泣き声を聞く。僕は向さんのお腹の音かと思ったのだが、向さん本人がそれを否定。もしお腹の音でないのであれば、僕も赤ん坊の声を聞いたことになる。

三回目は北野誠さんと訪れた。坊ヶ坂は短い坂だが、坂を上りきった位置にほとんど人が住んでいないであろう不気味なマンションがある。僕もこのマンションの存在には気付いていたが、誠さんは指摘する。

「このマンション、誰も住んでないんとちゃうか」

確かに、どの部屋にも電気は点いていない。よく観察すると、二階より上の窓にはカーテンすらつけられていない。

僕らはマンションの入口を探した。坂全体が暗いのでわかりにくかったが、片山神社と反対側の石垣の手前に入口があり、その入口はトタンでふさがれていた。

「ほら、誰も住んでないやんか」

そうなると、石垣の上の一軒家も気になった。石垣の上は古い屋敷が見えるのだが、よくよく見ると人が住んでいる気配がない。向さんが赤ん坊の泣き声を聞いた位置である。

「おい、これ廃墟ちゃうか。ここも人住んでないぞ」

坊ヶ坂

下から見た坊ヶ坂。街灯が1つしかない。

そのまま坂を下り、石垣が途切れるともう坂の上り口になるのだが、そこには道路に面した大きなマンションの角部屋部分が見える。しかし、そこから見えるマンションの角部屋の窓は、全室灯りが点いてない。しかもよく見ると、天井が剝《は》げ落ちている部屋もある。

「ええ？　このマンションも誰も住んでないんか？」

いや、道路側に出てマンションを正面から見ると、ちゃんと灯りは点いている。灯りがないのは角部屋だけだ。

「ちょっと待てよ、これ、坊ヶ坂に面したところ全部に人が住んでないやん」

何故そうなのかはわからないが、どうりで坊ヶ坂が暗いわけだ。

恐くない事故物件

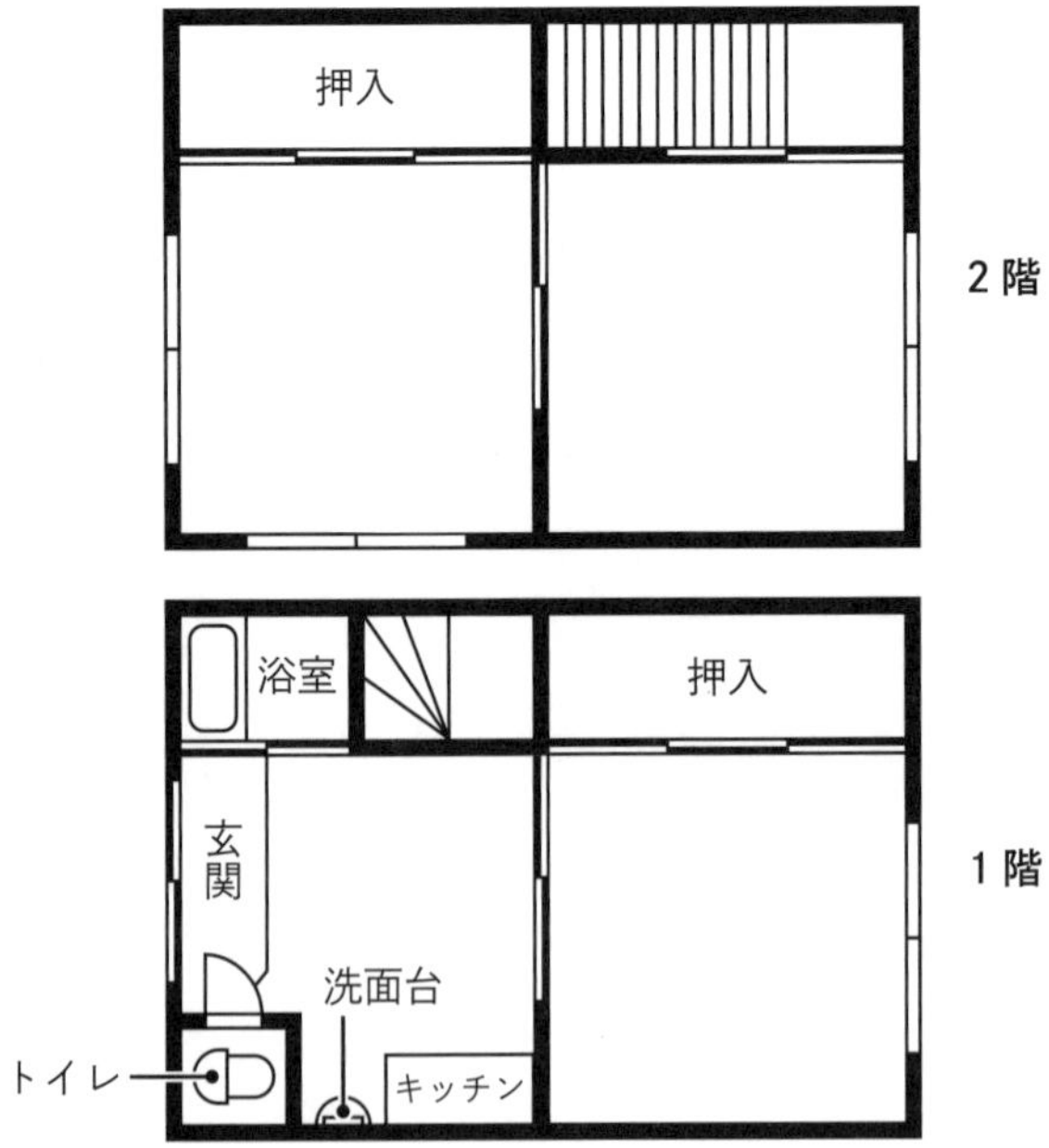

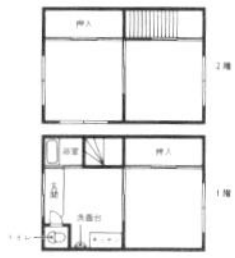

二〇二〇年二月五日、国土交通省が「不動産取引における心理的瑕疵《かし》に関する検討会」の第一回目を開催した。

「瑕疵」とは欠陥のことだ。「物理的瑕疵物件」ならば、建て付けが悪かったり水漏れがしたり、シロアリの被害など、物理的に欠陥のある住みにくい物件のことを指す。

そして「心理的瑕疵物件」は近くに墓地や葬儀場、暴力団事務所、ゴミ処理場などがあったり、その場所で人が亡くなっていたり、一般的に嫌悪感を持たれる物件、入居者が住みたくないなぁ嫌だなぁと思うような物件のことを指す。

この中の「その場所で人が亡くなっている」がいわゆる事故物件だ。しかしそれも明確に定義されているわけではなく、一般的な解釈である。

この「事故物件」を含んだ「心理的瑕疵」の基準、「住みたくないなぁ」「嫌だなぁ」の基準とその告知期間について、ガイドライン策定の検討を進めるために開催されたのが今回の国の会議である。

物理的瑕疵物件も心理的瑕疵物件も不動産取引する際、宅地建物取引業法に基づいて、事前に借主・買主に告知する義務が発生する。

ここで問題なのが、心理的瑕疵物件に関しては「入居者が嫌がるかどうか」が基準になるため、線引きが曖昧になることだ。特に事故物件は前の入居者の亡くなり方によって嫌がられる度合いが変わってくる。

普通に考えて、殺人事件があった部屋は絶対住みたくないだろうから心理的瑕疵で、自殺の部屋もまあ嫌だろうから心理的瑕疵で、孤独死は……発見されるのが遅くて遺体が腐敗していたなら心理的瑕疵で、亡くなってすぐに発見された場合も……まあ心理的瑕疵かなぁ、でも家族に看取られて亡くなった部屋なら別に心理的瑕疵じゃないかなぁ……みたいに、どのラインから「心理的瑕疵物件」に相当するかがケースバイケースになるため、結局は売主・貸主のサジ加減で決められてきた。

さらには心理的瑕疵物件に当てはまる場合、その告知義務がどれくらいの期間まであるのか明確に定められてはいない。一応、次の入居者が住めば、その次の入居者には告知しなくていいという慣習が不動産業界にあるようだが、中には短期間だけ関係者を住まわせて無理やり告知義務を回避する業者も少なからず存在する。

しかし逆に、僕が内見に行った物件の中には、わざわざ告知しているものもあった。

前の前の入居者が自殺、前入居者は一ヶ月で退去

一人挟んでも告知しておいた方がいいかなぁという家主の判断なのだろう。

このようにだいたいが入居者からクレームが来ない程度の〝なんとなく〟の告知基準を売主・貸主が設定しているのが現状だ。

＊

二〇一九年、高知県に住む知人の親戚が大家である長屋の、事故物件に該当する部屋に特別に一泊させてもらった。その長屋は築三十年以上の二階建てで、一階と二階合わせて３ＤＫ。本来の家賃は三万五千円くらいである。

前入居者は七十代の女性で、部屋の真ん中で倒れているのを大家が発見。救急車を呼び、病院へ運ばれたが、すでに死亡していた。死因は心筋梗塞で、亡くなってからすぐの発見だったようだ。その女性はその部屋に十年以上住み、亡くなってからは三年が経つ。

高知の田舎町ということで立地の不便さも関係しているかもしれないが、次の入居者は未だに見つかっていない。だからおそらく、告知義務はまだある。

部屋はきれいに管理されていて、特に嫌悪感を抱く要素はなかったし、定点カメラで一泊する様子をインターネット配信させてもらったが、残念ながら心霊現象的なことも起きることなく、快適に過ごさせてもらった。

この部屋は事故物件と言われなければ普通の部屋である。そして大家が発見した時点で亡くなっていなければ、あるいはこの女性の家族が最期を看取っていれば、事故物件・心理的瑕疵物件として告知する義務は発生しなかったのかもしれない。

世の中には「事故物件だけどバレなければいいや」と告知義務を無視して事実を隠そうと

する家主も存在する。確かに家主の立場に立てば、風評被害も含め損害は多大であるため、隠したくなる気持ちもわかる。しかし事故物件公示サイト「大島てる」代表・大島てる氏は、その部屋が事故物件であるかどうかも入居者にとって大事なことだが、その家主が事故物件である事実を正直に言う家主なのか隠そうとする家主なのかが重要であるという。

国土交通省ははたしてどんなガイドラインを策定するのか。それによって不動産取引の常識はどう変わってしまうのか。今後に注目である。

生配信を始めるタニシ。

女性はこの畳の上で亡くなっていた。

立入禁止の二階

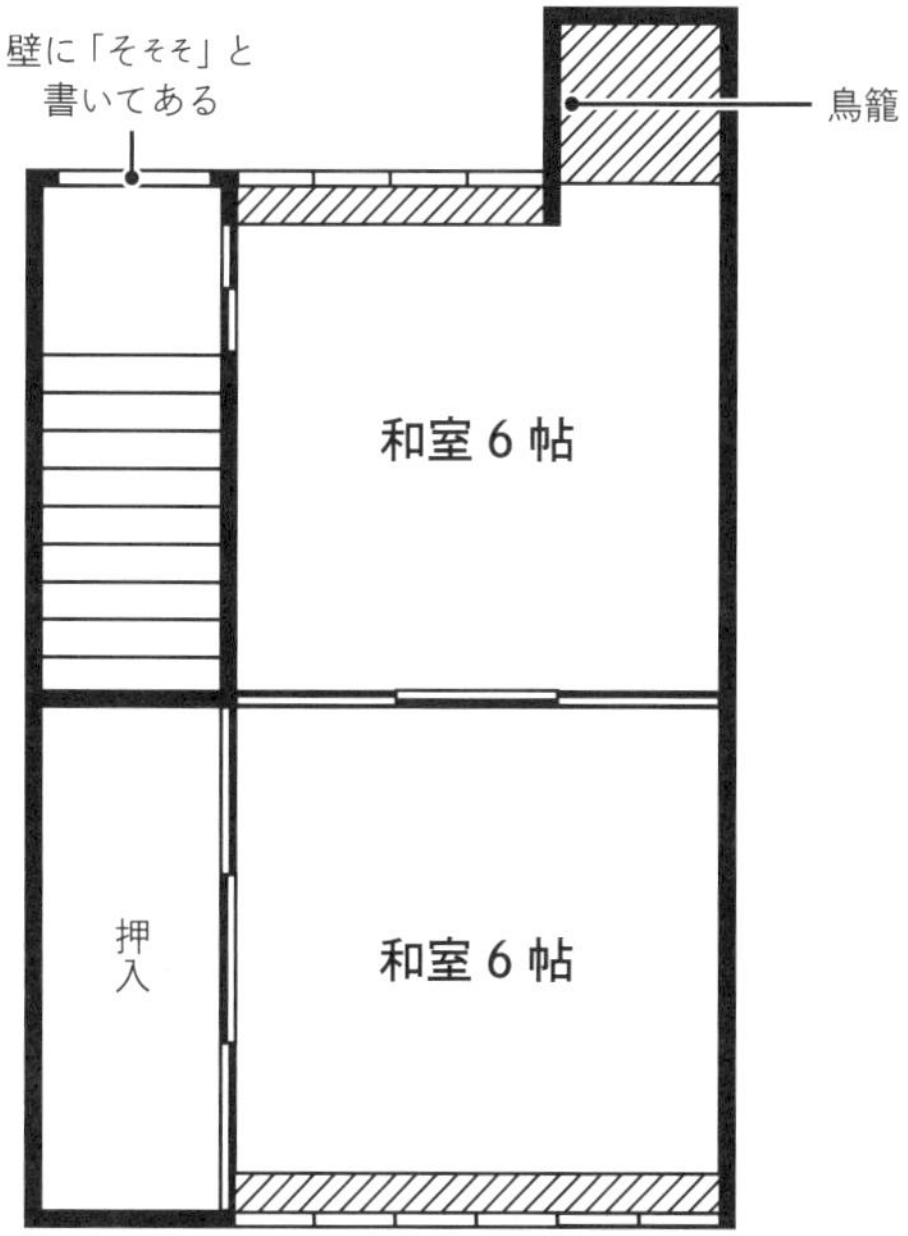

二〇一八年十月、高知のライブハウス「カオティックノイズ」での怪談ライブの後、常連のお客さんであるウォッチさんが奇妙な物件の情報をくれた。

それはウォッチさんの知人が借りている二階建ての小屋で、一階が車庫、二階が居住スペースになっている物件だ。

破格の家賃ではあるそうだが、この物件にはある条件が設けられている。

それは「二階に上がってはいけない」というものだ。

ウォッチさんの知人は、一階を駐車場代わりに借りているのだが、言われた通り二階にはまだ上がったことがないという。

ちなみにオーナーにはこのようにも言われたという。

「万が一、二階に上がってしまうようなことがあれば、それは自己責任で」

ウォッチさんからその知人に許可を取ってもらい、田中俊行さんと恐怖新聞健太郎さんと三人でその二階に泊めさせてもらうことになった。もちろん自己責任で。

現地までウォッチさんの車で連れていってもらった後、鍵を渡されてシャッターを開ける。

一階の車庫には借主の車が停めてあり、左端のスペースに二階へ続く階段があった。

靴を脱いで木製の狭い階段を上ると、正面の壁に「そそそ」と書いてあった。意味はわからない。

二階の二間はどちらも六帖和室で、ところどころ土壁が剝がれ落ちている。

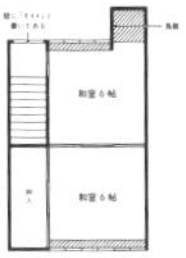

立入禁止の二階

「まあええ部屋やなあ、気持ち悪いけど」

「上がってはいけない理由は何なんですかね」

「床とかが落ちるとかやったらわかるねんけど」

「あ、そういえば電気は絶対に点けないでって言われましたね」

「もし灯りが点いてるのをオーナーに見られたらまずいからやろうなぁ」

「一応条件として出されてるわけですもんね、借りてる人は」

「懐中電灯も窓には照らさない方がいいですね、カーテンないから外に光が漏れてしまう」

「しかしよくこんな怪談してるようなやつらに一泊許可してくれたよなぁ」

「いい人ですね」

「ん？　このスペースなんやろう」

「掛け軸とか壺とか置くスペースですかね」

「掛け軸も壺もないけど、鳥籠置いてあるで」

「ほんまや、謎やなぁ」

「あれ、何か音が聞こえませんか？」

「聞こえた」

「吐息のような」

「ハァ――って」

「あ」

「どうした健太郎さん」

「今、ふ──んっていうのも聞こえました」

「それ僕も聞こえました、自分の左側から」

「田中さん、今、口笛吹きました？」

「吹いてないよ、俺も聞こえたよ、フュゥ〜って」

「今のは全員聞こえましたね」

「これは集まって来とるな、どうやら」

「そういえばウォッチさん情報で、オバケが見える人がこの物件を見た時、〝何かいるのはいるけど悪いものではない〟って言ったらしいですね」

「うん。確かに。なんか怖いとか悪いとかじゃない気がする」

「あれ？　今、感じなかったですか？　下からドンドン来たの」

「タニシくんちょっとな、アレちゃう？　感じやすくなってるんかもしれへんで」

「でも下からガーンはだいぶ前に一回ありましたよ。なんかスルーしてましたけど」

「え、健太郎さんマジで？」

「てか、寒くないですか？」

「うん、だんだん寒くなってきたよな」

「最初暑いくらいやったのに、なんか急に冷気が」

「しかもなんかこれ、嫌な寒さやな」

「首元とかめっちゃ寒い」
「あれ、タニシさん何してるんですか？　掛け軸のスペースで」
「これが一番マシやわ、この寒さしのぐのに」

ここからの記憶が僕にはない。

後から田中さんと健太郎さんに聞くと、部屋の温度が急激に寒くなり始めてから、僕は唐突に立ち上がり、掛け軸や壺を置くようなあの狭いスペースに行き、その後、鳥籠の横で立ちながら動かなくなったみたいだった。

立入禁止の理由は、わからないままである。

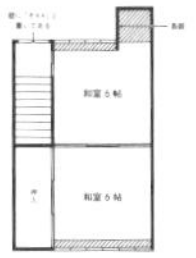

立入禁止の二階

階段突き当りの壁に書かれた「そ」。

灯りを点けようとしてやめる田中俊行（右）と
恐怖新聞健太郎（左）。

増築アパート

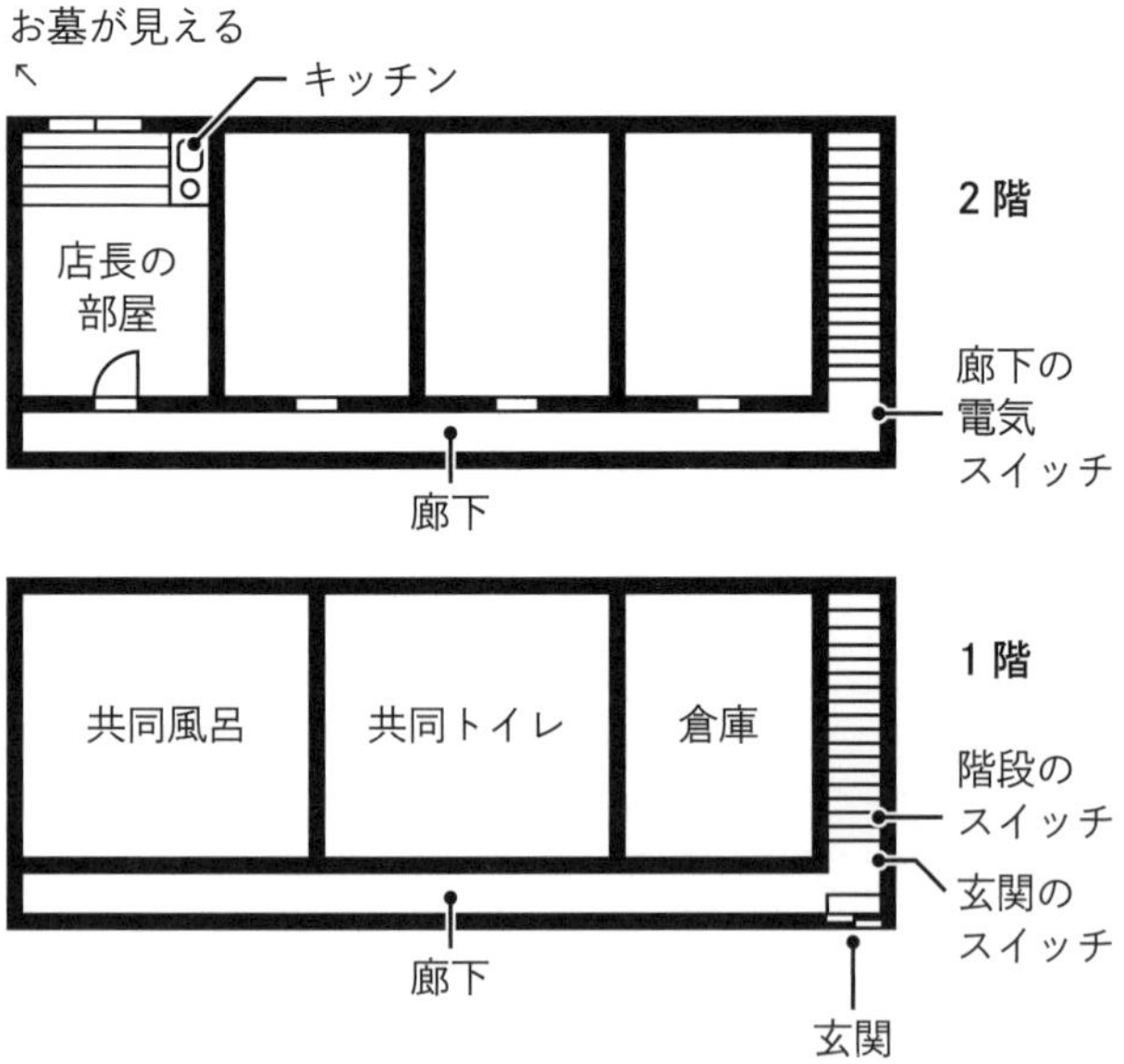
お墓が見える
キッチン
2階
店長の部屋
廊下の電気スイッチ
廊下
1階
共同風呂
共同トイレ
倉庫
階段のスイッチ
玄関のスイッチ
廊下
玄関

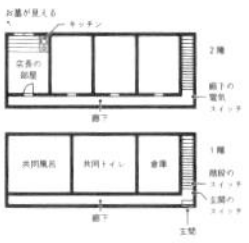

増築アパート

大阪で僕が十年以上アルバイトしているおにぎり屋の店長は、休みの日になるとサーフィンに行く。今から三十年以上も前、高校を卒業したばかりの店長は免許取りたてで車にサーフボードとミニコンポと布団を載せ、徳島県へあてもなく向かった。

辿り着いたのは海沿いの小さな町だった。サーフィンをするにはもってこいの波乗りスポットがあって、この近くに部屋を借りようと、車で寝泊まりしながら住む場所を探した。当時は現地に不動産屋はなく、借りられそうなアパートを見つけては直接交渉して回った。

しかし借りられる部屋はなかなか見つからなかった。そもそもこの地域に住んでいるのはほぼ地元の人間だけなので、賃貸物件自体が少ない。やっと見つけたと思ってもことごとく満室状態。

「あそこなら空いてるけど……」

唯一、地元の人が教えてくれたのが、あるアパートのきれいな増築部分の部屋だった。

はじめからあった古いアパートは満室で、新しく増築された部分は一階に共同トイレと共同風呂があり、二階に四つの部屋がある。古いアパートと増築部分は一直線に繋がってはいるが、増築部分の玄関は別にあって、そこからは増築部分にしか入れず、古いアパートと中では繋がっていない。

店長が借りることができたのは二階の一番奥の部屋だった。三十年前の記憶なので曖昧ではあるが、家賃はとても安く、確か一〜二万円だったという。

奇妙なのは新築なのに他に誰も住んでいないことだった。一応、二階の一番手前の部屋は、近所の受験生が勉強部屋として契約しているみたいだが、使われた気配がほとんどない。それ以外はすべて空き部屋だ。

実質的に店長がはじめての入居者だった。

部屋にある湯わかし器には、設置された日付が書いてある。その日付は半年前のものだった。つまり増築されてから半年間、誰もここには住んでいないということか。

大家さんはこのアパートから少し離れた場所に住んでいたので、完全に一人ぼっちの生活がここから始まった。


入居初日、特に霊感はないはずの店長だが、この物件の気持ち悪さははじめから感じていた。まず玄関に入って正面に階段があるのだが、横の壁に貼られている古く焼けた天地真理《あまちまり》のポスターがなんだか怖い。

そして一階にある共同風呂と共同トイレは新築なのに薄暗く、嫌な感じがする。トイレは生理現象だから行かざるをえないが、共同風呂は怖いから一度も入らなかった。

部屋の中ではラップ音が初日からバシバシと鳴っていた。昼間暑くて夜涼しいから、家の軋《きし》みかなと最初は思っていた。しかし窓の外を見たら、自分の部屋の裏が墓地であることを発見し、そうじゃないような気がしてきた。

住み始めて二週間くらい経った頃、大阪から友達が二人、部屋に遊びに来た。外からは猫

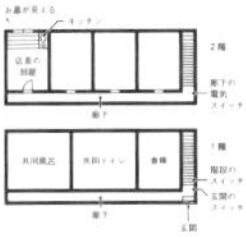

増築アパート

の鳴き声が頻繁に聞こえていて「うるさいなあ」と思っていたが、友達は口々に言う。

「これ、猫ちゃうぞ。女の声や」

「女の声だけじゃない。子供の声も聞こえる」

そう思って耳を澄ますと、確かに人間の言語だった。友達が帰った後も聞こえ続けるその声に、店長は布団に潜り込んで耐えるしかなかった。


またある日の夜、布団に入って音楽を聴いていたら突然部屋の照明が消えた。怖くて布団に潜り込んだが「停電かもしれない」と思い直し、じっと様子をうかがった。ミニコンポから聞こえてくる音がそのままだったのが、まだ救いである。

〝ん?〟

いや、コンセントに挿さっているミニコンポから、音楽が鳴ってるってことは停電ではない。しばらくして布団から顔を出すと照明は点いていた。


住み始めて一ヶ月が経とうとした頃、隣の部屋に大工のおじさんが住み始めた。アパートの住人が自分以外にもいると思うと少し安心した。

おじさんは「アンテナがないから」といって自作のアンテナをベランダに自分で取り付けて、これからも住む気マンマンだった。それなのに二週間ほどで出て行ってしまった。気付いた時にはもぬけの殻だったので、何故退去したのか、理由は聞けずじまいだった。

約二ヶ月間、店長はこのアパートに住み続けた。夜は部屋にいるのが怖かったが、昼はサーフィンに出かけ、地元のサーファーとも仲良くなれた。

そろそろアルバイトもしなければいけないなぁと思っていたタイミングで、そのサーファー仲間から住み込みで働けるスナックの従業員の仕事を紹介してもらった。

「じゃあ君の歓迎会を明日、店でやりましょう。住む部屋は用意してるから、その次の日からはそっちに住んだらいいよ」

スナックのママは気さくな人で、すぐに歓迎してくれた。

これで仕事も見つかったし、新しい部屋も確保できた。

もうあんな気持ち悪いアパートに住む理由もない。

店長はアパートの大家に「明後日引っ越しします」と言いに行き、当時はそれで退去もできた。


翌日、歓迎会は夜遅くまで行われた。

「じゃあ明日からよろしくね」

ママに色々とご馳走になり、深夜二時過ぎに帰宅する。

次の日にはもう引っ越すので、このアパートで夜を過ごすのは最後になる。

二ヶ月住んだ家とはいえ、相変わらず真っ暗のアパートは怖いので、いつものように玄関

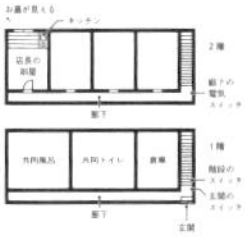

増築アパート

の扉を開けてすぐに電気のスイッチを入れる。続いて階段の電気のスイッチを入れる。

二階に上がって、廊下の電気のスイッチを入れる。

そして奥の自室まで行き、鍵を開けて、部屋の電気を点けたまま布団に潜る。まだ十八歳だった店長はいつも建物内の電気を点けたまま、部屋の電気も点けっ放しで朝を迎えていた。そうしないと、怖いからである。

〝パチン〟

布団に潜ってどれくらい経っただろう。そんなには時間が経っていないはず。アパートには自分以外、誰もいない。しかし確実に、その音が玄関から聞こえた。

〝パチン〟

電気のスイッチを入れる音……いや、消す音である。

〝パチン〟

もう一度、音がした。今度はおそらく階段の電気を消す音だ。

〝トントントントントントン〟

誰かが階段を上がっている。

〝パチン〟

二階の廊下の電気を消す音がした。

自室の部屋の扉と床の隙間が、黒い色に変色した。つまり、扉の隙間から漏れていた廊下の光が、消えた、ということだ。

〝トコ、トコ、トコ、トコ、トコ、トコ、トコ、トコ……………〟

立ち止まった。扉の向こうに。

アパートの玄関の扉が開く音はしていない。

そもそもアパートに自分以外の住人がいない。

自分が点けたはずの電気を消して、自分の部屋の前まで来た。

〝いったい誰が……？〟

これが一番怖かった、と店長は言う。

布団にくるまり、ガタガタ震えながら、長過ぎる夜を必死で耐えた。


朝になった。

まだ扉の前に何者かがいるんじゃないか。そんな考えも頭をよぎったが、何よりも早くここを出て行きたかった。荷物をまとめて、勢いよく部屋を飛び出し、鍵を大家に返した後、スナックのママが用意した新居へ一目散に向かった。

ママに挨拶する時に、昨夜の出来事を興奮気味に話し、聞いてもらった。

「君、あんなところに住んでたの？　あのアパート、入口付近にお地蔵さんあったでしょ。あそこ、昔は墓地なのよ。特に増築した部分。あの部分はお墓を潰してその上に増築してるの。地元の人はそれを知ってるから、誰も住まないのよ」

＊

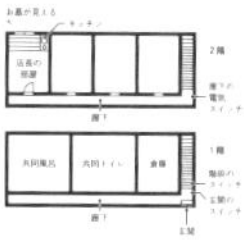

増築アパート

ここまでが店長から聞いた三十年以上前の話だ。どの辺にあったのかを聞くと、店長はグーグルマップで調べてくれた。するとまだ現存していた。

そして二〇一九年の九月、僕は現地へ向かった。

店長が住んでいた当時でも古かったアパートは、さらに古くて廃墟みたいだった。しかし今でも二世帯、住んでいる人がいる様子だった。

二階に扉があるのだが、その扉に続く階段がなくて奇妙だった。

増築部分の入口は鎖でグルグル巻きにされ封鎖されていた。こちらは本当に廃墟だった。

しかしくすんだ透明の扉から、玄関に入って正面が階段であることは外からでも確認できた。

店長が住んだ二階の奥の部屋は、下から見上げるしかできなかったので、どんな状態かはわからなかった。その部屋の窓から見えたとされるお墓も、生い茂った草のせいか、それとも移設されたのか、確認はできなかったし、お地蔵さんもなかった。

壁には「空室あり」と書かれた貼り紙があったが、電話番号が消されていた。残念ながら連絡はできなかった。

もし住めたなら、店長の部屋の前まで来た者の正体を、僕が確かめたかった。

外から行けない二階の扉。

鎖が巻かれた増築部分の玄関扉。

何者かが上ってきた玄関正面の階段。

ホテル七《しち》洋《よう》園《えん》

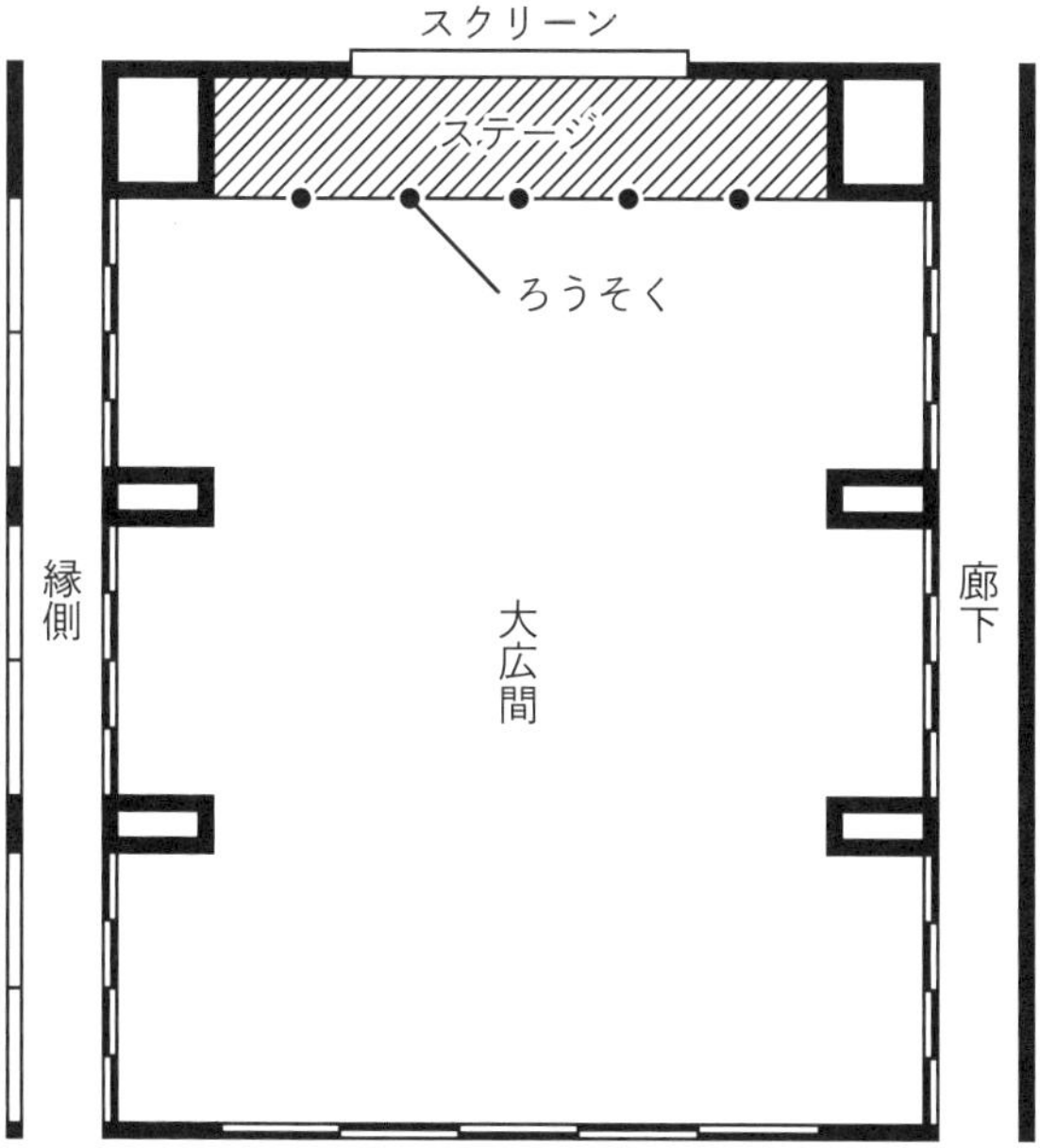

和歌山県奥和歌浦《おくわかうら》の雑賀崎《さいかざき》に、営業中のほぼ廃墟ホテル「七洋園」は存在した。

和歌山市街地から南西に車で二十分。外観は誰が見ても「廃墟」と思えるほど陰鬱な雰囲気で、夜になると「七洋園」と書かれた赤い電飾が薄《うっす》らと浮かび上がり、より怪奇度を増す。

館内は一切掃除が行き届いていない。

エントランスには昭和の土産物が埃《ほこり》を被り、自動販売機は電源が抜かれ、地下は暗闇、二階の大浴場には何年も湯が張られた形跡がない。

それにもかかわらず宿代は前金精算で一人五千五百円。なかなかに強気の値段設定である。

この七洋園が佇む和歌浦は、明治から昭和の中頃まで観光名所として栄えていた。

しかし交通手段が発達したことによって南紀白浜や九州に客足を奪われ、一九七〇年代以降は衰退の一途を辿るようになる。

そんな状況を背景に、七洋園が開業したのは一九六五年頃。周辺のホテルがみるみる廃墟化する中、七洋園のご主人はたった一人でホテルを管理し、営業を続けていた。

まさに「生ける廃墟」である。

*

二〇一七年九月、このホテル七洋園で、文様作家のアプスーさんが企画したオールナイト怪談フェスが開催された。

スタッフと出演者達は、開催日の三日前から会場として使う三階大広間を掃除し、準備を

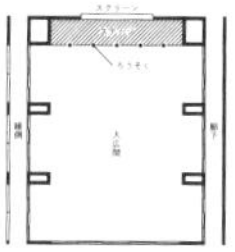

ホテル七洋園

進めていた。僕も一日だけ、ネット番組「おちゅーんＬＩＶＥ！」のスタッフと共に現場に行った。

怪談フェスは三階で行われるのだが、番組は同時進行で一階の大広間を使い、ネットで話題になった降霊術「ひとりかくれんぼ」を二人同時に試みる「ダブルひとりかくれんぼ」を生中継することになっていた。その下見とネット配信環境のチェックが、現場まで行った目的だ。まずはご主人に挨拶をしにいく。

「コーヒー飲む？」

ご主人は入口の自動販売機のコンセントを挿し込んで電源を入れた後に、常温の缶コーヒーを奢《おご》ってくれた。

〝独特ではあるが優しい方なんだなぁ〟

そう思いながら少しだけ他愛もない話で談笑した後、一階の大広間を見せてもらえませんかと交渉すると、突然態度を急変させ、頑なに大広間に入ることを拒まれた。

そしてご主人自身が大広間に籠もってしまい、僕と番組スタッフは廊下から身動きが取れなくなってしまった。

しばらくして、大広間からご主人が誰かと話している声が聞こえてきた。

そうかと思うと、今度は大きな笑い声が聞こえた。

「ハッハハッハーッ、ハッハッハッハーッ」

そして笑い声がやんだと思ったら、また誰かと話している声がして、その後また笑い声が聞こえてくる。

僕は恐る恐る大広間の入口に近付き、襖《ふすま》の隙間から中の様子をうかがってみた。

大広間には布団やら座布団やら脱ぎ捨てた衣類やらがそこかしこに散乱していた。

そしてその中央に声の主はいた。

「笑う門《かど》には福来《きた》る、ありがとうございます、ありがとうございます、ハッハッハッハーッ」

ご主人は自分の両掌を〈手鏡〉のように眺めながら、感謝の言葉と笑い声を交互に繰り返していた。

しばらくして声がやんだ。

すると大広間からご主人が出てきて、こちらに近付いてきた。

「いいよ」

そう言って、中に入ることも撮影に使うことも許可してくれた。

*

イベント当日。怪談フェスは三階大広間で午後八時からスタートして午前五時に終了する。途中、一階大広間で午後十時から一時間、「ダブルひとりかくれんぼ」のネット番組生中継が入る。

午後六時

一階の大広間でカメラのセッティングをしていた番組の女性スタッフが急に「首を絞めら

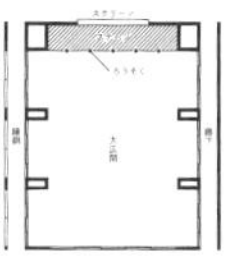

ホテル七洋園

れた」と訴える。しかしスタッフ以外は誰も部屋には入っていない。「気のせいだろう」と他のスタッフになだめられ、準備を進める。

午後七時

開場。観客が三階大広間へ入場する。

午後八時

三階大広間にて怪談フェス開始。

午後十時

一階の大広間で「ダブルひとりかくれんぼ」開始。部屋全体を固定カメラで映しつつ、華《はな》井《い》二等兵とにしね・ザ・タイガーがそれぞれカメラを持って自撮りしながら約一時間、押入と物置に隠れる。

午後十時三十五分

「ばかやろう」という、華井でもにしねでもない甲高い女の声が生中継の映像に入る。

午後十時五十四分

華井が映すカメラに、画面半分を埋めるほどの巨大な謎の男の顔が映り込む。

午後十一時

「ダブルひとりかくれんぼ」終了。準備中に首を絞められたと訴えた女性スタッフが、番組本番中もずっと何者かに首を絞められ続けていたらしく、実際に彼女の首元に真っ赤な痣《あざ》ができていた。

午前二時

三階大広間での怪談フェスの最中、田中俊行さんが用意していた「聞くと怪異が伝染する謎の留守番電話の音源」が、誰も触っていないのに勝手に再生される。

出演者の前に設置されていたろうそくがすべて消える。

観客席から急に赤ん坊の泣き声が聞こえる。

誰かの悲鳴も突然鳴り響いたそうだが、聞こえた人と聞こえなかった人に分かれる。

観客の一人が、その悲鳴が聞こえる数秒前から何故かスマートフォンのカメラが作動して録画状態になり、その録画された映像には確実に女性の悲鳴が入っている。しかしそこに映っている出演者、観客は悲鳴に気付いていない。

午前三時

「ダブルひとりかくれんぼ」で儀式に使用して濡《ぬ》れたぬいぐるみを、華井とにしねが玄関の外の端に置いて乾かしていたのだが、イベント休憩中に会場周辺を散歩して戻ってきたら玄関の中央に人形が勝手に移動していて、まるで帰ってくるのを出迎えているようだった。

午前五時

怪談フェス終了。

＊

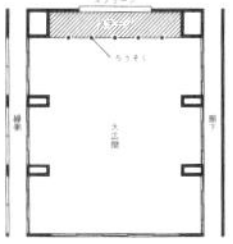

ホテル七洋園

とにかく、怪奇現象は至るところで勃発した。

この日、ご主人はとても上機嫌だったという。

怪談フェスには百人以上の観客が詰めかけ、ホテルが活気づいている様に、観光名所として栄えていた時代の和歌浦を思い出してくれたのかもしれない。

この怪談フェスが開催されたちょうど一ヶ月後、七洋園のご主人は亡くなった。

〈手鏡〉

手には何も持ってないのに、自分の掌や手の甲をまるで鏡を覗き込むかのようにじっと眺めることをいう。手鏡は亡くなる直前の人がする行動とされている。

また、大阪府松原市では、手を合わせてこすり、顔を手鏡で映すようにして掌を見る姿を「病人の手鏡」と呼び、死の一週間ほど前から始まるといわれている。

手鏡は愛知県蒲郡市、岐阜県などでもその風習が確認されている。

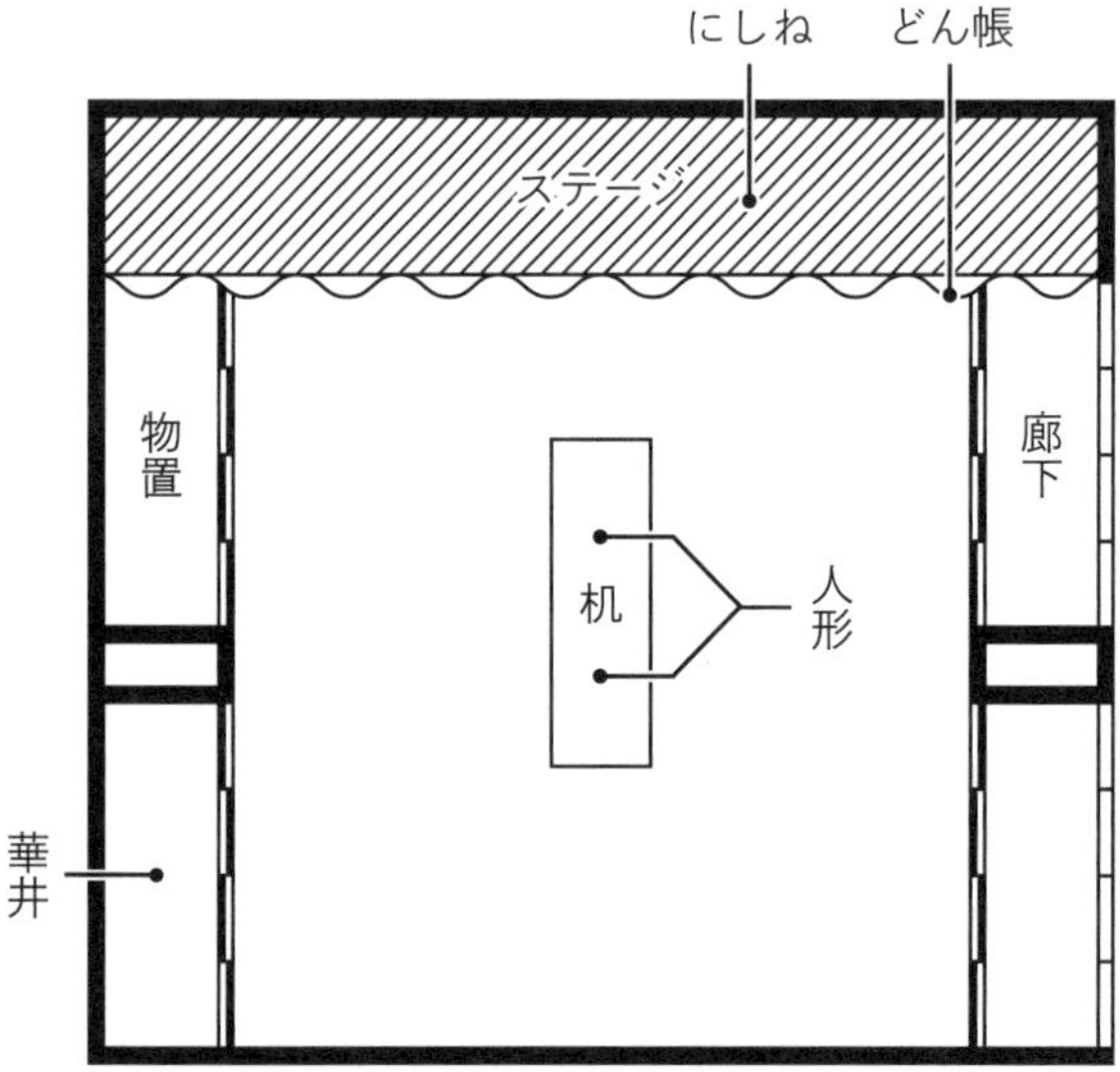

「ダブルひとりかくれんぼ」が行われた1階大広間。

「ダブルひとりかくれんぼ」で隠れる場所を探す
にしね（左）と華井（右）。

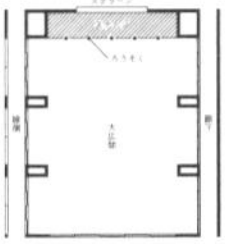

ホテル七洋園

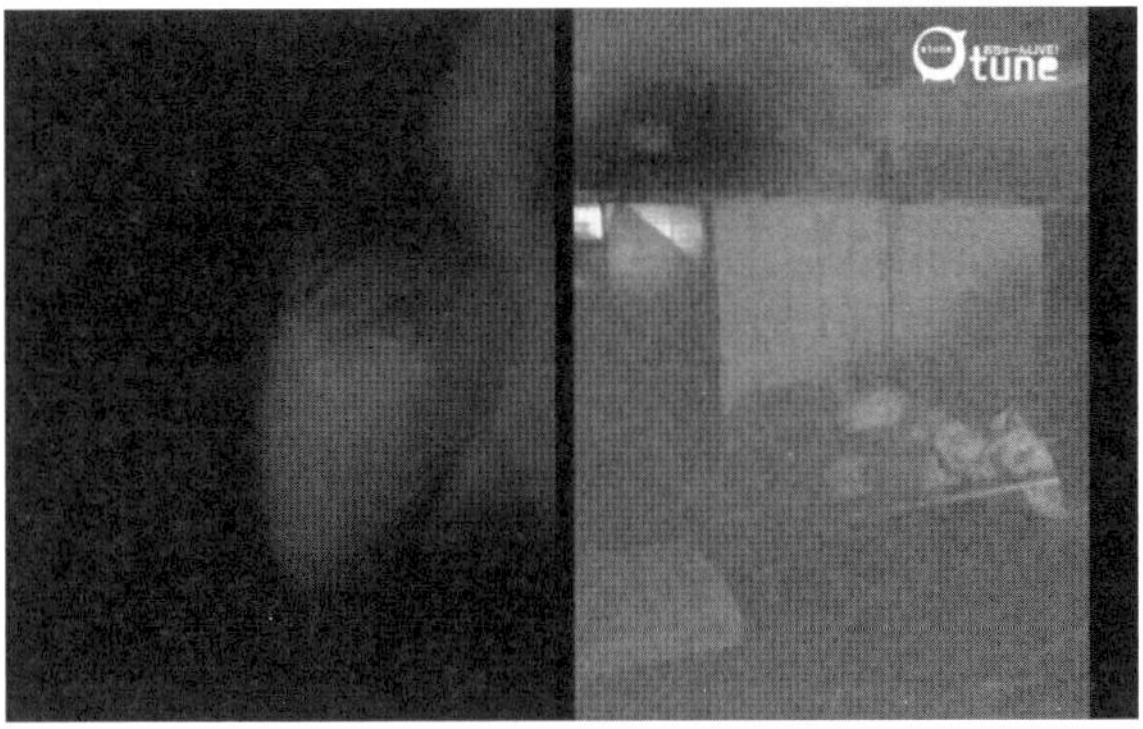

華井のカメラに映った巨大な半分の顔。

勝手に動いていたぬいぐるみ。

山和《やまわ》荘別館

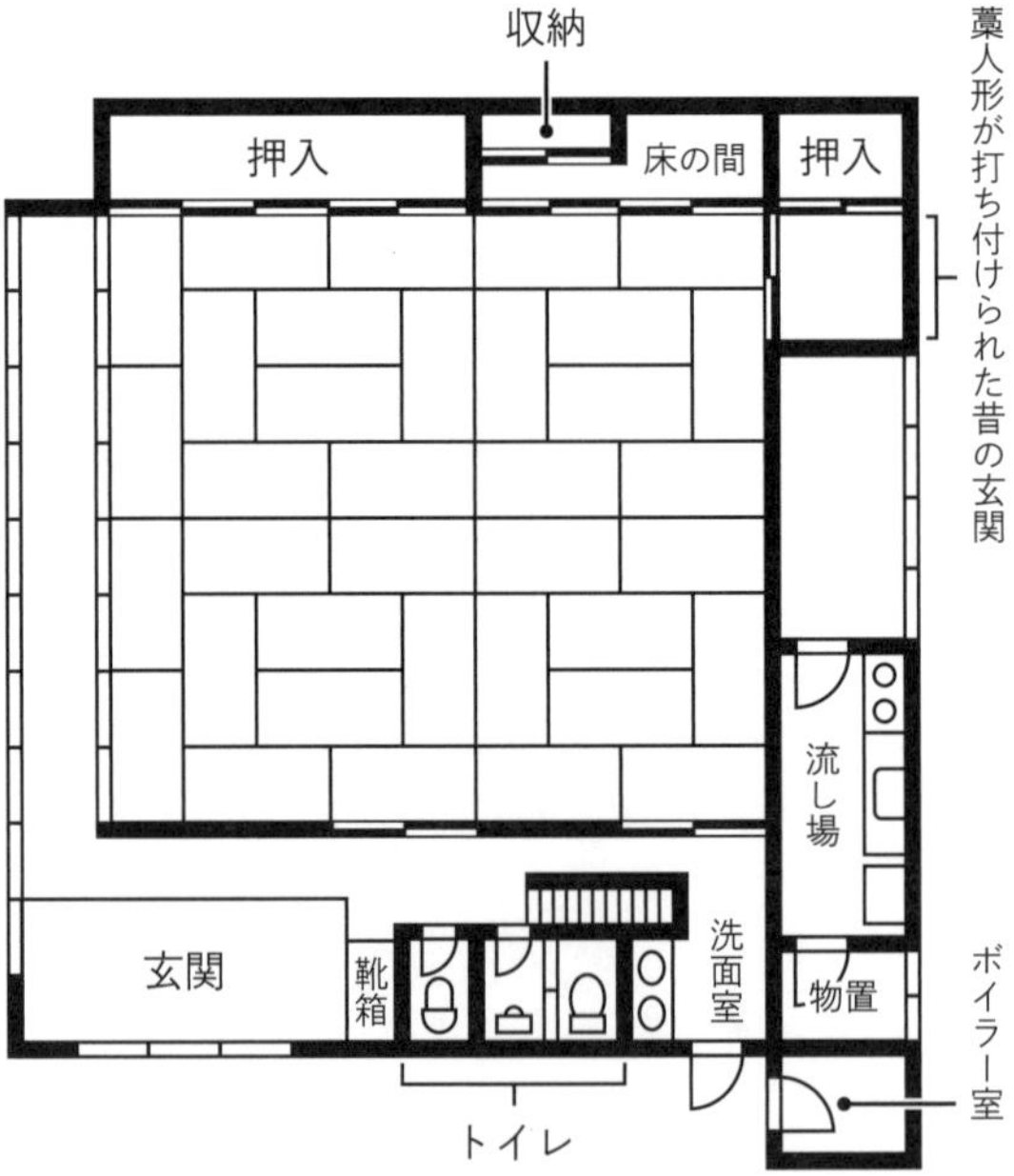

山和荘別館

二〇一九年十二月、石川県白山《はくさん》市白峰《しらみね》（旧・白峰村）の旅館でオールナイトの怪談会が開かれた。文様作家アプスーさんの企画である。

白峰は白山の登山口にある村で、村半分が国立公園に指定されている温泉地だ。昔この村は「牛首《うしくび》村」と呼ばれていて、白山を開いた修験者の泰澄《たいちゅう》大師が村の守護神として牛頭《ごず》天王を祀ったことから、その名がついたとされる。土地の歴史に対する嗅覚が鋭いアプスーさんは言う。

「〝牛首〟というキーワードに怪談好きなら反応してしまうのは仕方のないことですね。実はさらに白峰について調べると、縄文時代から人々が住む土地ということがわかったんですよ。この地にはまだ世に出ていない素敵な物語が隠されているに違いないです」

会場となる山和荘別館は築百年以上の木造旅館で、現在はほぼ使われていない。この旅館のご主人のお孫さんが、出演者である石川県金沢市出身の怪談師・チビル松村さんと同級生であることから怪談会が実現した。

怪談会に使用する一階には四つの広間があり、襖を取っ払えば大広間になる。僕らは前日に入り、旅館を経営するご家族のみなさんの協力のもと、襖を外したり軽く掃除をしたりして準備を進めていた。すると、カメムシがやたらと現れることに気付く。

周辺に森林の多い白峰はカメムシが多く棲息し、秋から冬にかけてあらゆる隙間から建物に侵入して越冬する習性を持っているため、襖の隙間や屋根裏などからポツポツと姿を現す。

そのカメムシをガムテープで捕獲し、潰さないように密閉する。そうしていつの間にかカメムシ退治に精を出し始めた我々の様子を、山和荘の大女将さんが覗きにきた。大女将さんは八十歳を超えているのにお元気で、不思議な話を教えてくれた。

「この旅館はねえ、足のない幽霊が出ますよ」

幽霊には足がない。そういえばそうだった。〝幽霊〟であることの条件として「足がない」は最も有名な話だ。

江戸時代の絵師・円山応挙《まるやまおうきょ》が夢枕に立った亡き妻の姿を描いた足のない幽霊画が爆発的に売れて、それ以降足のない幽霊画がどんどん増えていき、いつしか「幽霊＝足がない」というイメージが定着していったとされている。

しかし実際、足のない幽霊を見たという話はあまり聞いたことがない。

まさかこんなところで聞けるとは。

「うちによく来てたお客さんなんやけどね、別館の方が静かそうやから今日はそっちに泊まるわーって玄関開けたんよ。そしたら、いらっしゃいませ〜って声がして、声のする方を見たら廊下を〝ふわふわふわふわ〜っ〟て歩くさかい、あらこの人変な人やーって、ほっと下を見たら足がないって。それで本館に変えてくれーって駆け込んで来よったんよ。もう二十年も前の話やけどね」

大女将さんは杖を器用に使って玄関の靴を整理しながらそう言った。

「あとね、従業員の人達が掃除しとったら、押入の中に誰か〝スースースースー〟って入っ

山和荘別館

ていくのを見たって」

その日の夜、押入の前で一晩明かしたが、幽霊は僕らの前には現れてはくれなかった。その代わり、玄関の三和土《たたき》に誰のものでもない小さな足跡が二つ残されていた。雨も雪も降っていなかったのに、その足跡はしっかりと濡れていた。いやしかし、大女将さんが言うにはこの旅館に出る幽霊は足がないはずなのだが、これはいったい……。

山和荘別館の裏側には「おでんマンチ」がある。三十五年以上続く老舗のおでん屋で、こちらも八十を超えたお母さんが一人で切り盛りしている。

会場準備の休憩がてらアプスーさんとチビルさんと三人で店にお邪魔すると、その日は地元の青年達がカウンターに座っていた。

「実は明日、山和荘の別館で怪談イベントがあるんですよ」

自分達のことをそう説明すると、彼らは〝事故物件に住んでる芸人〟として僕のことを認識してくれた。ありがたい。

「おばあちゃん、あれ出してあげてよ」

おでんマンチのお母さん特製の地元の名物、ニシン大根を食べさせてもらう。うまい。

「何か地元の不思議な話ってないですか？」

郷土料理に舌鼓を打ちながら、勢いまかせにそう聞くと、一人の青年が先輩が体験したという奇妙な話を聞かせてくれた。

彼の先輩はこの近くの山の麓にある学生寮に住み、二階の一室で生活していた。

ある日の夜中、窓をノックされ、寝ぼけながら窓を開けると小さな男の子と手を繋いだ母親らしき人が立っていた。

「すみません、○○高原はどこにありますか」

突然道を尋ねられたので、「あっちです」と教えると、

「ありがとうございます」

そう言って親子連れは教えた方向へ歩いていった。

それにしても遅い時間に起こされてしまったなぁと、ふと我に返った先輩はあることに気付く。

「なんで二階の窓の外に人間が立ってるんだ！」

窓の外を再び見ると、親子連れの姿はもうなかったという。

この話は、翌日の怪談会に参加した地元の方から続きを聞くことになる。

怪談会は大盛況で、厳しい寒さの中、関東から関西から、いや全国からお客さんが白峰にたくさん集まってくれた。

イベントが静かに盛り上がる中、深夜二時を過ぎたあたりで地元の方に飛び入りで怪談を

山和荘別館

してもらう時間があった。その中に、僕がおでんマンチで聞いた学生寮の話を「自分も聞いたことがある」という方が現れた。

「実は私もその話を息子から聞いておりました」

どうやらこの方の息子さんは、おでんマンチにいた青年の先輩と同級生のようである。別ルートで同じ体験談を聞いているのだ。

「それで、私、パラグライダーを趣味でやっておりまして……」

例の学生寮の近くにはスカイスポーツが盛んな高原があり、ご自身もよくその高原でパラグライダーをしていたという。しかし、そこではかつて悲しい事故が起きていた。

高原へ行くにはゴンドラに乗るのだが、パラグライダーではなくハンググライダーの場合は、大きな荷物になるグライダーを上まで運ぶ必要があるため、車で離陸地点まで行かなければならない。

あるハンググライダーのイベントで、奥さんと子供を連れた参加者が、車で離陸地点まで行った後、奥さんと子供を車に残し、グライダーに乗って下まで降りた。そして着地してからゴンドラに乗って再び妻子の待つ車に戻るはずだったのだが、車で待っていた息子がパワーウィンドウに首を挟んで絶命するという事故が起きてしまう。そばで息子を助けることができなかった母親は精神を病み、その後亡くなったという噂であるが、本当はどうなってしまったかは不明である。

「この事故を私、知っておりましたので、息子の同級生が学生寮で見た親子連れというのはおそらく、この母親と息子のことではないかと。母親が学生寮まで来て聞いた〇〇高原というのは、きっとハンググライダーの着地点のことだと思うんです。何故なら着地点の近くにあるゴンドラ乗り場の名前が〝〇〇高原〟ですから。旦那さんがいつまで経っても戻ってこないから、息子と迎えに来たんじゃないでしょうか」

怪談会は明け方七時まで続いた。他にも地元にまつわる興味深い話をたくさん聞かせてもらった。死人谷、首吊り小屋、謎の列車事故、葬山……。ワクワクするようなワードが一晩でたくさん登場した。アプスーさんの言う通り、素敵な物語がまだまだ隠されているようだ、白峰には。

そういえば山和荘別館の玄関は昔は別の場所だったそうだが、最後に大女将さんはさらっと凄いことを教えてくれた。

「ここが民宿になる前はな、昔はあそこが玄関やったんよ。やけど今は改造してこっちを玄関にしたんやけど、前の玄関の入口に藁《わら》人形が四体打ち付けられとってな……」

まだまだ山和荘にも素敵な物語が隠されていそうだ。また来なければ。

山和荘別館

幽霊が吸い込まれる押入。

小人の足跡？

風情のある白峰村。左からタニシ、アプスー、
田中俊行。

美人の幽霊が出る旅館

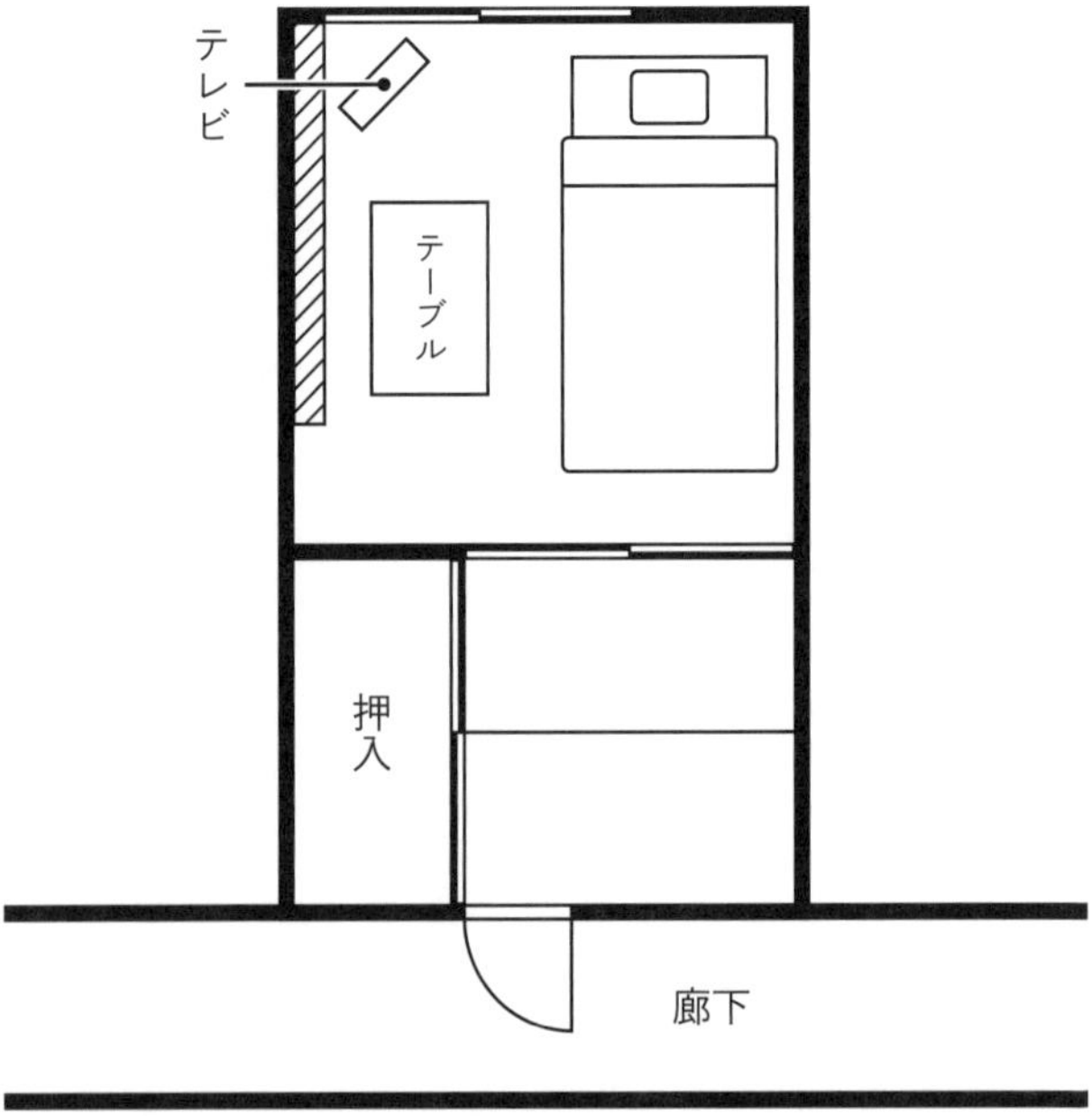

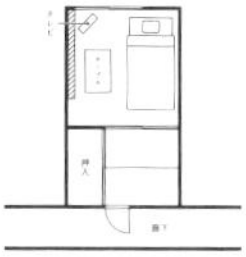

美人の幽霊が出る旅館

東京に美人の幽霊が出る旅館がある。

噂では二〇七号室に出るとのこと。

「二〇七号室でお願いします」

僕は電話で部屋番号を指定して宿泊した。

古くて年季の入った旅館だった。都会の真ん中にあるのに一泊三千円もかからないのがありがたい。

一晩、霊に会えるのを楽しみに待ったが、現れてはくれなかった。

チェックアウトの時、旅館の大将に幽霊の話を聞いてみた。大将は愛想良く体験談を話してくれた。


今から三十年ほど前、現在の大将がまだ手伝いとして旅館で働いていた頃、宿泊客の男性に部屋の鍵を渡したら、怪訝《けげん》そうな顔でフロントに戻ってきた。

「あの、二〇七号室、他の人がもう入ってたんですけど」

そんなはずはない。もしかしたら他の部屋の宿泊客が間違えて入っているのかも。大将は男性客と一緒に二〇七号室を確認しにいった。

〝コン、コン〟

「すみません、お客様、部屋を間違えている可能性がありますので、入りますよー」

扉を開けると、部屋には誰もいない。

「あれ？　そんなはずはない。さっきまでそこにいたんですよ」
男性客によると、フロントで鍵を受け取り二〇七号室の扉を開けたら、女がいた。二十代前半から半ばの、白いノースリーブのワンピースを着た女性が布団の前に正座していたという。あまりにもきれいな女性だったので動揺し、「あ、すみません」と言って扉を閉めた。すぐに自分がもらった鍵の番号と部屋番号を照らし合わせたが、部屋を間違えたわけではなかった。

しかもその日は女性の宿泊客は一人もいなかった。つまり女性がいること自体がありえない。ということは、幽霊？

「別の部屋、用意しましょうか」

「いえ、この部屋で大丈夫です！　幽霊でもいい、もう一度あの女性に会いたいので」

その日からこの男性客は一週間、同じ部屋に連泊した。あの時、確かにそこにいた、白いワンピースの女性にもう一度会えるように。

それが大将が体験した最初の幽霊騒動であった。この男性客はその後も女性の霊に会いたくて、何度も二〇七号室を利用したという。まるで現代版「牡丹灯籠《ぼたんどうろう》」である。

それから三十年の間に、何度か女の霊の目撃談を別の宿泊客からも聞くことがあった。七、八年前にも報告例がある。そのほとんどが二〇七号室で、やはり「美しかった」「もう一度

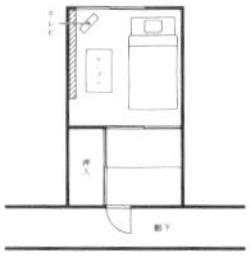

会いたい」と、目撃者は口々に言っていた。たまに「二〇八号室にいた」という話も聞いた。

むしろ二〇八号室の方がエンカウント率が高いという説もある。

あと、深夜の玄関に和服姿の美しい女性が立っていたという話も一度だけあったという。

それにしても、一度見てしまった男に、それほどまでに会いたいと思わせる女の霊とはいったいどんな姿をしているのだろう。残念ながら大将は一度もその姿を見ていないそうだ。

そして僕も実はあれから三泊しているのだが、まだ見ていない。

いつか出会える日が来るまで、また僕は泊まるだろう。

白のノースリーブの女性は
現れてくれなかった。

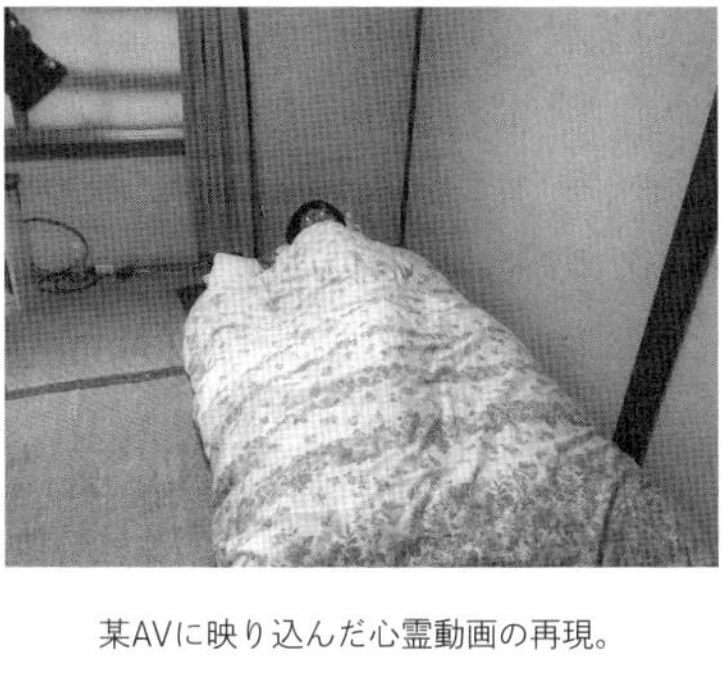

某AVに映り込んだ心霊動画の再現。

全滅旅館

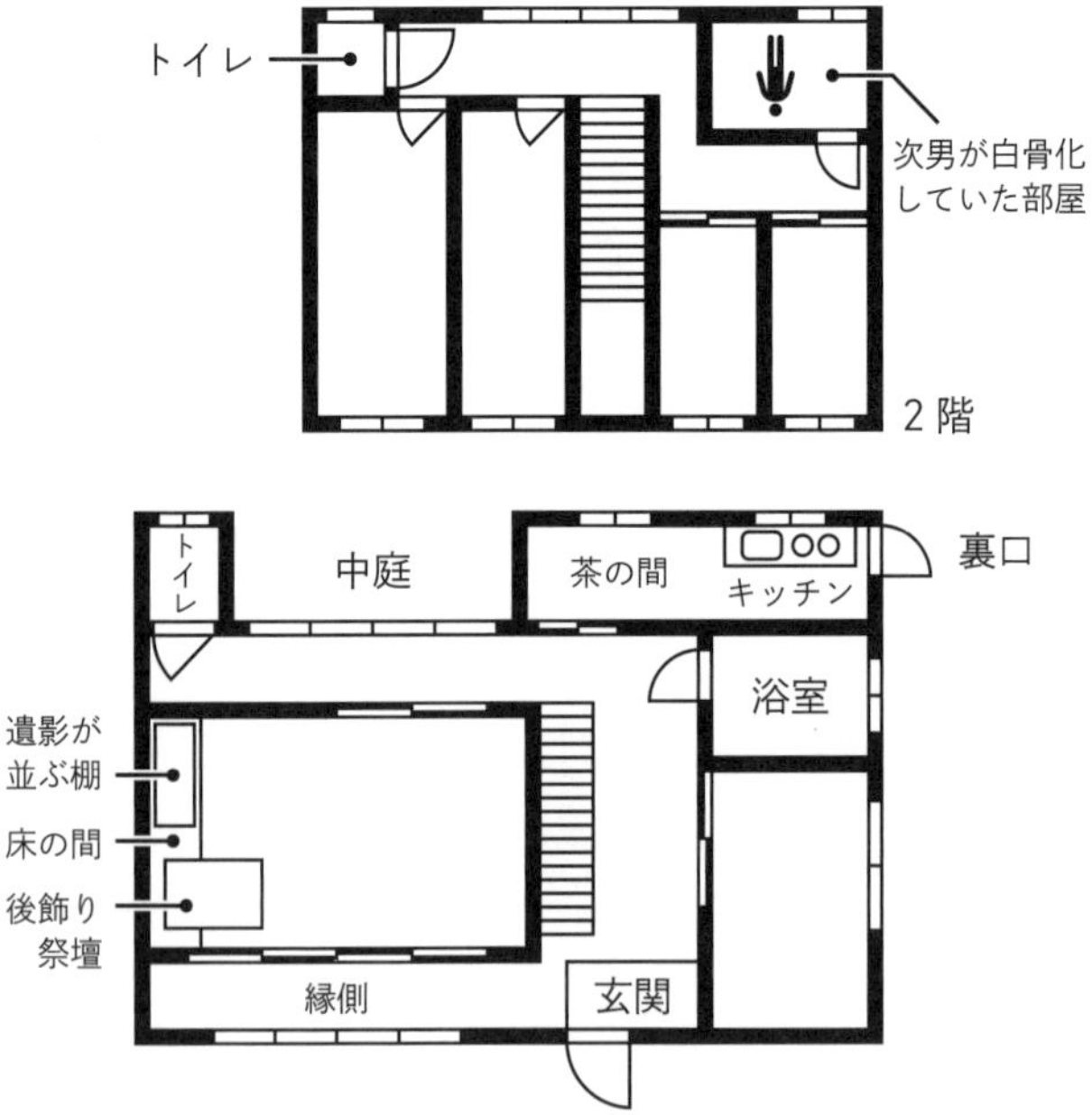
トイレ
次男が白骨化していた部屋
2階
トイレ
中庭
茶の間
キッチン
裏口
浴室
遺影が並ぶ棚
床の間
後飾り祭壇
縁側
玄関

「はじめまして。静岡県に住むハルと申します。実は私も事故物件を持っています。タニシさんは現在も事故物件は探してらっしゃいますか？」

　突如ＳＮＳのメッセージに送られてきた内容はこうだった。

「正確には元民宿を利用した母方の祖父母宅です。かつては祖母が経営する民宿だったのですが廃業し、祖母の首吊り自殺後、内鍵がかけられテレビが点いたままの二階の部屋で白骨化した次男が発見されました。死臭がするはずなのに気付かないまま祖父母は一年間暮らしていたことになります」

　情報量が多い。全容を把握できず、僕はハルさんに詳細を求めた。

「色々と訳ありな人間模様がありますので、自分なりにまとめて送らせていただきます」

＊

　私の祖母は前夫との間にもうけた男児Ａを実家に預け、Ｆ家に嫁いだ。

　祖父は時に女子供に手を上げるような昭和のガキ大将のような人で、鉱夫や漁業を生業としていた。祖母は昭和の好景気に民宿を始める。

　祖父と祖母は長男Ｂ、次男Ｃ、長女Ｄ（私の母）、次女Ｅの四人の子供を授かった。

　Ｆ家には長男夫婦が同居し、他の子達はそれぞれ家庭を築く。民宿の繁忙期には長女Ｄ、次女Ｅが手伝いにやってきた。

十五年ほど前、金銭トラブルで長男Ｂが入水自殺。その後、次男Ｃが離婚して実家に戻ってくる。残されたＢの妻はストレスと、義父がＣとの再婚を迫ったことで精神が不安定になり、子供を連れてＦ家を出ていく。そしてＣも父親との折り合いが悪くなり家を出る。

次女Ｅは父親と揉めて絶縁状態になった上に脳梗塞を起こし、若くして半身不随になる。

年齢を重ねた祖父はより粗暴になり、食事を届ける長女Ｄに会うことも拒否し、喧嘩《けんか》が多くなる。次男Ｃは実家に戻ったが働かずに引きこもった。ちょうどその頃、疎遠だった祖母の長男Ａが横浜市内で孤独死しているのが発見される。Ａは生涯独身であったため、足の悪くなった祖母の代わりに長女Ｄが遺骨を受け取りに行った。その頃から長女Ｄのアルコール摂取量が増え始める。そして再び次男Ｃの行方がわからなくなった。

ある日、祖父と祖母が喧嘩し、祖母が行方不明になる。三日後、長女ＤがＦ家を訪れ、祖母の居場所を祖父に聞くと「出ていった」と答えた。しかし足が悪い祖母が遠くへ行けるはずはなく、敷地内を探した結果、民宿の隣にある今は使っていない旧宅の納屋で、首を吊った遺体を発見。警察に通報し、遺書も発見される。色んなところにぶつかったのか、祖父との喧嘩で何があったのかはわからないが、祖母の遺体は体中アザだらけだった。

ついでに行方不明中の次男Ｃの手がかりを探すため、警察とともに二階のＣが引きこもっていた部屋の鍵をこじ開ける。するとそこには消音のままテレビが点けっ放しになっており、布団の上には白骨化しているＣの遺体があった。遺体は死後一年くらい経っていた。内鍵が

かかっていたため、衰弱による死亡も考えられ、五十代ではあったが自然死として扱われた。

祖父母は腐っていく息子の遺体と一年過ごしたことになる。本当にCが部屋にいないと思っていたのだろうか？　異臭に気付くことはなかったのか？　様々な疑問が残るが、高齢の祖父が一人残されたこともあって、警察は詳しく掘り下げることはしなかった。

祖母の死後、長女Dは祖父をグループホームに入居させようとしたが、本人は納得せず殴る、暴言を吐くなど暴れた。度重なる心労でDはやがてアルコール依存症になる。

その後なんとか祖父はグループホームに入居したが、ヘルパー達や面会に来る長女Dに暴言、暴力を繰り返すため、長女は祖父に会いたがらなくなる。

その頃、私は離婚して実家（母である長女Dの家）に戻る。事情は知らされていなかったが、家の中がめちゃくちゃで、Dが母親としての役割を果たしていないことは明白だった。

長女Dは即入院となった。依存症の専門病院は少なく、多くは精神病院に入り、アルコールから隔離した環境に身を置く治療をする。症状が重い人ほどアルコールが抜けていく過程で幻覚や妄想、挙動不審、暴力的になるなどの症状が現れるのだが、Dの場合は点滴を引っこ抜く、徘徊する、妄想などの症状があり、何故か目が真っ白になっていて、私のこともよくわかっていなかった。重度のアルコール依存症だった。

ちなみに私の父は発達障害のため煩雑な手続きや医師との話し合いなどもっての他、電話対応すらできない。父の母である祖母も同じ障害を持っている。そのためF家の祖父のこと、自分の実家のことがすべて、傷心して帰ってきたばかりの私に降りかかることになった。

Ｆ家の祖父の容態が悪くなった時も、私の職場に病院から電話がかかってきた。

「人工心肺をつけますか？　今すぐ決断お願いします」

病院はＦ家の関係者すべてに連絡したが、みんな決断を拒否したという。

何故、同居している孫でもない私が祖父の寿命を決めないといけないのか。まだ子供達が生きているというのに。子供達は祖父と仲が悪いため、関わることを拒否したのだ。

人工心肺はつけない方針に決めた。

自分が祖父の寿命を決めた。涙が止めどなく溢れ、職場から早退した。

私は祖父に暴力を振るわれたことも暴言を吐かれたこともない。だから私には〝おじいちゃん〟に変わりはなかった。こんなにも祖父が周りから嫌われているなんて思ってもみなかった。

親戚に助けを求めても「死ぬまで会いたくない」「死後の手続きは手伝う」と言われた。用があるのは相続なんだろうなと思った。

そんな折、父方の大叔父が都内で息子と飛び降り自殺をしたと連絡があった。生活苦だった。悪いことは続くものだ。次は同居している祖父が浴室で倒れた。私に社会性を身に付けさせてくれた唯一の人だった。数日で退院はできたが、その頃から認知症が進行していった。

これで本当に頼れる人がいなくなった。

　Ｆ家の祖父、長女Ｄ、同居している祖父の連絡先や手続きを行うのがすべて私だったため、電話がひっきりなしに鳴った。仕事にならず、せっかくの職場を離れるしかなかった。

　結局、Ｆ家の祖父は人工心肺の選択から三ヶ月後に老衰のため死去。看取ったのは私一人。祖母は自殺、長男も自殺、次男は不審死、長女は廃人寸前、次女も長年の車椅子生活から認知症が始まっている。

＊

　二〇一九年秋、僕は静岡へ向かった。

　ハルさんとある駅で待ち合わせ、ファミレスに入り、改めて話を聞いた。

「お祓いは何回もしました。有名な神社にも行きました。でもまったく事態は好転しません」

　これだけの身内が亡くなっているが、幽霊となって現れたことはあるのだろうか？

「私は幽霊が見えたことは一度もありません。家族も誰も見ていません」

　運命を恨んだりしないのだろうか？

「人間の体質、人柄に勝る念はないというか、死んでる人よりも生きてる人の方が怖いですね」

　ハルさん自身は精神的に大丈夫なのだろうか？

「巻き込まれてる人に起きる症状として、自分の価値がわからなくなります。人やトラブルに気を遣い過ぎて自分の優先順位が一番下になるんですね。笑ってるんだけど心から笑えなくなります」

　ハルさんの話を聞かせてもらった後、廃旅館と化した祖父母の家に一泊させてもらうことをお願いした。

「先日の台風で竜巻のようなものが発生したらしく家の雨戸や屋根、窓ガラスが破損してしまいました。白骨化した遺体のあった部屋側のガラスが全面割れてしまって本当に廃墟になってしまいました。それでもよければ……」

　これだけ一族の不幸が続く要因はなんなのだろう。やはり〝呪い〟や〝祟り〟の類いの仕業なのだろうか。

　近くに鳥居と祠があったが、何を祀っているのかは一切わからなかった。

　ハルさんに案内され、元民宿である祖父母の家〝F家〟に到着する。

　庭の草は生い茂り、窓や戸はベニヤ板で封鎖され、誰が見ても廃墟だった。

　ハルさんはベニヤ板を押さえる角材を取り外し、縁側の戸を開放した。

「どうぞ、土足で大丈夫ですので。ガラスの破片にだけは、お気を付けください」

　床の間には後飾り祭壇が置かれ、隣の棚には六枚の遺影が飾られていた。

「ここで祖父は介護を受けていました」

　二階への階段を上ってすぐ右の客室だけが鍵付きの開閉式扉になっており、それが次男の亡くなった部屋だ。室内には長男の娘の写真や賞状が至るところに飾られていた。家族写真

や親戚一同が集まった写真などもあった。つまりこの家系にも少なからず幸せな時代があったのだ。次男はその景色に囲まれた部屋から出ることなく、静かに息を引き取ったのだ。

僕は次男の机に缶コーヒーを供えた。

再び一階に戻り、おじいさんが過ごした部屋の祭壇にワンカップを供えた。

その後、おばあさんの自殺した納屋へ行き、羊羹《ようかん》を供えた。

何かが起きて欲しかった。祖父の人影、次男の足音、祖母の声。あるいは先祖の霊、謎のお札、通ってない電気の点灯、忌まわしき土地の歴史、誰かが仕掛けた呪いの骨壺……。

しかし朝が来るまで轟々と風の音が響くだけで、何も起きず、何も見つからなかった。

何かのせいにできた方がどれだけ楽だったろう。残念ながら、これだけの不幸があってもおそらく何かのせいではない。

古来、人は幽霊や妖怪の仕業にすることで耐え難い運命をごまかしてきた。最も恐ろしいことは、何のせいにもできないことではないだろうか。

「正直、事故物件としてお話するのは世間的にいけないことなのか？　私はいけないことをしてるのかもしれない。と思うところもあったりしたんですが、タニシさんに話してみてスッキリしました。本当にありがとうございました」

僕は何もしていない。でも、来てよかったと思った。

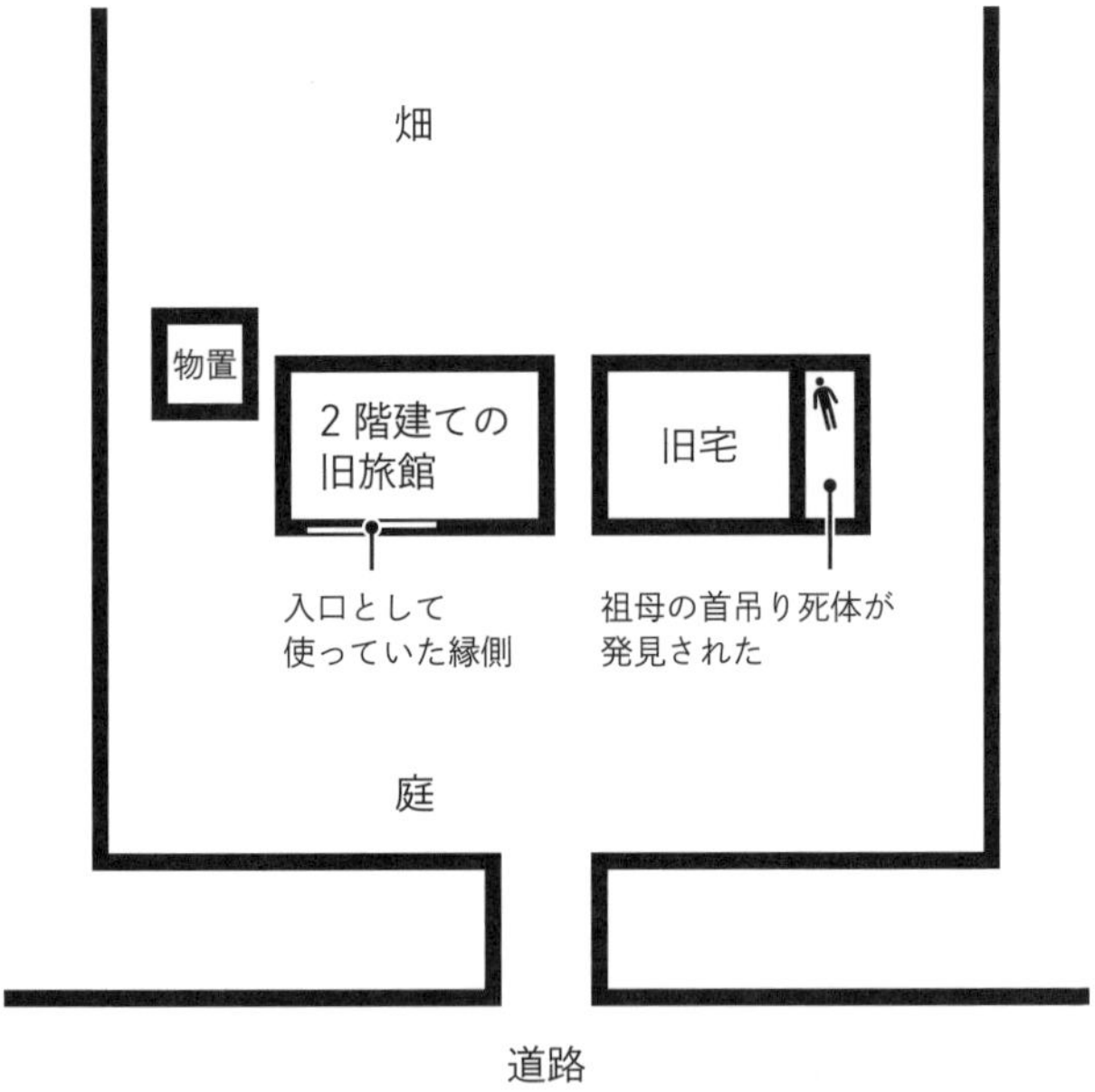
畑
物置
2階建ての
旧旅館
旧宅
入口として
使っていた縁側
祖母の首吊り死体が
発見された
庭
道路

床の間に置かれた後飾り祭壇。

自宅から出ることなく最期を迎えた次男の部屋。

父親孤独死の部屋

父親孤独死の部屋

ライターの村田らむさんに誘われて、七十代手前の男性が孤独死した部屋の片付けに同行させてもらった。

依頼者はらむさんの仕事関係の後輩であるハルウラさんで、亡くなった男性は彼女の父親だった。

現場は東京の葛飾区にある築五十年の団地で、ハルウラさんがかつて両親と三人で暮らしていた場所だ。今から二十年前、両親は離婚し、当時十四歳だった彼女は母に連れられてこの家を出ていった。残された父はその後この2DKの空間から離れることなく、一人で過ごし、一人で死んだ。

父が死んだという連絡が入った時、母は遺体の引き取りを頑なに拒んだ。母はすでに再婚していたというのもあるが、何より身内であることを否定した。

ハルウラさんは自分が引き取らないと、父が無縁仏になると思った。ただしそうなると葬儀は行わないにしても、火葬などの遺体の処理に費用がかかる。遺産相続しても父が借金を背負っていたなら負の遺産を背負うことになる。ハルウラさんはそれらを覚悟の上で遺体を引き取り、清掃費用を浮かすために自ら部屋の片付けと遺品整理を行うことにした。

十四歳まで過ごしたかつての実家は、長い間の男の一人暮らしで散々散らかっていた。風呂場には吐血した痕と遺体から抜け落ちてこびりついた髪の毛があった。父はここで亡くなっている。遺体が発見されたのは死後三週間で、夏だったこともあり腐敗が進んで髪の毛はずり落ちたのだろう。死因は肝硬変による食道からの出血である。

幸い、父の預金通帳には数十万円の貯金があった。決してプラスになる額ではないが、少なくとも経済的な負担は免れた。


片付けを始めると、父の私物の他に娘に関する物が多かった。ハルウラさんが中学生の頃に描いた自画像や、子供の頃の写真、クリスマスツリーなどが大切にとってあった。柱には身長を記録した線もはっきり残っていた。〝あぁ、やっぱり娘さんのことを思いながら生きていたんだなぁ〟なんて思っていたら、寝室の様子を見たらむさんが呟いた。

「ハルウラはこっちに来ない方がいいかも」

何があるんだろうと僕も寝室に入ると、そこには布団を囲むように敷き詰められた大量のエロ本の切り抜きがあった。しかもそのほとんどが女子高生や女子中学生をモデルにしたものだった。

「最低」

ハルウラさんは実父の性的嗜向を目の当たりにして、呆れた。ただ、その声のトーンには明るさがあったので、少し安心した。

この日はある程度片付けて、また続きは後日にしましょうとなった。

二日目、寝室以外はほぼ片付いた。ようやく終わりが見えてきたので、休憩してハルウラ

父親孤独死の部屋

さんにお父さんの話を少し聞かせてもらった。

「父は頑固な上に毎日お酒を飲んでは酔っ払って母によく暴力を振るっていました。痺れを切らして母は私を連れて出て行ったのですが、その後、母が再婚したことを父は知りません。社交的な性格でもないので、近所付き合いも一切なく、団地の住民から〝様子がおかしい〟と元妻の母に連絡が行き、様子を見にきてみたら死んでいたみたいです。誰にも愛されない死に方でした」

僕はこの後、残った寝室の片付けを請け負い、一人部屋に泊めさせてもらうことになった。片付けるといっても後は押入の荷物をまとめて捨てるだけだった。その作業の最中、天袋から大事そうにしまわれていた白い箱が出てきた。蓋を開けると七五三の衣装だった。

「残っている物は全部捨ててください」

ハルウラさんからそう言われていたので、僕はそれを捨てる前に自分で着てみた。

もちろん小さくてパツパツだったが、赤いおべべに袖を通し、髪飾りを頭につけてみると、なんだか当時の娘さんになれたような、そんな気がした。この格好ならもしかすると亡くなったお父さんと会話ができるんじゃないかと、そんなことを考えた。

押入から出たゴミを捨て、残すは長い間敷きっぱなしだったであろう綿まみれの布団と、それを囲むエロ本だけの状態になった。

満を持してあらかじめ用意していたお父さんが大好きだったという日本酒を枕元に置き、

エロ本に囲まれた布団の上にあぐらをかいた。

僕は捨てずに取っておいたハルウラさんの幼少期の写真を眺めながら、お父さんに話しかけてみた。

「娘さんかわいいですね」

僕の声は暗闇に虚《むな》しく吸い込まれて行く。

「娘さんのこと、大事に思ってたんですね」

反応はない。

「娘さんにお父さんが集めていたエッチな本を見られて、今どんな気分ですか？」

〝カン！〟

台所の方から突然大きな金属音が鳴った。まるで〝それ以上言うな！〟と言っているかのように、金属音は言葉の語尾を遮った。

「お父さん、やっぱりまだここにいるんですか？」

再び静寂に包まれる。

「お父さん、奥さんのことはどう思っていますか？」

…………。

やはり反応はない。さっきの音は気のせいだったのだろうか。

「お父さん、エロ本……」

〝カーン！〟

父親孤独死の部屋

再び台所から音が鳴る。今度は完全に僕の言葉を最後まで言わせなかった。やはり、お父さんはここにいる。エロ本だけは、よっぽど娘に見られたくなかったのだろう。

僕はエロ本に囲まれた布団に寝そべり、それが毎日繰り返されることを想像した。なんだか強烈な孤独を感じた。

死してなお、娘に自分の醜態を晒《さら》すことを拒む父親は、妻からも娘からも愛されることなくこの世を去った。だが、最後まで娘を愛していたのは確かだったのだろう。そして、孤独な晩年を過ごした父が、愛されたかった娘に最後引き取られたことは、唯一の救いだったのではないだろうか。

僕はそんなことを考えながら、目を閉じた。

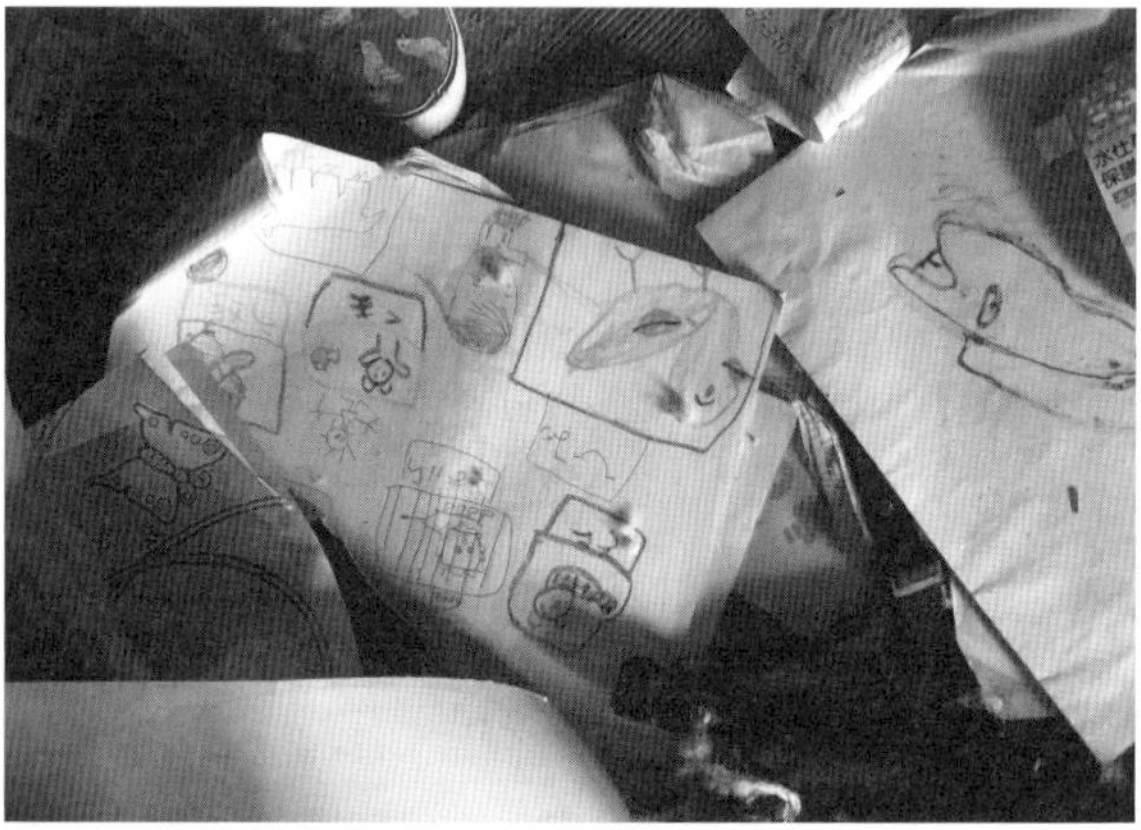

散らかった部屋にところどころ残る
娘との思い出。

七五三の赤い衣装を着て、大量のエロ本の
切り抜きに囲まれて寝るタニシ。

あとがき

僕が平然と事故物件に住めるのは、向き合い方がわかってきたからです。生きてる人も死んでる人も平等でいいんじゃないかと。自分もいつかは死ぬわけだし。

忌み嫌わず、過剰に悼《いた》まず。

人それぞれの死者との向き合い方があるとは思いますが、僕が事故物件に住み続けて辿り着いたのは今現在ココです。

ただ、自分が直接関わった死者や死の現場には少し肩入れしてしまうことは否めません。それは自分と関わる人達には幸せになって欲しいと思う気持ちと似たようなことではないでしょうか。死者と向き合うことは、人と向き合うことと同じなのかもしれません。だから逆に言えば、向き合わなくてもいいんです。人と向き合わないのもその人の生き方だから。

二〇二〇年、前作『事故物件怪談 恐い間取り』が、まさかの映画化されることになりました。監督は中田秀夫さん、主演は亀梨和也さん、他豪華出演陣によって『恐い間取り』を原作とした映画『事故物件 恐い間取り』が夏に公開されます。このあとがきを書いている今、来週に初号試写を観ることになっています。完成が楽しみです。

〝事故物件に住むことになった売れない芸人〟山野ヤマメ役を演じる亀梨さんは、初顔合わせの時にいきなり僕にこんな質問をぶつけてきました。

「事故物件に住むにあたり、周りの大切な人達を巻き込むことになるかもしれないことに対してどういう気持ちでいましたか？」

初対面にしてはあまりにも深過ぎる質問内容。しかしそこに自分が演じる役に真摯に取り組もうとする亀梨さんの誠実さを感じました。それと同時にこれは僕にとっても悩み続けた重要なテーマでありました。

「事故物件に住んでいるから災いが伝播すると考えるより、もしそうだとしても事故物件を悪者にするんじゃなくて、当たり前に付き合っていくしかないのかなと思ってます」

確か僕はそんなようなことを返したと思います。奇しくも亀梨さんの質問によって僕自身の頭の中も整理されたのでした。

このように映画もそうですが、おかげで事故物件に住んだことにより様々な人達と出会う機会をもらいました。その点については「事故物件ありがとう」

です。

中でも、「いごくフェス」に呼んでくれた福島県いわき市の地域包括ケア推進課「いごく」のみなさんとの出会いは僕の活動に大きな自信を与えてくれました。

「いごくフェス」とは、老いや死をテーマにしたフェスで、棺桶入棺体験や遺影撮影会、ＶＲ看取り体験など様々な方法で〝死〟と楽しく向き合うお祭りです。そこで僕はいつも通りの事故物件の話をさせてもらいました。

「タニシさん、あなたがやっていることは福祉です」

いごくの方にそう言われた時、最初はそれがどういう意味なのか理解できませんでした。どうやら僕の話が〝死〟について改めて考えるきっかけになるということでした。

その昔、おじいちゃんおばあちゃんの世代では誰もが家で最期を迎え、誰かの死が身近にありました。誰かが死んだ場所が事故物件になるのなら、すべての家が忌み嫌われし事故物件であったはず。しかしそうではなかった。いつしか時代が変わり、核家族が増え、医療が発達し、〝死〟は見えないようにできるだけ遠くへ追いやられてしまい、そして〝孤独死〟や〝事故物件〟という言葉と共に、どんどん嫌われていったのです。

死が現実としてそばにあることを理解する。見たくないものとして蓋をするのではなく、死を身近に感じることで望まれない死＝事故物件を減らすことに繋げられる。

自分の死を考えることは、自分の人生を考えることです。どうやって死ぬのが自分にとって望ましいのか。いごくからは逆に僕が気付いていなかった大切なことを学ばせてもらいました。

そういえば前作に書きましたが、僕は二〇二一年にすべてを失くすそうです。もうあと一年もありません。

でも大丈夫。もしそれがたとえ〝死〟を意味していたとしても、そうでなくても、向き合うしかないのですから。どうせなら、楽しく向き合いたいものです。

死者と向き合うかはそれぞれの自由ですが、みなさんにとってこの本が〝死〟と向き合う、あるいは〝生〟と向き合うきっかけになったなら、幸いです。

二〇二〇年六月　松原タニシ

松原タニシ

1982年4月28日、兵庫県神戸市生まれ。松竹芸能所属のピン芸人。
現在は「事故物件住みます芸人」として活動。2012年よりテレビ番組「北野誠のおまえら行くな。」(エンタメ～テレ) の企画により大阪で事故物件に住みはじめ、これまで大阪、千葉、東京、沖縄など10軒の事故物件に住む。国内・国外500以上の心霊スポットを巡り、インターネット配信も不定期に実施。事故物件で起きる不思議な話を中心に怪談イベントや怪談企画の番組など多数出演する。ラジオ関西「松原タニシの生きる」、CBCラジオ「北野誠のズバリ」、YouTube・ニコニコ生放送「おちゅーんLIVE!」などレギュラー出演中。著書に『事故物件怪談 恐い間取り』『異界探訪記 恐い旅』(二見書房)、コミックの企画・原案に『ゼロからはじめる事故物件』(漫画：奥香織 小学館)、『ボクんち事故物件』(漫画：宮本ぐみ 竹書房) がある。

協力　藤田浩子 (松竹芸能株式会社)
間取り図作成　新井良子 (PiDEZA Inc.)
ブックデザイン　平塚兼右 (PiDEZA Inc.)
本文組版　平塚恵美／矢口なな (PiDEZA Inc.)

事故物件怪談《じこぶっけんかいだん》　恐《こわ》い間《ま》取《ど》り2

著者　松原《まつばら》タニシ
発行所　株式会社二見書房
東京都千代田区神田三崎町2-18-11
電話　03(3515)2311［営業］
03(3515)2313［編集］
振替　00170-4-2639
印刷　株式会社 堀内印刷所
製本　株式会社 村上製本所

ISBN978-4-576-20097-2
https://www.futami.co.jp/